HEYNE BÜCHER

LEBENSHILFE

Carla Wills-Brandon

Nein sagen lernen

Grenzen setzen, Grenzen respektieren

Deutsche Erstausgabe

Wilhelm Heyne Verlag
München

HEYNE LEBENSHILFE
Band 17/96

Aus dem Amerikanischen übersetzt
von Traudi Perlinger

Titel der Originalausgabe:
LEARNING TO SAY NO

Printed in Germany 1993
Umschlagillustration: The Image Bank/Stanislaw Fernandes, München
Umschlaggestaltung: Christian Diener, München
Satz: Kort Satz GmbH, München
Druck und Bindung: Presse-Druck Augsburg

ISBN 3-453-06101-2

Dieses Buch
widme ich allen Carlas,
die in mir leben.

Inhalt

Danksagung 9

Einführung 11

Kapitel 1 Herkunftsfamilie und Grenzsetzung 21

Kapitel 2 Auswirkungen von seelischem Mißbrauch in der Kindheit auf die Grenzsetzung 29

Kapitel 3 Körperlicher und sexueller Mißbrauch und Grenzsetzung 49

Kapitel 4 Verlassenheitsängste 73

Kapitel 5 Das wehrlose Opfer 95

Kapitel 6 Das Opfer auf dem Weg der Genesung 111

Kapitel 7 Der einzelne in Vormachtstellung 131

Kapitel 8 Alles tun, um Schmerz zu vermeiden 155

Kapitel 9 Fragebogen zur Selbstanalyse 173

Kapitel 10 Nun habe ich Grenzen gesetzt – wieso regen sich alle darüber auf? 217

Kontaktadressen 231

Empfehlenswerte Bücher zum Thema ›Neinsagen lernen‹ .. 234

Danksagung

Und wieder liegt ein Buch vor, das seine Entstehung vielen Menschen verdankt, die im Hintergrund bleiben.

Michael, mein Partner in der Genesung, war das bedauernswerte Versuchskaninchen, an dem ich eine Reihe der in diesem Buch erörterten Grenzsetzungen zum ersten Mal ausprobierte. Ich danke ihm für seine Bereitschaft, gemeinsam mit mir einen weiteren Wachstumsbereich zu erforschen.

Auch mein Sohn Aaron leistete einen beträchtlichen Beitrag zu diesem Buch, obwohl er zur Zeit, als es geschrieben wurde, erst drei Jahre alt war. Er lehrte mich die Bedeutung des Wortes *nein* und zeigte mir, wie es in verschiedenen Situationen angewendet werden kann. Seine Fähigkeit, *nein* zu sagen, führte mir vor Augen, daß Abgrenzungen ein Grundrecht der Menschen sind, das den meisten von uns in der Kindheit und Jugend verwehrt war.

Rita Baker vollbrachte das Kunststück, Berge handgeschriebener Manuskriptseiten, aus denen der Text dieses Buches sich formte, ins reine zu tippen. Ich weiß, wie schwer meine Krakelschrift zu entziffern ist, und bin ihr für ihre Mühe und Geduld sehr dankbar. Meine Lektorin Marie Stilkind ist mir eine liebe Freundin, die diesem Buch den Feinschliff gab. Ich weiß ihre Kreativität und ihre Freundschaft stets zu schätzen.

Außerdem möchte ich der gesamten Familie von Health Communications und U.S. Journal sowie den Mitarbeitern der Diane Glynn-Agentur für ihre Mitwirkung danken, die mich als Autorin förderten.

Schließlich ist es mir ein Bedürfnis, allen Familienmitgliedern, Freunden, Klienten und Bekannten zu danken, die mir zahlreiche Situationen boten, in denen ich Grenzen setzen konnte, und die außerdem bereit waren, das Risiko einzugehen, bei mir Grenzen zu setzen. Ich danke allen Menschen, die mir Gelegenheit gaben zu lernen, mich auf gesunde Weise um meine Person anzunehmen, statt die dysfunktionalen Überlebensstrategien beizuhalten, die ich in meiner Kindheit gelernt habe.

Einführung

Hallo, ich heiße Carla und befinde mich auf dem Weg der Genesung von der ersten Hälfte meines Lebens. Dieser Prozeß ist eine lohnende und zugleich eigenartige Erfahrung. Bevor ich meine Genesung antrat, hatte ich Tausende Dollar und unzählige Stunden traditioneller Psychotherapie darauf verwendet, herauszufinden, was mit mir nicht in Ordnung war. Ich hatte immer das Gefühl, in meiner Existenz sei irgendwo eine Schraube locker, und war ständig auf der Suche nach dem Medikament, dem Therapeuten, der Selbsthilfegruppe, dem Workshop, der Selbstfindungserfahrung oder dem Guru, die mich gesund machen sollten. Ich kam mir so schadhaft und hoffnungslos vor und wünschte mir nichts sehnlicher, als ein normaler Mensch zu sein.

Ich suchte spezielle Antworten auf mein Problem oder – besser gesagt – den ›großen Fix‹, der mir das Gefühl geben würde, ein vollwertiger Mensch zu sein. Ich klammerte mich an jeden Strohhalm und suchte nach Hinweisen für den Grund meiner Konflikte, etwa: »Wenn du das tust, geschieht das und jenes... *Und plötzlich* – hast du dein wahres Selbst gefunden und lebst glücklich bis ans Ende deiner Tage.« Das klang einfach, schien für mich aber unerreichbar zu sein. Ich glaubte mich vom Rest der Menschheit ausgeschlossen und dazu verdammt, mein Leben lang unglücklich zu sein.

Mit neunzehn begab ich mich in traditionelle Psychotherapie. Ich machte mir Sorgen wegen meiner Trinkerei, die mich an meine Mutter erinnerte. Mir wurde jedoch versichert, mein Trinken sei nicht das Problem, und schlug mir prompt eine Hypnosetherapie vor. In der Annahme, mein Unterbewußtsein könne mir Antworten liefern, war ich nur zu gern bereit, mich in Trance versetzen zu lassen. Diese Methode erbrachte keinen Erfolg, vermutlich weil ich Vollalkoholikerin war und gelegentlich auch alkoholisiert zu den Therapiesitzungen erschien. Dieser Zustand war wahrscheinlich auch ein Grund, warum ich so leicht zu hypnotisieren war.

Da auch die traditionelle Psychotherapie keinen Erfolg bei mir erzielte, riet man mir, es mit Valium zu versuchen. Ich lehnte dankend ab, da einige Frauen aus meiner Herkunftsfamilie von diesem Medikament abhängig waren. Also schlug man mir vor, Ativan zu nehmen. Ich hatte nie von Ativan gehört und hoffte, dies sei die Zauberformel, nach der ich suchte. Der Tranquilizer Ativan stellte sich in seiner Wirkung als eng verwandt mit Valium heraus und war extrem suchterzeugend. Ativan plus Alkohol erhöhten meine Depressionen, und ich war enttäuscht, daß meine Hoffnungen in diese kleine Pille sich als Illusion erwiesen.

Schließlich schlug ein anderer Experte der psychosozialen Berufe vor, ich solle das Neueste auf dem Markt gegen meine Depressionen ausprobieren. Dieses kleine Zauberding, so meinte er, sei ein Antidepressivum. Er versicherte mir, die hübschen blauen Pillen seien nicht suchterzeugend. Meine blauen Pillen gaben mir das Gefühl, ›null und nichtig zu sein‹, und ich fühlte mich meinem Körper entfremdet. Überzeugt davon, Antidepressiva könnten mir keine Heilung bringen, beschloß ich dennoch, sie mit Ativan und Alkohol zu mischen. Im übrigen hatte mein Körper später größte Schwierigkeiten, sich während einer Entziehungskur von chemischen Substanzen von den Antidepressiva zu entgiften.

Eines Tages schrie ich in einem Zornausbruch: »Warum bin ich so verrückt?« Und hoffte, Gott oder sonst irgend jemand werde mir die Antwort in einem brennenden Dornbusch, einem zuckenden Blitz, auf einer Postkarte oder in Form eines anderen Zeichens geben und mich auf den goldenen Weg zum inneren Frieden führen. Gott sandte mir weder einen brennenden Dornbusch noch eine Postkarte. Doch schließlich gestand ich mir ein, daß ich Alkoholikerin war, dazu tabletten- und eßsüchtig, daß ich co-abhängig und liebessüchtig war und mir Lebenstaktiken angeeignet hatte, die völlig fehlgeleitet und sinnlos waren. Ich entdeckte weiterhin, daß nicht nur meine aktiven Suchtkrankheiten, sondern auch meine Lebenskonzepte und Lebensträume meiner Herkunftsfamilie und dem Fernsehschirm entstammten – beides keine sonderlich gesunden Voraussetzungen.

Ganz langsam, Schritt um Schritt, befreite ich mich von meiner Sucht nach chemischen Substanzen. Nachdem ich es geschafft hatte, mich von Tabletten und Alkohol zu entwöhnen, taute mein Hirn auf. Ich bemerkte, daß der Himmel blau war, daß ich grüne Augen hatte und daß ich das starke Bedürfnis verspürte, etwas über das Leben zu lernen. Als nächstes wurde ich von meiner Eßstörung geheilt. Nachdem ich meinem Körper so viele Jahre entfremdet gewesen war, fühlte ich mich allmählich wohl in meinem Körper und entdeckte, daß meine äußere Erscheinung gar nicht so schlecht war. Im Lauf der Zeit lernte ich sogar, meine Körpergröße von einem Meter dreiundachtzig und meine Schuhgröße 42 zu lieben.

Schließlich verabschiedete ich mich auch vom Nikotin. Ich hielt eine Trauerfeier ab für meine letzte Schachtel Zigaretten und meine Aschenbecher, Feuerzeuge und Streichhölzer. Obgleich ich wußte, daß es Zeit war, mich auch von dieser Sucht zu befreien, spürte ich eine gewisse Wehmut, als ich die letzten fünf Zigaretten in die Toilette spülte. In einer Zeit, als ich nicht fähig war, daraus zu lernen, hatte mir das Nikotin geholfen, meine Wut- und Angstgefühle zu unterdrücken. Im Verlauf meines Selbstfindungsprozesses lernte ich, daß ich Wut und Angst für mein eigenes Wachstum zulassen und erfahren mußte.

Zwei Jahre nach Beginn meines Genesungsprozesses fühlte ich mich völlig überfordert. Ich hatte keine chemischen Substanzen mehr, hinter denen ich mich hätte verschanzen können. Ich fühlte mich allein, verletzbar und schutzlos. Erinnerungen an die Kindheit meldeten sich in Alpträumen, im Umgang mit anderen, in meinem Verhalten im Beruf und mit der Familie zu Wort. Lebhafte Erinnerungen an seelischen, körperlichen und sexuellen Mißbrauch tauchten auf und verfolgten mich wie Ausschnitte aus einem alten Horrorfilm. Ich glaubte manchmal ernsthaft, verrückt zu werden, und fragte mich, warum ich alle diese stimmungsaufhellenden Substanzen aufgegeben hatte.

Ich reagierte auf Szenen in Fernsehfilmen. Beim Anblick sexuellen Mißbrauchs auf dem Bildschirm erstarrte ich, oder ich brach in Tränen aus, wenn dort laut gestritten wurde. Damals hatte ich noch keine Ahnung, daß das Geschehen auf dem Bildschirm auch mir widerfahren war und daß mein Körper sich daran erinnerte, obwohl mein Verstand es vergessen hatte.

Mit diesen überwältigenden Gefühlen setzte die nächste Phase der Genesung von der ersten Hälfte meines Lebens ein. Ich erforschte, wie ich aufgewachsen war, wie es in meiner Herkunftsfamilie aussah und in welcher Weise ich mißbraucht worden war.

Mit sehr viel geduldiger Hilfe entdeckte ich, daß ich auf verschiedene Weise grauenhaft mißbraucht worden war. Ich traktierte Kissen mit Fäusten, warf Mayonnaisengläser gegen die Wand und wütete gegen die Menschen, die mich mißbraucht hatten. Schreiend klagte ich Gott und das Universum an, weil ich als Kind soviel Leid ertragen mußte. Ich schrieb den Menschen, die mich verlassen hatten, Briefe und setzte mich mit denen auseinander, die meinen Körper, mein Herz und meine Seele verletzt hatten. Ich trauerte gemeinsam mit den Kindern, die sich in meinem Innern versteckten, und lernte, sie und mich zu trösten. Ich nahm unter Schmerzen Abschied von den Mythen, die ich um meine Kindheit gesponnen hatte und von denen ich mich nun nach und nach löste.

Ich begab mich auf die Suche nach Gott. Ich war aufgewachsen mit einem äußerst furchterregenden Bild von einem strafenden Gott. Der Gott, mit dem ich groß geworden war, führte ein Sündenregister und beschützte mich in keiner Weise. Dieser Gott wies die gleichen Merkmale wie die Menschen auf, die mich mißbraucht hatten, und entsprach keineswegs meinen Vorstellungen einer Höheren Macht, an die ich mich vertrauensvoll hätte wenden können. Also verwarf ich dieses Konzept und begab mich auf die Suche nach einem gesunden Gottgedanken.

Ich wünschte mir eine Höhere Macht, die mich beschützte und mich gleichzeitig nicht vom Leben abschnitt. Ich wünschte mir einen Gott, der nicht von mir verlangte, mich als besser oder über anderen stehend zu betrachten, der aber auch nicht von mir verlangte, ein Leben als Fußabtreter zu führen. Ich wünschte mir eine Höhere Macht, die mich lehrte, anderen zu Diensten zu sein, ohne in Co-Abhängigkeit zu verfallen. Ich wünschte mir einen Gott, der mir gestattete, mich von anderen in gesunder, taktvoller Weise abzugrenzen, ohne sie zu verletzen oder zu mißbrauchen. Ich wünschte mir eine Höhere Macht, die mich lehrte, erwachsen zu werden und mich verantwortungsbewußt um mich zu kümmern.

Ich stellte fest, daß ich im Grund genommen gar nicht so sehr Gott suchte, sondern daß ich Grenzen oder gesunde Lebenstechniken zu meinem Selbstschutz suchte. Ich wollte wissen, wie ich mit dem gesunden, verantwortungsbewußten Verhalten eines erwachsenen Menschen Selbstfürsorge üben konnte. Ich wollte mich sicher und zugleich nicht in allen Situationen isoliert fühlen. Ich besuchte einen Vortrag über Grenzsetzung in der Hoffnung, endlich die Antwort auf meine Fragen zu finden. Ich fragte den Vortragenden sogar, ob es möglich sei, in einem Workshop oder in einer Selbstfindungsgruppe Grenzen zu erwerben. Bald wurde mir klar, daß Grenzen durch Versuch und Irrtum und eine Menge harter Arbeit zu erwerben sind. Und das bedeutete noch mehr Selbsterforschung und Wachstum.

Dieses Buch handelt von gesunder persönlicher Macht und gesunden Grenzen. Viele von uns kommen aus Familien, in denen wir nichts über unsere persönliche Macht gelernt haben. Gesunde persönliche Macht gestattet uns, Selbstfürsorge zu üben. Sie ermöglicht uns, gesunde Grenzen zu setzen und uns in allen Situationen zu schützen. Gesunde persönliche Macht schenkt uns die Fähigkeit, Verantwortung für uns selbst und unser Wohlbefinden zu tragen.

Wir sind mit Suchtkrankheiten in der Herkunftsfamilie aufgewachsen und wurden durch bestimmte Mißbrauchsformen entmachtet. Als entmachtete Menschen wissen wir nicht, wie wir Selbstfürsorge üben können. Wir glauben, unsere Bedürfnisse seien unwichtig und wir müßten unsere Meinung für uns behalten. Wir sagen selten nein und fürchten das Wort Selbstsucht. Wir fühlen uns selten sicher und ständig ausgenutzt.

Womit wir uns allerdings auskennen, ist die Fürsorge für andere. Wir setzen die Bedürfnisse anderer vor unsere eigenen in der Hoffnung, dadurch angenommen und geliebt zu werden. Dies endet meist mit dem Gefühl, mißbraucht, benutzt, ausgebeutet und mißachtet zu werden. Experten der helfenden Berufe bezeichnen dieses Phänomen als Co-Abhängigkeit.

Andere wiederum haben ein übersteigertes, krankhaftes Machtgefühl. Ihr Gefühl der Unbesiegbarkeit und ihr Kontrollverhalten sind unersättlich. Menschen mit zu stark ausgeprägten Machtbedürfnissen wurden als Kinder in ihrer Herkunftsfamilie in Vorzugsstellungen erhoben. Ihr Kontrollbedürfnis ist eng mit ihrem Überlebenswillen verknüpft: Kontrollverlust stellt für sie die Gefahr dar, lebensunfähig zu sein.

Menschen, die zuviel Macht besitzen, können nur selten – wenn überhaupt – eingestehen, wer sie wirklich sind. Ihre Grenzen sind starre Mauern, hinter denen sie sich verstecken. Diese Mauern wirken nach außen vollkommen und vermitteln den falschen Eindruck von Wohlbefinden. Innerlich fühlen sich diese Menschen ängstlich, einsam und leidend. Menschen mit zu stark ausgeprägten Machtgefühlen – ebenso wie wehrlose, völlig machtlose Menschen – haben in ihrer Herkunftsfamilie seelischen, körperlichen und/oder sexuellen Mißbrauch erlitten. Entmachtete Menschen kennen kaum das Gefühl der Geborgenheit, da sie nicht über das notwendige Instrumentarium des Selbstschutzes verfügen, während Menschen mit zu stark ausgeprägten Machtstrukturen sich nur hinter den einsamen, isolierenden, starren Mauern ihrer Sucht oder ihrer Entfremdung wohl fühlen.

Die meisten Menschen haben entweder gar keine Grenzen bzw. keine innere Sicherheit, oder sie schwenken zum anderen Extrem und errichten starre Mauern, um ein Gefühl der Sicherheit zu erhalten. Ein Leben in solchen Extremen ist schmerzvoll, enttäuschend und verwirrend.

Als Beispiel sei eine junge Frau genannt, die eine dysfunktionale Liebesbeziehung nach der anderen eingeht. Zu Beginn jeder neuen Beziehung geben ihr die Erregung und Heftigkeit ihrer Empfindungen die falsche Hoffnung, ›den Richtigen‹ gefunden zu haben. Sie hofft und betet, daß ›Herr Wunderbar‹ des Wegs kommen und sie zum ganzen Menschen machen möge. Sie wünscht sich Achtung, Intimität und Geborgenheit, findet sich aber ständig in Mißbrauchsbeziehungen wieder. Sie erkennt, daß alle Männer ihrer Beziehungen die Wesenszüge ihres trunksüchtigen Vaters aufweisen, und ist von diesem Wiederholungsmuster enttäuscht. Nach jeder Beziehung ist sie verletzt und wütend und macht sich bittere Vorwürfe, immer wieder auf den gleichen Männertyp hereinzufallen, der sie ausnützt und schlecht behandelt. Sie schwört nach jeder Enttäuschung, sich völlig von den Männern fernzuhalten und allein zu leben.

Eines Tages hat sie ihr einsames Leben satt und beschließt, wieder einen Mann kennenzulernen. Innerhalb von sechs Monaten oder einem Jahr befindet sie sich erneut in einer total gestörten Beziehung. Diese Frau schwankt zwischen einem Zustand, in dem sie keinerlei schützende Grenzen hat, die ihr Bewußtsein und Sicherheit verschaffen würden, und einem Zustand, in dem sie starre Mauern der Isolation errichtet, hinter denen sie sich verschanzt, wenn sie wieder einmal verletzt wurde.

Die Menschen können nur ein gewisses Maß an Schmerz ertragen, bevor sie sich emotional, sozial und gelegentlich sogar körperlich abkapseln. Mit dieser Haltung haben sie in gestörten Familiensystemen überlebt. Kleine Kinder, die seelisch, körperlich oder sexuell mißbraucht wurden, lernen sehr frühzeitig, sich vom Schmerz des Mißbrauchs abzuspalten. Unbewußt entfremden sie sich ihren körperlichen Empfindungen, während sie mißbraucht werden. Hier liegt der Grund, warum die meisten Mißbrauchsopfer erhebliche Gedächtnisverluste aufweisen. Sie fliehen von der totalen Entblößung und Verletzlichkeit in die Isolation hinter ihre Mauern der Abspaltung.

Die Folgen von Entmachtung bzw. Vormachtstellung in der Kindheit schaden dem Erwachsenen und erschweren es ihm, gesunde verantwortliche Grenzen zu setzen. Da die meisten von uns Familien entstammen, in denen es schwierig war, sich emotional, körperlich oder sexuell sicher zu fühlen, haben wir in einer Reihe von Suchtkrankheiten und gestörten Verhaltensweisen Zuflucht gefunden, die uns ein falsches Gefühl von Sicherheit verleihen. Ich habe immer geglaubt, Sucht sei eine Art Ersatz für elterliche Zuwendung, da sie uns anfänglich ein Gefühl der Sicherheit vermittelt.

Doch bald erweisen sich diese Suchtkrankheiten und dysfunktionalen Verhaltensweisen als Fehlschläge und hindern uns daran, uns zu den gesunden, geistig orientierten Wesen zu entwickeln, als die wir angelegt sind. Unsere Vorstellungen von persönlicher Macht vermischen sich mit unseren Abhängigkeiten und selbstzerstörerischen Verhaltensweisen. Unser Leben ist extrem geworden in bezug auf unsere Grenzen und unsere persönliche Macht. Wir haben das Gefühl, minderwertiger zu sein als die Menschen unserer Umgebung: weniger attraktiv, weniger intelligent, weniger liebenswert. Wir glauben, um jeden Preis Kontrolle ausüben, an der Spitze stehen und besser als die Menschen unseres Umfelds sein zu müssen.

Erst nach langer harter Arbeit erkannte ich, was gesunde Grenzen sind. Heute lasse ich mich nicht bloßstellen und ausnutzen. Ich muß mich auch nicht mehr isolieren und mich dem Leben verweigern. Ich kann Selbstfürsorge üben, kann meine Bedürfnisse befriedigen, meine Meinungen vertreten und meine Werte aufrechterhalten, ohne zum Fußabtreter oder sturen Prinzipienreiter zu werden.

Ich hege die Hoffnung, daß Sie, meine Leserinnen und Leser, diesem Buch die Erkenntnisse entnehmen, die auf Ihr Leben zutreffen und die Sie für Ihre persönliche Reise als richtig empfinden. Meiner Auffassung nach dient die Lebenserfahrung dazu, herauszufinden, wer wir wirklich sind. Bedauerlicherweise haben die meisten von uns nicht das für eine erfolgreiche Reise nötige Rüstzeug mitbekommen. Viele von uns haben ihr Suchtverhalten besiegt und fleißig an ihren unerledigten Problemen gearbeitet und fühlen sich dennoch irgendwie unvollständig. Wir haben Genesungsprogramme besucht, an Workshops teilgenommen, waren ein halbes Leben lang in Therapie und fragen uns nach wie vor: Wie kommt es, daß ich mich immer noch so unsicher und ängstlich fühle? Warum habe ich kein Vertrauen zu mir und zu anderen? Oder wie ich immer wieder gefragt werde: Wo ist der ›große Fix‹, die Zauberformel, die Wunderkur, die alles wiedergutmacht?

Ich erhielt meine Antworten durch beständige Selbsterforschung. Die Antworten müssen nämlich aus unserem Innern kommen, wenn sie wirklich unsere Antworten sein sollen. Nur so entdecken wir, wer wir wirklich sind, den Sinn aller Existenz, die Bedeutung des Lebens und unsere Spiritualität. Ich bin der festen Überzeugung, daß es auch für Sie unumgänglich ist, Ihre eigenen Antworten zu finden; daher habe ich am Ende dieses Buches einen praktischen Fragebogen zur Selbstanalyse angefügt. Dieser Abschnitt enthält Vorschläge und Anleitungen, um gesunde persönliche Macht zu entdecken und gesunde Grenzen zu setzen. Wir alle haben das Recht, uns erwachsen und selbstbewußt zu fühlen, um auf gesunde Weise Selbstfürsorge zu üben. Ich habe die große Hoffnung, daß Sie sich selbst nicht nur als besten Freund, sondern auch als besten Betreuer entdecken.

Viel Glück und viel Erfolg auf Ihrer Reise!

Carla Wills-Brandon

Kapitel 1

Herkunftsfamilie und Grenzsetzung

Als mein Sohn Aaron 18 Monate alt war, fügte er seinem Sprachschatz ein neues Wort hinzu. Das Wort *nein!* Jeder zweite Satz enthielt ein *Nein*. Mit jedem Tag wurde sein *Nein* bestimmter.

»Nein! Ich möchte das nicht essen!«

»Nein! Ich will nicht in die Badewanne!«

»Nein! Ich will das grüne Hemd anziehen, nicht das blaue!«

»Nein! Ich will mit Papa spielen, nicht mit Mama!«

Mein Kind lernte, Grenzen zu setzen, und ich war verwundert, wie leicht ihm das fiel. Er bildete sich auch eine eigene Meinung und drückte sie in Kommentaren aus wie: »Ich bin sauer auf dich, Mama... Großmama ist heute traurig... Mama hat mich lieb.« Das fand ich erstaunlich. In meiner Herkunftsfamilie war das Wort *nein* nicht geduldet, und das lernte ich bereits sehr früh. Worte, die Wut und Trauer ausdrückten, galten als negativ und unangemessen. Als ich meinen Sohn heranwachsen sah, erkannte ich, daß wir bereits in einem frühen Kindheitsstadium etwas über Grenzen und persönliche Macht lernen.

Kinder werden etwa im Alter von einem Jahr beweglich. Sie krabbeln herum und machen ihre ersten Gehversuche. Vor dieser Phase sind sie völlig auf ihre Eltern angewiesen und stürben ohne ihre Fürsorge. Als Säugling sehen Kinder sich nicht als getrennte Wesen, sie halten sich für einen Teil ihrer Eltern. Im späteren Verlauf der Kleinkindphase sehen sie sich allmählich als getrennt von ihren Eltern und erforschen sich und ihre Umwelt. Sie gehen allem, was sie hören, sehen und fühlen, mit unzähligen Fragen auf den Grund: »Papa, warum regnet es draußen? ...Mama, warum ist diese Farbe blau? ...Papa, warum ist Mama traurig? ...Mama, warum geht Papa ins Büro? ...Mama, ist Oma müde? ...Papa, ist der Mann im

Fernsehen gestorben?« Kinder müssen ihre Realität bestätigt bekommen, um zu gesunden Erwachsenen heranzuwachsen, die ihren eigenen Wahrnehmungen vertrauen können.

Persönliche Macht

Ein anderes beliebtes Wort von Kleinkindern ist *mein.* »Das ist *meine* Decke, Mama... Das ist *mein* Bonbon, Papa... Das ist *mein* Zimmer, Opa... Das ist *mein* Bett, Oma... Das sind *meine* Finger und Zehen, Papa.« Kleinkinder beginnen ihren eigenen Raum und ihre Privatsphäre in Anspruch zu nehmen.

Mit zweieinhalb wollte Aaron allein baden und schob mich aus dem Badezimmer, wenn er die Toilette benutzen wollte. »Ich kann das allein, Mama!... Laß mich.«

Kinder beginnen ihre persönliche Macht zu erforschen und lernen dadurch, sich um die eigene Person zu kümmern. Persönliche Macht zu erforschen, baut Vertrauen und Selbstachtung auf. Auf diesem Weg lernen Kinder Erfolg und Versagen kennen. Erfolg tut gut und versetzt Kinder in die Lage, sich über die erbrachte eigene Leistung zu freuen. Versagen ist ein Lehrmeister, der es Kindern erlaubt, kindlich, unvollkommen und menschlich zu sein. Erfolg baut Vertrauen und persönliche Macht auf, während Versagen dem Kind zeigt, daß es Fehler machen darf, ohne daß Fehler seine persönliche Macht schmälern.

Kinder, die von Erwachsenen emotional, körperlich oder sexuell mißbraucht werden, erleben Entmachtung, werden in vielen Fällen aber auch in eine Vormachtstellung gehoben. Dieses Phänomen werden wir später ausführlich erörtern. An dieser Stelle wollen wir uns zunächst näher damit befassen, auf welche Weise Kinder Lernprozesse erfahren.

Elterliche Macht

Die ersten kindlichen Vorstellungen von Gott oder einer Höheren Macht entstammen nicht den religiösen Denkweisen der

Eltern, sondern sind direkt auf das Verhalten der Eltern zurückzuführen. Kinder sehen ihre Eltern als allwissend und gottähnlich. Die Eltern sind körperlich große Erscheinungen, und Kinder sind in ihrem Überleben völlig auf sie angewiesen. Eltern haben die Aufgabe, ihre Kinder zu ernähren, zu kleiden, ihnen Unterkunft zu geben, auf ihre Gesundheit zu achten, sie medizinisch zu versorgen, ihnen Geborgenheit zu geben und ihnen gesunde Verhaltens- und Denkweisen zu vermitteln. Eltern sind naturgegeben in einer äußerst heiklen Machtposition. Wenn Kinder mit gesunden Eltern aufwachsen, sind ihre Gedankenkonzepte von Gott und ihrer Umwelt ausgeglichen und gesund. Sie werden zu Erwachsenen, die das Rüstzeug besitzen, um als Erwachsene unabhängig und autark leben zu können. Ein Kind experimentiert in seiner Herkunftsfamilie, um sich auf die Erwachsenenwelt vorzubereiten. Kinder lernen ihr Selbstwertgefühl kennen, indem sie beobachten, wie ihre Eltern miteinander umgehen und ihre Kinder behandeln.

Etwas über Wut lernen

In meiner Herkunftsfamilie hatten die Männer immer die Oberhand und gingen aus Meinungsverschiedenheiten stets als Sieger hervor. Die Frauen in meiner Familie waren passiv und durften ihre Wut nicht direkt zum Ausdruck bringen. Nur Männer durften verärgert sein und dies zeigen. Frauen hingegen drückten ihren Ärger indirekt aus, indem sie Kreditkarten überzogen oder der Familie eine Mahlzeit vorsetzten, die nicht schmeckte. Ich wuchs auf in der Überzeugung, es sei nicht ›damenhaft‹, verärgert zu sein, und Ärger sei ›Männersache‹. Als ich mich später über meinen Ehemann Michael ärgerte, war auch ich nicht direkt, sondern ließ Essen anbrennen oder überzog unser Konto. Das erschien mir sinnvoll. Es geschieht noch heute, daß ich auf jemanden wütend bin und das Essen lieblos auf den Tisch knalle, bevor mir klar wird, daß ich meinen Ärger direkt ausdrücken muß.

Kinder ahmen in ihrem Verhalten das Verhalten ihrer Eltern nach. Michael und ich spielen gern Golf und nehmen unseren Sohn Aaron mit zum Golfplatz. Gelegentlich ärgert Michael sich über seinen Golfschwung und flucht vor sich hin, wenn er einen Schlag verpatzt. Und er wippt mit den Füßen auf und ab, bevor er zum Schlag ausholt. Eines Tages beobachtete ich den damals dreijährigen Aaron beim Aufschlag. Er wippte vor und zurück, bevor er den Ball schlug, und fluchte, wenn er ihn nicht traf. Aaron lernte männliches Verhalten, indem er seinen Vater beobachtete. Seitdem achtet Michael beim Golfspielen auf seine Ausdrucksweise und Körperhaltung.

Kinder lernen, was es bedeutet, männlich zu sein, indem sie männliche Familienmitglieder beobachten. Desgleichen lernen sie, was es bedeutet, weiblich zu sein, indem sie die Frauen in der Familie beobachten. Kinder lernen auch etwas über Beziehungen, indem sie die Interaktionen ihrer Eltern beobachten. Sie lernen die Welt durch das Leben der familiären Welt kennen. Sie lernen Traditionen, Werte, Vorurteile, Überzeugungen und anderes von ihren Eltern kennen und glauben, diese Traditionen und Werte, selbst wenn sie gestört sind, seien richtig, eben weil Eltern sich in Autoritätspositionen befinden. Kinder glauben, ihre Eltern müßten recht haben, weil sie Eltern sind. Kinder glauben auch, ihre Eltern hätten recht, selbst wenn ihre Intuition ihnen widerspricht. Da Kinder ihre Eltern als gottähnlich sehen, vertrauen sie den Wahrnehmungen ihrer Eltern, bevor sie ihren eigenen Wahrnehmungen vertrauen.

JOES GESCHICHTE: Joes Vater schien nie ärgerlich zu werden. Jeder in Joes Familie sprach davon, wie ›beherrscht‹ und ›gefestigt‹ Joes Vater sei. Joe bekam auch zu hören, daß sein Vater ein wunderbarer Mann sei und daß die Familie sich auf ihn verlassen könne. Joes Mutter war sehr emotional und weinte oft. Wenn das geschah, trug Joes Vater dies mit Fassung. Die Familie sagte, Joes Mutter habe großes Glück, Joes Vater zum Ehemann zu haben. Eines Tages beim Baseballspielen fiel Joe hin und verletzte sich. Sein Knie blutete, und die aufgeschürfte Stelle brannte. Er hätte am liebsten geweint, nahm sich aber zusammen, weil in seiner Familie nur Frauen weinten. Mit der Zeit lernte Joe, sich gegen körperliche Schmerzen abzustumpfen.

Als Teenager ging Joe gern mit Freunden zum Skilaufen.

Jedes Wochenende fuhr die Clique mit einem alten Jeep zu den Skipisten in die hohen Berge Kaliforniens. Eines Tages verfing sich Joes Ski in einem Baumstumpf, der nur leicht mit Schnee bedeckt war, und der Junge stürzte. Das Schienbein schwoll an, und er kühlte es mit Schnee. Ein Freund eilte herbei und fragte den im Schnee hockenden Joe: »Bist du verletzt? Soll ich die Bergwacht holen, die dich ins Tal bringt?« Aber Joe entgegnete: »Nein, nein! Alles okay. Ich fahre gleich weiter.« Am späten Nachmittag war Joes Bein stark geschwollen und blau angelaufen. Auf dem Rückweg bat Joe seine Freunde, an einem Spirituosengeschäft anzuhalten; er wollte Bier trinken, um die Schmerzen im Bein zu betäuben. Einige Wochen später landete Joe in der Notaufnahme des Krankenhauses. Das Bein mußte operiert werden. Joe hatte bereits gelernt, seinen seelischen und körperlichen Schmerzen kein Vertrauen zu schenken.

Lehrmeister

Unser Schmerz teilt uns mit, daß etwas nicht in Ordnung ist, damit wir Gegenmaßnahmen ergreifen können. Unser Schmerz ist ein Signal, etwas zu unserem Schutz zu tun. Wenn wir handeln, übernehmen wir Verantwortung und setzen uns Grenzen. Hätte Joe gesunde Grenzen gehabt, hätte er den Schmerz in seinem Bein angenommen, an Ort und Stelle Hilfe aufgesucht und sich noch am selben Tag ins Krankenhaus begeben. Emotionaler und körperlicher Schmerz sind Signale, daß etwas in uns der Heilung bedarf. Wenn wir diesen Schmerz durch Betäubung oder Suchtverhalten ausschalten, können wir keine Heilung finden.

Schmerz ist ein Lehrmeister, der uns dazu motiviert, Verantwortung für uns selbst zu tragen. Er vermittelt uns eine direkte Botschaft: »Du brauchst eine Lösung für ein Problem, zur Heilung und zu Wachstum.« Die meisten von uns kommen aus Familien, in denen wir gelernt haben, daß Schmerz vergeht, wenn wir die Zähne zusammenbeißen und ihn nicht beachten.

Als ich von Alkohol nahezu trocken war, fiel es mir unendlich schwer, Grenzen bei anderen zu setzen. Ständig borgten

Leute sich Geld von mir und zahlten es nicht zurück. Ich gab Menschen, von denen ich nichts wiederbekam, seelischen Rückhalt, schenkte ihnen Zeit und materiellen Besitz. Ich sorgte mich um andere, von denen ich ständig zum Opfer gemacht wurde, und wunderte mich, wieso ich mich von meinen Freunden so ausgenutzt fühlte.

Meine Familie glaubte an den Satz: ›Sei nicht selbstsüchtig‹, und lebte nach dieser Devise. Die Mutter meiner Mutter war ständig für andere da. Sie kümmerte sich um jeden in Not, auch wenn sie selbst bei schlechter Gesundheit war. Sie arbeitete nicht nur als Krankenschwester in einer Klinik, sie pflegte in ihrer Freizeit auch Freunde, Verwandte und Nachbarn. Sie war davon überzeugt, eine positive Einstellung sei um jeden Preis notwendig. Aber ihre eigenen Krankheiten waren allesamt streßbezogen.

Großmutter nahm sich nie Zeit, um selbst gesund zu werden. Auch unter körperlichen Schmerzen setzte sie ein Lächeln auf und brachte einer kranken Nachbarin Kuchen oder einen Topf Hühnersuppe. Meine Großmutter konnte niemals zu irgendeinem Menschen nein sagen.

Großmutters Vater war Alkoholiker und Glücksspieler, der seine Frau und seine beiden Töchter wegen ihrer besten Freundin verlassen hatte. Meine Großmutter hatte immer Angst, alleingelassen und verlassen zu werden. Ihr erstgeborener Sohn, mein Onkel, kam im Zweiten Weltkrieg als Soldat in Deutschland ums Leben. Meine Großmutter hat sich nie von diesem Verlust erholt. Ihr zweites Kind, meine Mutter, starb mit 37 Jahren an Krebs. Ich erinnere mich an den Satz meiner Großmutter beim Begräbnis meiner Mutter: »Sei immer positiv eingestellt.«

Mein Großvater war behindert, solange ich denken kann, und meine Großmutter pflegte und umsorgte ihn, wenn sie sich nicht um andere kümmerte.

Meine Großmutter sprach nie über ihre Verluste. Sie verdrängte ihren Schmerz, indem sie sich immer um andere kümmerte und ihnen half.

Entmachtung

In allen meinen Beobachtungen als kleines Mädchen lernte ich, daß *nein* sagen ›sündig‹ und anderen nicht helfen nicht erlaubt war. Ich erinnere mich, daß ich in früher Kindheit glaubte, es sei eigensüchtig, an mich selbst zuerst zu denken. Ich glaubte ernsthaft, Gott habe mich nicht lieb, wenn ich eigensüchtig sei, und ich hatte Angst, bestraft zu werden. Ich wuchs mit zwei jüngeren Schwestern auf, und meine Großmutter sagte stets: »Carla, denk erst an deine Schwestern, bevor du an dich denkst.« Beim Tod meiner Mutter weinte ich nicht. Man schärfte mir ein, ich müsse stark sein für meine Schwestern, weil sie jünger waren als ich.

Ich wurde entmachtet, weil man mir sagte, ich dürfe meinen Schmerz, meine Wut und meine Trauer nicht fühlen. Man sagte mir, es sei eigensüchtig, Gefühle zu haben, und ich müsse mich beherrschen. Ich hielt mich für schwach und selbstsüchtig, weil ich das Verlangen hatte, mich gehen zu lassen und mich in den Armen eines Menschen auszuweinen über den Verlust meiner Mutter. Zugleich gab man mir Macht und setzte mich in eine Vorzugsstellung, weil man von mir verlangte, mich wie eine Erwachsene zu verhalten, und mich dafür lobte. Man übertrug mir die Rolle der Ersatzmutter meiner Schwestern, und das verlieh mir Autorität und Macht. Da meine Mutter tot war, wurde mir gesagt, ich trage nun die Verantwortung. Man kann sich vorstellen, wie großartig ein 16jähriges Mädchen sich vorkommt, eine so wichtige Aufgabe übertragen zu bekommen.

Wir brauchen es, gebraucht zu werden

Am Anfang meines Genesungsprozesses fürchtete ich, bei anderen als selbstsüchtig zu gelten. Wie meine Großmutter tat auch ich ständig alles für jeden, der mich um irgend etwas bat. Ich buk Kekse, fuhr Leute mit dem Auto in der Gegend herum, wohin sie auch wollten. (Einmal brachte ich eine Frau zu ihrer Tochter, die außerhalb der Stadt wohnte. Die Fahrt wurde zu einer achtstündigen Tortur. Ich bezahlte sogar das Benzin, nur weil sie mich darum bat.) Ich ließ Leute bei mir wohnen so lange sie wollten, ich hörte mir die Probleme anderer an, zwei, drei, vier Stunden lang. Dieses Bedürfnis, von anderen gebraucht zu werden, gab mir ein Gefühl von Stärke; ich kam mir nützlich vor; gleichzeitig war es sehr lähmend, da ich mich ständig benutzt und nicht gebührend geschätzt fühlte.

Heute verleihe ich keine Beträge mehr, die einen Dollar übersteigen, lasse nicht zu, daß Leute lange bei mir wohnen, wasche keine Wäsche für andere Leute, verleihe persönliche Dinge nicht mehr an Fremde und backe keine Kekse für die Nachbarschaft. Ich verbringe auch nicht mehr Stunden am Telefon, um mir die Probleme anderer anzuhören. Ich habe begonnen, Grenzen bei mir und bei anderen zu setzen und mich in meinem eigenen Genesungsprozeß an erste Stelle zu setzen.

Die meisten von uns suchen das große ›Glück‹, das uns das Gefühl gibt, ein ganzer Mensch zu sein, irgendwo außerhalb, da wir uns innerlich leer und einsam fühlen. Wir greifen zu Alkohol, Drogen, stopfen uns mit Essen voll, betäuben uns mit Arbeit, Sex, Beziehungen, Macht, Geld, Statussymbolen, materiellem Besitz, um Erfüllung zu finden. Suchtverhalten wird für viele von uns zum Ersatz für elterliche Liebe, von der wir zuwenig bekamen. Anfänglich fühlen wir uns damit sicher und beschützt, doch schließlich wird die Sucht zu einem Monster.

Wir wurden als Kinder entmachtet, weil uns gesagt wurde, unsere Gefühle und unsere Wahrnehmungen seien falsch. Man machte uns glauben, alle Erwachsenen seien immer im Recht. Man zwang uns, zu schnell erwachsen zu werden, und verstärkte diesen Zwang mit Belobigungen, wenn wir uns ›nicht schmutzig‹ machten, wenn wir ›brav‹ und ›große Mädchen und Buben‹ waren. Es gefiel uns, gelobt zu werden, doch der Preis, den wir dafür bezahlten, war der Verlust unserer Kindheit.

Kinder haben das Recht auf ihr Kindsein; und Kinder haben das Recht, verletzlich, fehlerhaft und neugierig zu sein. Nur auf diese Weise können aus Kindern gesunde Erwachsene werden, die wissen, wie sie verantwortungsvoll für sich selbst sorgen. Jene von uns, die bestimmte Wachstumsphasen ihrer Kindheit nicht durchleben durften, müssen sich selbst gestatten, in die Kindheit zurückzukehren, um die wertvollen Lektionen nachzuholen, die uns die Kindheit lehrt.

Kapitel 2

Auswirkungen von seelischem Mißbrauch in der Kindheit auf die Grenzsetzung

Emotionaler Mißbrauch

Wir leben in einer Gesellschaft, in der eine Reihe von Mißbrauchsformen eine akzeptierte Lebensweise sind. Junge Eltern werden nicht darauf vorbereitet, ihre Kinder gesund und richtig zu erziehen. Da junge Eltern keine gesunden Anleitungen zur Erziehung bekommen, kennen sie meist nur zwei Möglichkeiten: sie erziehen ihre Kinder so, wie sie selbst erzogen wurden, oder sie wenden extrem gegensätzliche Methoden an. Wenn wir von unseren Eltern auf ungesunde Weise erzogen wurden, werden wir unsere eigenen Kinder dysfunktional erziehen, selbst wenn unsere Erziehungsmethoden genau im Gegensatz zu denen unserer Eltern stehen. Wir leben in einer Gesellschaft der Extreme. Entweder wir entmachten unsere Kinder durch strikte Vorschriften und Beschämungsmechanismen, oder wir geben ihnen zuviel Macht, weil wir keine Grenzen setzen und ihnen keine gesunden Richtlinien geben.

Als mein Sohn Aaron seine Kleinkindphase durchlebte, erforschte er seine Welt und erprobte seine Grenzen. Er versuchte, mich gegen meinen Mann auszuspielen und umgekehrt, wenn er versuchte, die Stabilität seiner Grenzen zu prüfen. Kinder versuchen naturgegeben, Grenzen zu überschreiten, um zu erkunden, wie weit sie gehen können.

Kaugummi war eine gewisse Zeit in unserem Haushalt ein großes Thema. Aaron ging zu seinem Vater und fragte ihn, ob er Kaugummi haben könne. Wenn Papa nein sagte, kam Aaron mit der gleichen Bitte zu mir. Wenn Michael und ich uns nicht entsprechend untereinander verständigten, geschah es, daß ich unwissentlich Michaels Vaterposition sabotierte und Aaron

Kaugummi gab. Wenn ein Kind das, was es braucht oder will, nicht von einem Elternteil bekommt, wendet es sich mit der gleichen Frage an den anderen Elternteil. Das ist natürliches, normales Kindverhalten.

Kinder spielen einen Elternteil gegen den anderen aus, um das zu bekommen, was sie wollen. Leider nutzen Eltern diesen Prozeß vielfach aus, um eigene Bedürfnisse zu befriedigen, falls diese nicht in der Ehegemeinschaft erfüllt werden. Eheleute, die ihre Beziehungskonflikte nicht austragen, können ihre Konflikte auch nicht lösen. Vielen Ehepaaren fällt es schwer, ihren gegenseitigen Ärger auf gesunde Weise auszudrücken. Folglich werden die Kinder als Vehikel benutzt, um den Ärger zum Ausdruck zu bringen. Das Szenario einer solchen Situation kann folgendermaßen aussehen.

JERRYS GESCHICHTE: Der Vater ist arbeitssüchtig und das erwachsene Kind eines Alkoholikers. Er scheut sich, sich den eigenen unerledigten Problemen zu stellen, die die Ehegemeinschaft mit seiner Frau belasten. Seine Frau ist ebenfalls erwachsenes Kind eines Alkoholikers, der es enorm schwer fällt, ihre Wut zum Ausdruck zu bringen. Sie fühlt sich einsam und ist enttäuscht, weil ihr Ehemann selten zu Hause ist, um sie in der Erziehung der beiden Söhne zu unterstützen. Wenn ihr Ehemann zu Hause ist, findet sie keinen Zugang zu ihm, da er ständig mit Reparaturarbeiten im Haus beschäftigt ist.

Verzweifelt teilt sie ihre Enttäuschung über die Gleichgültigkeit ihres Ehemannes an Familienangelegenheiten ihrem ältesten (13jährigen) Sohn Jerry mit. Sie erwartet außerdem, daß Jerry in Abwesenheit des Vaters den ›Mann im Haus‹ spielt und ihr bei der Erziehung des jüngeren Bruders hilft. Jerry hört ständig von seiner Mutter, er müsse stark sein, und sie müsse sich wirklich auf ihn verlassen können. Gelegentlich weint sich die Mutter auch bei Jerry aus, wenn sie Streit mit dem Vater hat. Jerry sieht die Mutter nicht gern weinen und wünscht sich, daß sein Vater etwas dagegen tue. Jerry ärgert sich über beide Eltern, weil sie ihre Probleme nicht miteinander austragen, und sieht sich in einer ausweglosen Situation.

Am Freitagabend wollen Jerry und seine Freunde ins Kino

gehen und auf dem Heimweg Hamburger essen. Jerry geht zu seinem Vater und bittet ihn um Geld. Der Vater gibt ihm fünf Dollar und sagt, das müsse reichen. Jerry bittet den Vater um mehr Geld, weil er sich noch Süßigkeiten kaufen möchte, doch der Vater lehnt ab.

Seine Mutter, die das Gespräch mitgehört hat, nimmt Jerry beiseite und schiebt ihm weitere fünf Dollar zu. Jerry weiß, daß seine Mutter ihm immer gibt, was er haben will. Er weiß außerdem, daß der günstigste Augenblick, die Mutter um etwas zu bitten, immer dann gegeben ist, wenn sie wütend auf den Vater ist. Jerry fragt seine Mutter, ob er später nach Hause kommen kann als zur festgesetzten Zeit. Wie Jerry nicht anders erwartete, sagt sie ja. Jerry verbringt einen tollen Abend mit seinen Freunden und stellt beim Nachhausekommen fest, daß sein Vater noch wach ist. Der Vater stellt ihn zur Rede und erteilt ihm für die nächste Woche Ausgangsverbot, weil er zu spät heimgekommen sei. Jerry verteidigt sich, er habe die Erlaubnis der Mutter, später heimkommen zu dürfen. Jerrys Vater erwidert, da er von dieser Änderung nichts gewußt habe, werde Jerry trotzdem bestraft. Jerry ist wütend auf den Vater, weiß aber, daß seine Mutter die Sache mit dem Ausgangsverbot ›hinbügeln‹ wird.

Dieses Kind wird von beiden Eltern ernsthaft mißbraucht, und seine Chancen, gesunde Grenzen zu lernen, stehen schlecht. Jerrys einsame und frustrierte Mutter hat den Sohn von der Kindrolle in die Rolle des Ersatzehemanns erhoben. Sie hat ihn mit Vollmachten ausgestattet und ihn davon überzeugt, daß es seine Aufgabe sei, sich um sie zu kümmern. Sie hat ihm eine Vorzugsstellung eingeräumt, indem sie die Bemühungen des Vaters sabotiert, ihn zu disziplinieren. Das versetzt Jerry in die Lage, Macht über seinen Vater auszuüben.

Durch dieses Elternverhalten lernt Jerry, daß es seine Aufgabe sei, sich um Frauen zu kümmern, von denen er als Belohnung ›bekommt, was er will‹. Die Macht, die Jerry von der Mutter erhält, ist Mißbrauch seitens der Mutter. Jerry darf seine Rolle als Kind nicht ausleben. Er wird als Erwachsener Schwierigkeiten in Beziehungen mit Frauen haben, weil er Kontrolle und Fürsorge für sich beansprucht. So wird echte Intimität in seinen Beziehungen sabotiert, da er sich bei Frauen immer in einer besseren Position wähnt. Er wird Frauen anziehen, die den Wunsch haben, umsorgt zu werden, als Folge ihrer Abhängigkeit und ihrer eigenen unerledigten Probleme aus der Kindheit. Jerry wird sich nicht zu einer eigenständigen, gesunden Frau hingezogen fühlen und keine gesunde Beziehung zu Frauen haben.

Jerrys Vater, der sich scheut, sein eigenes Leben in Ordnung zu bringen, mißbraucht seinen Sohn gleichfalls emotional. Auch er ist, wie seine Frau, verantwortlich dafür, Jerry in die Rolle des Ersatzpartners gedrängt zu haben. Jerrys Vater vernachlässigt seinen Sohn und überläßt es ihm, sich um seine Frau zu kümmern, damit er dieser Aufgabe enthoben ist. Er überträgt seinem ältesten Sohn auch die Rolle, Vaterstelle an seinem jüngeren Bruder zu vertreten. Er zwingt seinen Erstgeborenen außerdem, zu schnell erwachsen zu werden. Jerrys Vater bringt ihm bei, nicht um Hilfe zu bitten und Konflikte zu vermeiden. Jerrys Vater ist ihm kein Vorbild, er gibt ihm nicht das nötige Rüstzeug für gesunde Problemlösung mit auf den Lebensweg. Er bringt ihm bei, Konflikten und schmerzlichen Gefühlen durch Verdrängung aus dem Weg zu gehen. Er ist auch kein Vorbild für gesunde Kommunikationstechniken, und deshalb wird Jerry als Erwachsener erhebliche Kommunikationsschwierigkeiten haben.

Jerry wird vor Problemen weglaufen und nie daran denken, um Hilfe zu bitten. Er wird kaum wissen, wie er Probleme lösen soll. Das untergräbt seine Fähigkeit, gesunde Nähe mit anderen zu erleben. Gesunde Nähe setzt auch die Fähigkeit zur Konfliktlösung voraus. Wenn uns dieses Rüstzeug fehlt, werden Lebensprobleme selten gelöst und gewöhnlich vermieden. Jerry wird auch Schwierigkeiten haben, gesunde Beziehungen mit Männern einzugehen. Unsere Beziehung mit unserem gleichgeschlechtlichen Elternteil schafft die Voraussetzungen für unsere Beziehungen zu gleichgeschlechtlichen Altersgenossen. Wenn wir keine gesunde Beziehung mit unserem gleichgeschlechtlichen Elternteil haben, werden wir nicht wissen, wie wir vertrauensvoll mit Menschen unseres Geschlechts umgehen können.

Triangulation

Beide Eltern benutzen Jerry als ›Vermittler‹ ihrer Wutgefühle, die sie gegeneinander hegen. Ihre Kommunikation findet nicht direkt statt, sondern über einen Dritten. Wir nennen das *Triangulation*. Jerrys Eltern müßten miteinander über ihre Eheprobleme sprechen. Statt dessen bespricht die Mutter mit Jerry die Probleme, die sie mit seinem Vater hat. Das verärgert Jerrys Vater, der es seiner Frau heimzahlt, indem er den Sohn vernachlässigt oder strenge Erziehungsmaßnahmen ergreift. Jerrys Mutter versucht Wiedergutmachung, indem sie die Autorität des Ehemanns untergräbt und ihren Sohn vor dem Vater in Schutz nimmt.

Es ist deutlich erkennbar, daß die Bedürfnisse des 13jährigen Kindes Jerry im Denken der Eltern nicht im Vordergrund stehen. Die Eltern benutzen ihn vielmehr als Pingpongball, weil sie mit ihren Gefühlen zueinander nicht direkt umgehen können. Die Eltern, die ihn beide benutzen, respektieren weder Jerrys Grenzen, noch tragen sie dazu bei, diese zu festigen.

Als Erwachsener wird Jerry in Konfliktsituationen schwer zurechtkommen, vor allem in zwischenmenschlichen Konflikten. Er wird ständig in die Auseinandersetzungen anderer hineingezogen, ob von Freunden, Verwandten oder Arbeitskollegen. Da er in der Überzeugung aufgewachsen ist, er habe die Pflicht, die Probleme seiner Eltern zu lösen, wird er dieses Muster in anderen Beziehungen fortsetzen. Jerry wird Menschen helfen wollen und sich dabei in den Prozeß der Konfliktlösung einmischen. Er wird in Auseinandersetzungen anderer hineingezogen und soll Partei ergreifen. Jerry wird sich ständig benutzt, verwirrt, frustriert und in der Falle sitzend vorkommen – ohne zu wissen, wieso er von einer gestörten Situation in die nächste stolpert.

Jerrys Mißbrauch durch seine Herkunftsfamilie ist emotionaler Mißbrauch, der ebenso vernichtend sein kann wie körperlicher oder sexueller Mißbrauch. Viele von uns wurden emotional mißbraucht, ohne sich dessen bewußt zu sein. Viele Menschen mißbrauchen ihre eigenen Kinder mit Worten, ohne zu bemerken, welchen Schaden ihre Worte wirklich anrichten.

Ungesunde Situation

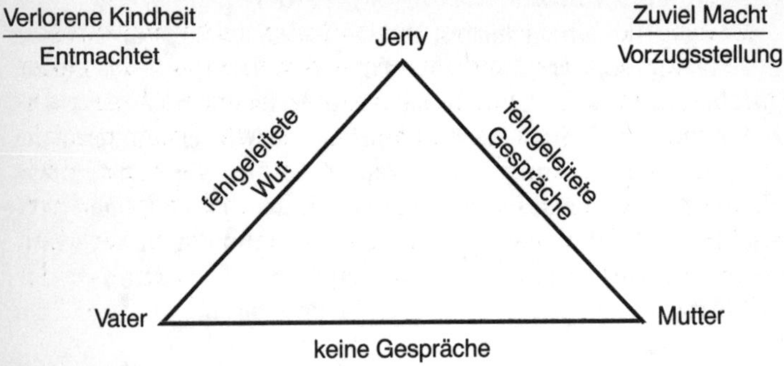

Gesunde Situation

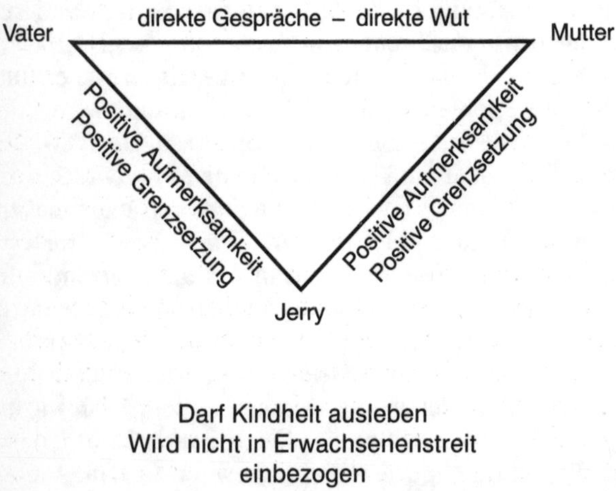

Tabelle 2.1 Beispiele für Triangulation

Emotionaler Mißbrauch tritt in vielen Formen auf. Wir wollen für unsere Zwecke die augenscheinlichsten und häufigsten Formen untersuchen.

Manche Formen des emotionalen Mißbrauchs sind direkte, verletzende Aussagen, die dazu benutzt werden, um das Opfer durch Entmachtung und Beschämung zu Gehorsam zu zwingen. Viele von uns wurden mit herabsetzenden Namen bezeichnet, wie dumm, undankbar, Schwachkopf, Heulsuse, Esel, Schlampe, böser Junge, Hure, Idiot, Weichling und so weiter. Einem Kind Namen zu geben, die es herabsetzen oder ihm einen herabwürdigenden Stempel aufdrücken, ist emotionaler Mißbrauch.

SARAHS GESCHICHTE: Sarahs Vater war ein cholerischer gewalttätiger Trinker. Er verbrachte seine Abende in Bars und trank so lange, bis die Kneipe schloß. Wenn er schließlich nachts nach Hause kam, schlief er entweder seinen Rausch auf dem Fußboden im Wohnzimmer aus, oder er weckte die Familie mit seinem Gebrüll auf. Sarah war ein 15jähriges schüchternes, aber beliebtes Mädchen, das sehr gute Leistungen in der Schule erbrachte und gerade anfing, mit Jungen auszugehen. Wenn sie aus der Schule kam, machte sie ihre Hausaufgaben und half ihrer Mutter im Haushalt und bei der Betreuung ihrer beiden jüngeren Brüder.

Sarah hatte Mitleid mit ihrer Mutter und wünschte, sie würde sich von ihrem Vater scheiden lassen. Sie verstand nicht, warum die Mutter sich seine Gemeinheiten gefallen ließ. Wenn Sarahs Vater total betrunken war, hielt er seiner Tochter gelegentlich Moralpredigten. Er nannte sie eine Schlampe und sagte, er wisse, daß sie kein ›anständiges Mädchen‹ sei. Sarah hatte schreckliche Angst vor Sex und begriff nicht, weshalb der Vater sie auf diese Weise beschuldigte. Er bemängelte ihre Kleidung, behauptete, anständige Mädchen trügen keine Jeans und würden sich nicht schminken. Sarah geriet in große Verwirrung, weil alle ihre Schulfreundinnen Jeans trugen und sich schminkten, ohne deshalb von ihren Eltern als ›Schlampe‹ beschimpft zu werden. Sarahs Vater war der Überzeugung, es gebe nur zwei Sorten von Frauen: Prostituierte und anständige Frauen. Sarah bemühte sich wirklich, ein ›anständiges Mädchen‹ zu sein und verstand nicht, warum ihr Vater sie für ein ›schlechtes Mädchen‹ hielt.

Verunglimpfende Stempel

Sarah wird es schwer haben, sich mit ihrer Sexualität anzufreunden. Sie wird ständig Bedenken haben, ob sie zu leichtsinnig wirkt, und sie wird Schwierigkeiten haben, mit ihrer Weiblichkeit zu experimentieren. Ihre erste Erfahrung einer intimen Beziehung mit einem Mann war die Beziehung zum Vater. Sarah wird möglicherweise verallgemeinern und glauben, alle Männer sähen wie ihr Vater Frauen entweder als ›Huren‹ oder ›Heilige‹. Da ihr Vater sie herabsetzte, indem er sie als Schlampe bezeichnete, besteht die Wahrscheinlichkeit, daß sie sich zu Männern hingezogen fühlt, die sie entmachten und herabsetzen. Da sie kein Vertrauen zu Männern und ein geringes Selbstwertgefühl hat, wird sie sich mit Männern, die sie respektvoll und liebenswürdig behandeln, nicht wohl fühlen und kein Vertrauen zu ihnen haben.

In manchen Fällen übernehmen die Kinder buchstäblich die Stempel, die sie in der Kindheit aufgedrückt bekamen. Sarah sagt sich vielleicht: Wenn mein Vater mich ständig beschuldigt, eine Schlampe zu sein, kann ich ebensogut ausprobieren, was es mit Sex auf sich hat. Sarah läßt sich auf eine Reihe sexueller Beziehungen ein, in der Hoffnung, sie wögen den Verlust und die Leere auf, die sie in sich spürt. Wenn sie sich von Männern sexuell ausbeuten läßt, setzt sie das Muster der Entmachtung und Herabsetzung fort. Sie entdeckt aber auch, daß sie durch das Ausagieren ihrer Sexualität in eine Machtposition versetzt wird: Sex gibt ihr das irrtümliche Gefühl, Macht über Männer zu haben. Ihr ausschweifendes Verhalten überdeckt zeitweise die Herabsetzung und die Gefühle von Machtlosigkeit, die durch den Mißbrauch ihres Vaters und anderer Männer entstanden. Doch irgendwann kehren die Gefühle der Scham und der Ausbeutung wieder zurück.

Schimpfnamen richten Schaden an, und die Folgen können

alle Lebensbereiche negativ beeinflussen. Wir müssen die Stempel, die wir in unserer Jugend aufgedrückt bekamen, untersuchen und feststellen, ob sie noch heute Einfluß auf unser Leben nehmen. Ich bin einen Meter dreiundachtzig groß und wurde in meiner Jugend ›Bohnenstange‹ genannt. Ich glaube nicht, daß dies aus Bosheit geschah, dennoch war die Bezeichnung ein Angriff auf mich als großgewachsenen Menschen. Ich war unglücklich und schämte mich meiner Körpergröße. Ich nahm eine schlechte Haltung an und weigerte mich lange, hochhackige Schuhe zu tragen. Die Bezeichnung ›Bohnenstange‹ setzte mich herab und gab mir das Gefühl, ›minderwertiger‹ zu sein. Ich hielt mich für weniger gut und weniger wertvoll als kleinere Menschen. Es ist ebenfalls Mißbrauch, Kinder allzu häufig Mamas großen Jungen, Papas kleine Prinzessin, Mamas kleinen Mann, Papas Herzblatt oder Mamas Liebling zu nennen. Diese Bezeichnungen sind niedlich und wirken nach außen harmlos, haben aber auf Kinder nachhaltige Wirkung. Gelegentlich angewandt, können sie bestärken, zu häufig benutzt, werden sie zu Stempeln, die das im Entstehen begriffene Selbstbild eines Kindes beeinträchtigen. Solchermaßen etikettierte Kinder werden entmachtet und in vielen Fällen zugleich in eine Vorzugsstellung versetzt.

Am Beispiel des 13jährigen Jerry sehen wir, welches Gewicht und welche Verantwortung ›Mamas kleiner Mann im Haus‹ für diesen Jungen bedeutete. Mit dem Stempel ›kleiner Mann‹, erhielt er Vollmachten und Autorität über seinen jüngeren Bruder. In Abwesenheit des Vaters wurde Jerry mit der Rolle des Ersatzvaters und Ersatzehemanns betraut. Die Macht und das Gefühl ›erwachsener‹ zu sein als ein normaler 13jähriger, waren vorübergehend angenehm, doch die traurige Konsequenz dieser Rolle lag im Verlust der Kindheit. Es ist schwierig, sich als verletzliches, unreifes Kind wohl zu fühlen, das Fehler macht, wenn ihm andererseits die Rolle eines kleinen Erwachsenen aufgedrängt wird.

In manchen Familiensystemen herrscht ein äußerst verderbliches Perfektionsdenken. Kinder aus solchen Familien hören Sätze wie: »Was sollen die Nachbarn denken... Du mußt immer einen guten Eindruck machen... Wenn du beim ersten

Versuch scheiterst, versuch es noch einmal... Du hast Chancen, die ich nie hatte, also nutz sie... Halt dich gerade... Die Ellbogen gehören nicht auf den Tisch... Wenn du nichts Nettes zu sagen weißt, sag lieber gar nichts... Kinder soll man sehen, aber nicht hören.« Die Liste ließe sich endlos fortsetzen. Von naturgegeben unreifen, unvollkommenen Kindern Vollkommenheit zu verlangen, ist emotionaler Mißbrauch und kann Experimentierfreude und Kreativität hemmen. Kinder lernen ihre Grenzen und ihre Umwelt kennen, indem sie Fehler machen und kreativ experimentieren.

Sätze wie: »Hör auf, wie ein kleines Kind zu weinen«, oder: »Wenn du dich nicht benehmen kannst, geh aus dem Zimmer«, und: »Nette Mädchen werden nicht wütend«, untergraben die Fähigkeit eines Kindes, aus den Leiden und Enttäuschungen des Lebens zu lernen und daran zu wachsen. Den meisten von uns fällt es schwer, an den Leiden zu wachsen, die das Leben mit sich bringt, weil wir unseren Gefühlen der Enttäuschung, Wut und Traurigkeit entfremdet sind. Diese Gefühle verunsichern uns, und wir fürchten, unsere Verletzlichkeit werde entdeckt und gerate uns zum Nachteil. Die meisten von uns durften als Kinder nur selten ihre Verletzlichkeit zeigen.

Einem Kind zu verbieten, seine Gefühle zum Ausdruck zu bringen, ist emotionaler Mißbrauch. Mein Sohn Aaron hat gelegentliche Wutausbrüche. Das ist normales kindliches Verhalten. Wenn er einen Wutanfall hat, darf er mit den Füßen aufstampfen, weinen und lauthals zum Ausdruck bringen, gegen wen oder warum er wütend ist. Meine Aufgabe als Mutter ist es, ihn toben zu lassen. Es ist wichtig, die Gefühle unserer Kinder zuzulassen, es ist aber auch wichtig, zugleich Grenzen zu setzen. Es ist nicht in Ordnung, wenn Aaron bei einem Wutanfall einen anderen Menschen schlägt, mit den Füßen bearbeitet oder mit Gegenständen um sich wirft. Kinder müssen wissen, daß es Erwachsene gibt, die ihren heftigen Gefühlsausbrüchen Grenzen setzen. Das vermittelt ihnen ein Gefühl der Sicherheit. Wer von uns durfte denn als Kind spontane Gefühle zeigen, während ihm gleichzeitig gesunde Richtlinien gesetzt wurden, damit er in einem geschützten Rahmen mit seinen Gefühlen experimentieren konnte?

Bestrafung durch Schweigen

Manche von uns wurden nach der ›Schweigemethode‹ erzogen. Ein Kind, das mit seinem Verhalten die Mißbilligung der Eltern oder anderer Erwachsener herausgefordert hat, wird vernachlässigt, gemieden oder verbannt; man spricht nicht mit ihm und läßt es links liegen. Diese Methode wurde von vielen Erwachsenen über viele Generationen hindurch als probate Erziehungsmaßnahme angewendet. Dahinter steht häufig der Gedanke: Immer noch besser, als Kinder zu schlagen. In Wahrheit ist dieses Druckmittel ebenso schädlich wie körperliche Mißhandlung.

Kinder haben mir gesagt, sie bezögen lieber eine Tracht Prügel, als mit Schweigen bestraft zu werden. Kinder kapseln sich innerlich ab, wenn sie bestraft werden, und Prügel gehen vorüber. Sich während der wesentlich länger dauernden emotionalen Schweigebestrafung abzukapseln, ist weitaus verhängnisvoller. Das Schweigen gibt dem Kind wortlos zu verstehen: »Wenn du einen Fehler machst und nicht perfekt bist, beachte ich dich nicht. Für mich existierst du gar nicht.« Kinder, die mit solchen Botschaften aufwachsen, haben als Erwachsene entweder das unersättliche Verlangen, sich Gehör zu verschaffen, und sind sehr ichbezogen, oder sie werden zu Erwachsenen, die aus Angst, verlassen zu werden, Scheu haben, sich mitzuteilen, wenn ihre Meinung von der Meinung anderer abweicht.

Viele Menschen wachsen in Familiensystemen auf, in denen die Eltern sich gegenseitig anfeinden oder deren ständiger Zorn sich gegen die Kinder richtet. Es besteht ein großer Unterschied zwischen dem Gefühl gesunder Wut und mißbräuchlichem Zorn. Wut ist gesund und verleiht uns die nötige Kraft, um uns zur Wehr zu setzen und zu schützen. In gesunden Familien billigt man allen Mitgliedern Wutgefühle zu. Diese Form der Wut wirkt reinigend und löst Konflikte. Sie bringt Familienmitglieder einander näher, weil sie Kommunikationswege öffnet.

Krankhaft schwelende Wut

Aufgestaute Wutgefühle brechen plötzlich und unkontrolliert hervor. Sie werden eingesetzt, um andere zu beherrschen, zu ängstigen und zu Gehorsam zu zwingen. In dysfunktionalen

Familien ist es nur einer oder zwei Personen erlaubt, solche ständig schwelenden Wutgefühle zu haben. Die anderen Familienmitglieder dürfen gesunde Wut weder empfinden noch zum Ausdruck bringen. Wer einer solchen ständigen Wut ausgesetzt ist, nimmt großen Schaden. Ein Kind, das mit der ständigen Wut anderer aufwächst, erlernt sehr schnell die Schutzhaltung, sich abzukapseln. Dieses Verschließen bedeutet Abstumpfung oder Abspaltung, bis der Betroffene völlig gefühlsleer ist.

Ich war als Kind ein Opfer solch krankhafter Wut und wuchs mit Eltern auf, die sich gegenseitig, aber auch meine jüngeren Schwestern und mich anfeindeten. Wenn Vater oder Mutter einen Wutausbruch hatte, versenkte ich mich in Tagträume oder Phantasien, um den Schmerz und das Entsetzen über diese Tobsuchtsanfälle nicht zu spüren. Als Erwachsene hatte ich große Schwierigkeiten, meine Wut auf gesunde Weise zum Ausdruck zu bringen. Ich ließ mich entweder ständig von anderen mißbrauchen und versank in Abstumpfung, oder ich gab mich Träumereien hin, um meinen Schmerz nicht zu spüren.

Gelegentlich umgab ich mich mit Mauern aus Wut, um die Menschen abzuschrecken und mich vor Schmerz zu bewahren. Ich hatte entweder gar keine Grenzen und Schutzmechanismen, oder ich verfiel ins andere Extrem und errichtete Mauern der Wut, um mich abzugrenzen und andere einzuschüchtern. Wenn ich vor Wut schäumte, versetzte ich die Menschen meiner Umgebung in Verwirrung, erschreckte sie und mißbrauchte sie emotional. Ich tat anderen das an, was mir angetan worden war, und setzte dadurch den Kreislauf des emotionalen Mißbrauchsverhaltens fort.

Gesunde Wut wirkt weder einschüchternd noch angsteinflößend. Ich mußte lernen, mit meinen Gefühlen der Wut umzugehen, wenn sie auftauchten, anstatt sie in mir aufzustauen, bis ich unkontrolliert tobte. Ich mußte weiterhin lernen, rechtzeitig zu merken, wann ich benutzt oder mißbraucht wurde, statt mich in eine Phantasiewelt zu flüchten, um Schmerz zu vermeiden. Sobald mir bewußt wurde, wann ich benutzt, mißbraucht, übergangen oder gekränkt wurde, war ich in der Lage, die nötigen Schritte zu unternehmen, um mich auf gesunde Weise zu schützen. Ich mußte mich nicht länger zum Opfer machen lassen, um mich danach total abzugrenzen und andere emotional zu verletzen. Wir alle müssen lernen, für uns selbst verantwortlich zu werden, und dieser Bewußtseinsprozeß kann sich nur dann vollziehen, wenn wir erkunden, wie wir aufgewachsen sind.

Kinder lernen in sehr jungen Jahren, Gefühle auf gesunde Weise auszudrücken. Sie beobachten genau, nehmen alles auf und sind fest davon überzeugt, daß alle Erwachsenen immer recht haben. Stellen Sie sich vor, wie verwirrend es für ein Kind ist, mit einem Elternteil aufzuwachsen, der Wutanfälle hat, dem Kind aber gleichzeitig sagt, es darf seine eigenen Wutgefühle nicht zum Ausdruck bringen.

Viele Erwachsene verdrängen ihre Wut und vermitteln ihren Kindern eine Doppelbotschaft. Kinder fühlen alles, können aber meist nicht erklären, warum sie diese Gefühle haben. Ich kenne viele Kinder, die zu Hause oder in der Schule Schwierigkeiten haben. Sie leiden unter Schlafstörungen, ihre Leistungen in der Schule schwanken oder fallen drastisch ab, sie streiten ständig mit Geschwistern oder Freunden. Sie leben in einem ständigen Zustand der Unzufriedenheit. Wenn ich sie frage, wie sie sich fühlen, antworten sie, sie seien traurig, wütend oder voller Angst. Wenn ich sie aber frage, warum sie sich so fühlen, antworten sie: »Ich weiß es nicht.« Sie wissen es wirklich nicht, da sie in vielen Fällen die Gefühle ausagieren, die ihre Eltern nicht wahrhaben wollen und nicht lösen. Aus diesem Grund bestehe ich immer darauf, mit beiden Eltern und mit dem Kind zu sprechen. In aller Regel weisen die Eltern eine Reihe unbearbeiteter Sachverhalte und ungelöster Konflikte auf, mit denen sie sich auseinandersetzen müssen. Sobald sie sich mit ihren Problemen befassen, bessert sich interessanterweise das Verhalten ihrer Kinder.

SALLYS GESCHICHTE: Viele Eltern scheuen sich, ihre Wut vor den Kindern zu zeigen. Deshalb befinden sich ihre Kinder in Verwirrung über die eigenen Wutgefühle. Sally wurde von Eltern erzogen, die beide fürchteten, ›schlechte Eltern‹ zu sein. Die Eltern bemühten sich sehr, ihr den materiellen und emotionalen Rückhalt für ihre Entwicklung zu geben. Sie waren bestrebt, ein gesundes Umfeld für Sally und ihren Bruder zu schaffen. Die Kinder kamen immer an erster Stelle. Sallys Eltern trugen nie eine Meinungsverschiedenheit in Gegenwart der Kinder aus. Sally wußte zwar, wann sie wütend aufeinander waren, aber sie wurde nie Zeugin eines elterlichen Streits. Sie fragte ihre Mutter: »Hast du Krach mit Papa?« Und ihre Mutter entgegnete: »Natürlich nicht!«

Als Sally erwachsen wurde, hatte sie immer wieder Beziehungen, die nicht lange anhielten. Jedesmal, wenn es einen Konflikt oder eine Auseinandersetzung gab, beendete Sally die Beziehung. Sally fühlte sich sehr niedergeschlagen und sprach mit ihrer Mutter darüber, als wieder eine Beziehung in die Brüche ging. Ihre Mutter meinte: »Ich verstehe gar nicht, wieso du solche Schwierigkeiten hast. Dein Vater und ich haben nie vor dir oder deinem Bruder gestritten.« Und Sally antwortete: »Weil ihr nie vor mir gestritten habt, weiß ich nicht, wie ich mit Streit umgehen oder wie ich eine Meinungsverschiedenheit beilegen soll. Ich habe nie gelernt, mit Konflikten umzugehen.«

Spiritueller Mißbrauch

Manche Menschen wuchsen in Elternhäusern auf, in denen Religion eine wichtige Rolle spielte. Religiöse Anleitung errichtet Kindern ein Fundament, das ihnen hilft, mit den Härten des Lebens umzugehen und daraus zu lernen. Ein spirituelles Fundament verschafft uns Zugang zu einer Philosophie, durch die wir Verluste und Leiden besser begreifen. Ein gesunder religiöser Hintergrund gibt uns Richtlinien und verschafft uns Zugang zu unseren inneren Kräften. Manche von uns erlebten in der Kindheit keine gesunde religiöse Anleitung, sondern spirituellen Mißbrauch.

Unsere ersten Begriffe einer Höheren Macht vermittelt uns die Herkunftsfamilie. Eltern geben ihre Glaubensrichtung, ihre Werte und Traditionen an die Kinder weiter. Die Erwachsenen unserer Kindheit liefern uns die Basis für unser Verständnis einer Höheren Macht oder von Gott. Wenn unsere Eltern in ihrer Einstellung kritisch, streng oder mißbrauchend sind, werden wir die Vorstellung einer Höheren Macht entwickeln, die kritisch, streng oder mißbrauchend ist. Wenn unsere Eltern uns Verständnis, Fürsorge und Geborgenheit gaben, wird unser Glaube an eine Höhere Macht von Verständnis, Fürsorge und Geborgenheit getragen sein. Ich bin bislang keinem einzigen Atheisten begegnet, der nicht Opfer irgendeiner Form von Mißbrauch in der Kindheit war. Ein Atheist faßte dies in folgenden Worten zusammen: »Wie kann ich an einen Gott glauben, der um mein Wohl besorgt ist, wenn meine Familie so chaotisch war? Wenn es einen Gott gäbe, warum konnte er zulassen, daß ich so schrecklich leiden mußte?«

GEORGS GESCHICHTE: In manchen Fällen nehmen Kinder in Glaubensfragen genau die entgegengesetzte Haltung ihrer Eltern ein. Georg wurde von alkoholkranken Eltern erzogen, die ihn körperlich mißbrauchten. Georg verstand nie wirklich, warum seine Eltern sich so verhielten, und wünschte sich in seiner Kindheit, in einer anderen Familie aufzuwachsen. In der Unterstufe der High School engagierte er sich gemeinsam mit einem Freund an einem kirchlichen Jugendprogramm. In der Kirchengemeinde fühlte er sich geborgen und geliebt. Georg konnte dem Elend zu Hause entfliehen, wenn er in die Kirche ging. Dort wurde er von allen wie ein Familienmitglied freundlich aufgenommen, und die menschliche Nähe seiner Freunde gab ihm ein Gefühl der Zugehörigkeit und Geborgenheit. Als Jugendlicher und Erwachsener nahm Georg aktiv am Kirchengeschehen teil.

Die Kirche riet ihm, er müsse seinen Eltern verzeihen und sein eigenes Leben führen. Georg dachte, er habe seinen Eltern eigentlich verziehen, fühlte aber nach wie vor gelegentlich eine schmerzliche Leere in sich. Von Zeit zu Zeit überkamen ihn Gefühle heftiger Wut und Traurigkeit. Georg engagierte sich noch intensiver an Kirchenaufgaben in der Hoffnung, seine Gefühle würden verschwinden, wenn er anderen Menschen Gutes tat.

Georg heiratete eine Frau aus seiner Kirchengemeinde, und die beiden bekamen einen Sohn namens Dan. Georg und seine Frau bezogen ihren Sohn von klein auf in das Kirchenleben mit ein in der Absicht, ihn religiös zu erziehen. Georg las seinem Sohn regelmäßig aus der Bibel vor und sprach mit ihm jeden Tag über Glaubenssätze und religiöse Werte.

Als Dan neun Jahre alt war, erwischte sein Vater ihn beim Rauchen hinter dem Haus. Georg schlug ihn mit einem Ledergürtel und warf ihm vor, er sei vom Weg der Kirche abgewichen. Georg las seinem Sohn wieder aus der Bibel vor und erklärte ihm, Gott sei sehr böse auf ihn, weil er geraucht habe. Dan war angesichts der Reaktion seines Vaters sehr verwirrt und verletzt. Er war nur neugierig gewesen und hatte ausprobieren wollen, was am Zigarettenrauchen so toll sein sollte. Viele in der Kirchengemeinde rauchten, und er wollte es auch einmal ausprobieren. Er wußte, daß er wegen des Rauchens bestraft werden würde, aber diese Härte hatte er nicht erwartet. Er war auch über Gott verwirrt und fürchtete, Gott sei wirklich böse auf ihn und werde ihn wie der Vater bestrafen.

Als Dan 13 war, bot ihm ein Freund einen Zug aus einer Marihuanazigarette an. Dan rauchte normale Zigaretten, seit er neun war, und wollte diese neue Zigarette ausprobieren. Sein Vater hatte ihm gesagt, alle Drogenkonsumenten seien Sünder, die in die Hölle kommen würden. Dan wußte aber auch, daß sein Vater alle Menschen, die nicht in seiner Kirchengemeinde lebten, als Sünder bezeichnete, die zur ewigen Verdammnis verurteilt seien. Überzeugt davon, daß sein Vater ihn ohnehin für einen Sünder und schlechten Menschen hielt, machte es demnach nichts mehr aus, wenn er auch noch Marihuana rauchte.

Eines Tages fand Dans Mutter Tabletten im Wäscheschrank ihres Sohns. Sie unterrichtete unverzüglich ihren Ehemann von dem Fund. Beide Eltern hatten keinerlei Erklärung, was bei der Erziehung Dans mißglückt war. Georg hatte sich feierlich vorgenommen, sein Kind anders zu erziehen, als *seine* Eltern ihn erzogen hatten. Er war tief verletzt und verwirrt, als er feststellen mußte, daß sein Sohn Drogen nahm.

Georg war nie von dem Mißbrauch genesen, dem er in seinem von Gewalt und Trunksucht beherrschten Elternhaus ausgesetzt gewesen war. Er hatte Zuflucht in der Kirche gefunden und festgestellt, daß er dort die Fürsorge und Zuwendung erhielt, nach der er sich so verzweifelt sehnte. Die Kirche gab

Georg zwar Zuwendung und Geborgenheit, konnte ihn jedoch nicht von dem Schmerz heilen, mißbraucht worden zu sein. Die Kirche hatte ihm sozusagen einen vorübergehend schmerzstillenden Wundverband aufgelegt. Doch Georg mußte die verdrängten Gefühle aus der Kindheit erleben, um von der Leere in seinem Innern geheilt zu werden. Georg hatte gehofft, die Kirche werde ihm alle Antworten auf seine Kindheit mit alkoholsüchtigen Eltern geben, doch bedauerlicherweise brauchte er mehr Hilfe, als die Kirche ihm bieten konnte.

Georg hätte Anleitungen gebraucht, nach denen er sein Leben hätte einrichten können, Anleitungen, die seine Eltern ihm aufgrund ihrer Alkoholsucht nicht geben konnten. Die Kirche übernahm für Georg die Funktion von Ersatzeltern, konnte ihn allerdings nicht von den qualvollen Gefühlen befreien, die ihn seit dem körperlichen und emotionalen Mißbrauch in seiner Jugend heimsuchten.

Georg und seine Frau hatten erwartet, ihr Sohn Dan werde dem Weg der Kirche folgen. Doch Dan rebellierte nicht nur gegen die Kirche, sondern auch gegen die Strenge seiner Eltern. Georg übertrug die Überlebenstechniken, die er sich im Zusammenleben mit alkoholsüchtigen Eltern angeeignet hatte, auf Dan, der wie sein Vater nach Anerkennung und gesunder Anleitung suchte. Dans Eltern waren süchtig nach Religion, süchtig nach dem erhabenen Gefühl der Rechtschaffenheit. Sie glaubten, ihre Lebensform sei die einzig wahre und richtige. Sie hatten sich der Realität des Lebens entfremdet und waren unfähig, ihrem Sohn gesundes Rüstzeug für ein Leben in der Realität mitzugeben.

Ablösung in der Jugend

In der Jugend beginnen wir uns durch Rebellion von unseren Eltern abzulösen. Teenager prüfen sich und ihr Umfeld, indem sie die Wertsysteme ihrer Eltern in Frage stellen. Das ist insofern gesund, als es den Heranwachsenden darauf vorbereitet, die Geborgenheit der Familie zu verlassen, um sich hinaus in die reale Welt zu wagen. Jugendliche experimentieren mit ihrer Identität, um sich selbst zu finden. In einer gesund strukturierten Familie wissen Jugendliche intuitiv, daß ihre Eltern ihnen nach wie vor zur Verfügung stehen und ihnen Grenzen setzen, indem sie ihnen Anleitung, Sicherheit und Ordnung geben, selbst wenn sie den Prozeß der Ablösung zu rasch oder zu früh antreten. Sind die Eltern zu streng, können Teenager den Prozeß der Ablösung nicht auf gesunde Weise beginnen. Sie bleiben entweder verstrickt in die Familie – und entdecken nie, wer sie wirklich sind. Oder sie proben den totalen Aufstand und lehnen alles ab, wofür ihre Eltern eintreten.

Dan war genetisch zur Suchtkrankheit prädisponiert, da seine Großeltern Alkoholiker waren. Er rebellierte außerdem gegen die Wertvorstellungen und Glaubenshaltungen seiner Eltern, da sein Familiensystem von übergroßer Strenge gekennzeichnet war. Er konnte sich den Gottesgedanken seines Vaters nicht zu eigen machen, weil der Vater ihm ständig weismachte, Gott sei wegen Dans Verhalten böse.

Religiöse Manipulation

Wird ein Kind mit dem Zorn Gottes oder mit Worten wie: »Gott mißbilligt das«, oder: »Du bist ein Sünder«, oder: »Gott sieht dich und ist böse« bestraft oder bedroht, so ist das spiritueller Mißbrauch. Kinder glauben buchstäblich, was ihre Eltern sagen. Und wenn ein Vater seinem Kind sagt: »Gott hat dich nicht lieb«, glaubt das Kind tatsächlich, Gott sei böse auf ihn, und es fürchtet sich vor Strafe.

Es ist auch falsch, die Bibel als Druckmittel der Kindererziehung heranzuziehen. Wenn Eltern religiöse Grundsätze dazu benutzen, um ihre Kinder zu beschämen, zu bedrohen oder zu bestrafen, wird die Religion zu einer schaurigen, beängstigenden, autoritären Institution gemacht. Strikte religiöse Grundsätze der Eltern können die Entwicklung einer gesunden Spiritualität des Kindes verhindern. Religion ist eine Institution, die uns hilft, unsere eigene Frömmigkeit zu finden. Wird sie jedoch mißbraucht oder dazu benutzt, um andere zu kontrollieren, dient sie keineswegs der Entwicklung eines Glaubens an Gott.

Religiöser Mißbrauch in der Kindheit kann unsere Fähigkeit

beeinträchtigen, uns als Erwachsene als geistige Wesen zu erforschen. Wir müssen uns mit den religiösen Werten unserer Herkunftsfamilie befassen, um herauszufinden, ob sie unser spirituelles Wachstum in irgendeiner Form beeinträchtigt haben. Wenn ein Elternteil, Verwandter, Priester, Lehrer oder ein anderer Erwachsener ein Kind körperlich, emotional oder sexuell mißbraucht, begeht er gleichzeitig einen Mißbrauch an der Spiritualität dieses Kindes. Die erste Vorstellung des Kindes von einer Höheren Macht trägt die Merkmale der Erwachsenen, mit denen das Kind lebt. Wird ein Kind von einem Erwachsenen mißbraucht, so entsteht in der kindlichen Vorstellung das Bild einer Höheren Macht, die strafend und böse ist und vor der es sich ängstigt.

Hoffentlich entdecken wir alle im Verlauf unserer Erkundungen, wer wir sind und woher wir kommen, also unser wahres spirituelles Selbst. Mit der Entdeckung unseres spirituellen Selbst erhöhen wir unsere Selbstachtung und erkennen allmählich, daß wir Wertschätzung verdienen. Wir werden unser bester Freund und erkennen, daß wir kein Opfer sind oder uns von Lebenserfahrungen abspalten müssen.

Wir müssen die nichtverbalen und verbalen Botschaften untersuchen, die wir in der Kindheit erhalten haben und die uns bis heute beeinflussen. Viele von uns wurden durch verletzende Worte gekränkt, die sich tief in die Seele eingruben. Diese Wunden gilt es auszuheilen. Andere sind bis heute von dem Stempel geprägt, den ihnen die Eltern aufgedrückt haben, und handeln noch als Erwachsene danach. In der Mehrzahl der Fälle hatten die Eltern keineswegs die Absicht, ihre Kinder mit diesen Botschaften zu verletzen oder zu mißbrauchen. Doch leider spüren die Kinder auch als Erwachsene die Narben erlittener Schmerzen.

Um unseres Wachstums willen müssen wir die alten Botschaften erneut untersuchen, um unser beschädigtes und verletztes Selbstbild zu heilen. Wenn wir von diesem Schmerz befreit sind, können wir die alten Prägungen abschütteln und werden nicht länger von ihrem Einfluß beherrscht. Wenn sie ihre Macht eingebüßt haben, können wir endlich ergründen, wer wir wirklich sind.

Kapitel 3

Körperlicher und sexueller Mißbrauch und Grenzsetzung

Körperlicher Mißbrauch

Wie oft erzählen mir Menschen, daß sie mit Lederriemen gezüchtigt wurden. Wenn ich dann sage: »Das war körperlicher Mißbrauch«, entgegnen sie: »Aber nein! Es waren doch nur Prügel.«

Kinder zu prügeln, ist bis heute ein Reizthema und setzt widersprüchliche Meinungen frei. Viele von uns wurden körperlich gezüchtigt, weil unsere Eltern von *ihren* Eltern auf diese Weise bestraft wurden. Es ist oft schwierig, diesen Menschen zu erklären, daß sie mißbraucht wurden. Solche Erziehungsmethoden zeigen außerdem, daß den Eltern gesunde Möglichkeiten fehlten, ihren Kindern Grenzen zu setzen. Eltern, die ein Kind mit Ledergürtel, Kleiderbügel, Stock, Haarbürste oder anderen Gegenständen schlagen, wissen oft nicht, wie hart diese Schläge eigentlich sind. Wenn ich mit der flachen Hand auf eine Tischplatte schlage, verspüre ich, je nach Heftigkeit des Schlags, mehr oder weniger großen Schmerz, und ich kann die Kraft dosieren, die ich anwenden will. Schlage ich mit einer Bürste oder einem Kleiderbügel auf die Tischplatte, kann ich kaum sagen, wie stark ich zuschlage. Ein zorniger Vater kann einem Kind mit einem Gegenstand schwere Verletzungen zufügen, da ihm gar nicht bewußt ist, mit welchem Kraftaufwand er das Kind schlägt.

Ich lehne Prügel und Schläge in jeder Form ab. Schläge sind keine Erziehungsmethode; sie sind eine Methode zur Einschüchterung. Prügel als Erziehungsmaßnahme haben lediglich die Wirkung, daß ein Kind seine Aufmerksamkeit vom Grund der Bestrafung abwendet, sich auf das Strafmaß konzentriert und alles versucht, um den körperlichen Schmerz zu verdrängen, entweder durch inneres Abblocken oder durch Flucht in eine Fantasiewelt.

Geschlagene Kinder lernen, daß Schlagen ein übliches Verhalten ist, und schlagen ihrerseits Geschwister oder Schulfreunde. Geprügelte Kinder sind nicht in der Lage, gesunde Grenzen zu setzen. Die Botschaft von körperlichem Mißbrauch lautet: ›Ich bin größer und mächtiger, und ich werde dir weh tun, wenn du einen Fehler machst oder dich meinen Normen widersetzt.‹ Manche Kinder entfernen sich innerlich so weit vom Anlaß ihrer Bestrafung, daß ihre Kenntnis über die begangene Verfehlung, die ihnen die Bestrafung eingebracht hat, völlig ausgeschaltet ist.

Julies Geschichte: Die Folgen der in der Kindheit erhaltenen Prügel werden im Erwachsenenleben auf verschiedene Weisen ausagiert. Julies Vater verließ sie und ihre Mutter, als Julie zwei Jahre alt war. Die Mutter überwand diesen Verlust nie; jahrelang wanderte sie nachts durch die Wohnung und wartete auf die Rückkehr ihres Mannes. Sie arbeitete an zwei verschiedenen Arbeitsstellen, um den Lebensunterhalt für sich und die Tochter zu verdienen, war oft völlig erschöpft und fühlte sich der Verantwortung einer alleinerziehenden Mutter nicht mehr gewachsen. Sie hielt sich als Mutter für eine Versagerin. Gelegentlich explodierte sie und schlug die Tochter. Julie verstand nicht, warum ihre Mutter immer so böse zu ihr war, gleichgültig, wie sehr sie sich bemühte, brav zu sein.

Julie wurde erwachsen und heiratete John, einen emotional unzugänglichen Alkoholiker. Sie fühlte sich ständig von John im Stich gelassen, geriet in Zorn und warf ihm sein Trinken vor. John hörte immer wieder für kurze Zeit auf zu trinken, fing aber jedesmal wieder an. Eines Tages wurde Julie so wütend, daß sie die Beherrschung verlor und ihr wertvolles Porzellan zertrümmerte. Hinterher schämte sie sich wegen ihres Verhaltens und fragte sich, weshalb sie ihren Mann nicht einfach verließ und ihr eigenes Leben führte.

Julie war durch die körperlichen und emotionalen Ausbrüche ihrer Mutter tyrannisiert worden; sie war außerdem von ihrem Vater verlassen worden. Diese alten Wunden waren nie verheilt, und Julie schuf sich als Erwachsene das Umfeld, in dem sie aufgewachsen war. Wir werden immer in Konstellationen hineingezogen, die uns vertraut sind, und wir führen unser Leben nach den Regeln und Traditionen, in denen wir aufgewachsen sind. Diese Regeln mögen nicht exakt die gleichen sein, sie gleichen einander jedoch auf erschreckende Weise. Julie hatte in der Kindheit nie gelernt, was gesunde Wut ist, und ihr einziges Vorbild für das Artikulieren von Wut war die unbeherrschte Mutter. Julie reagiert auf ihre aktuelle Lebenssituation in gleicher Weise wie die Mutter, wenn diese sich alleingelassen und überfordert fühlte.

Manche Menschen haben so große Angst, so zu werden wie die Eltern, daß ihre Reaktionen genau die entgegengesetzte Richtung nehmen. Den einzigen körperlichen Kontakt, den John als Heranwachsender kennenlernte, waren Prügel. Er wurde selten in den Arm genommen und nie geküßt. Johns Vater war ein sehr unbeherrschter Mann, was er jedoch verbal nie zum Ausdruck brachte. Jeder in Johns Familie wußte, wann der Vater zornig war, ging ihm aus dem Weg und verzog sich in sein Zimmer, denn Johns Vater ließ seine Wut jedesmal an einem Familienmitglied aus.

Bevor John von seinem Vater gezüchtigt wurde, mußte er in den Garten gehen und einen Zweig vom Pfirsichbaum abschneiden. Zuerst wurden alle Blätter entfernt, und dann bekam John Prügel. John durfte nicht weinen, denn wenn der Vater Tränen sah, schlug er noch heftiger zu. John hielt den Atem an und schluckte verzweifelt die Tränen hinunter, um dem Vater zu zeigen, was er alles verkraften konnte.

Als John den ersten Wutausbruch bei Julie erlebte, war er entsetzt und wußte nicht, wie er damit umgehen sollte. Einige Jahre zuvor hatte John bereits festgestellt, daß er Schwierigkeiten mit wütenden Menschen hatte. Wenn jemand zornig wurde, suchte er das Weite. Als Julie wütend auf ihn wurde, wollte er sich in Luft auflösen. John machte es sich zur Gewohnheit, Julies Tobsuchtsanfälle nicht zu beachten, verließ oft das Haus und begab sich mit ein paar Flaschen Bier in die Garage. John stellte fest, daß Bier ihn entspannte und die Nerven beruhigte.

Wenn wir Schmerz empfinden, haben wir das natürliche Bedürfnis zu weinen. Weinen wirkt schmerzlindernd und tröstet unsere Seele.

Einem Kind, dem es bei körperlicher Züchtigung untersagt ist zu weinen, wird gleichzeitig verboten, auf seinen Körper zu hören; es darf seinem Körper kein Vertrauen schenken. Es lernt, seinen Gefühlen zu mißtrauen, um den Schmerz zu verkraften, den es erleidet.

John lernte, emotionales und körperliches Trauma zu verkraften, indem er sich abspaltete, und er lernte, Konflikte zu vermeiden, indem er sie in Alkohol ertränkte.

Wenn wir in einer dysfunktionalen Familie aufwachsen, entwickeln wir spezielle Überlebenstechniken, die uns die Kraft geben, mit der Dysfunktion zu leben. Diese Techniken schützen uns und geben unserer gestörten Umwelt einen Sinn. Diese Überlebensstrategien nehmen wir mit in unser Erwachsenenleben hinein, stellen aber schließlich fest, daß sie nicht mehr funktionieren. Sie paßten in unsere Herkunftsfamilie, da sie auf dieses spezifische Umfeld zugeschnitten waren, doch in unserem Erwachsenenleben ist kein Platz mehr für sie. In der Genesung geht es darum, unsere Überlebensstrategien zu überprüfen, um zu entscheiden, ob sie unseren Erwachsenenbedürfnissen entsprechen.

SANDYS GESCHICHTE: Sandy wuchs in einer Umgebung auf, die nach außen hin dem Bild der perfekten amerikanischen Familie entsprach. Sie hatte eine ältere Schwester und einen jüngeren Bruder. Ihr Vater arbeitete den ganzen Tag über im Büro, ihre Mutter blieb zu Hause bei den Kindern. Beide Eltern waren gläubig und besuchten mehrmals in der Woche den Gottesdienst. Sandys Vater betätigte sich in seiner Freizeit als Laienprediger, und die Mutter gab Unterricht in der Sonntagsschule. Sandy fand es manchmal langweilig, so oft zur Kirche gehen zu müssen, während ihre Schulfreundinnen mit dem Fahrrad spazierenfuhren oder Parties veranstalteten. Sandys Eltern achteten darauf, daß sie nur Umgang mit den Kindern der Kirchengemeinde hatte, und sie durfte nie an den Parties der Schulfreundinnen teilnehmen. Sie kam sich als Außenseiterin und isoliert vor und sehnte sich danach, mit ihren Schulfreundinnen zusammenzusein. Sie erfand ihnen gegenüber Ausreden, warum sie nicht mitmachen konnte, und fürchtete, sie würden die Wahrheit herausfinden.

Nach der Schule besuchten einige der Freundinnen hin und wieder ein Café, um Limonade zu trinken. Sandy wurde immer zum Mitkommen aufgefordert, aber auch hier mußte sie sich Entschuldigungen ausdenken, weil sie kein Geld für Limonade hatte.

Wenn ihr Vater abends vom Büro nach Hause kam, pflegte er das Kleingeld aus der Hosentasche auf den Küchentisch zu leeren. Eines Tages nahm Sandy einige Münzen, um sich Limonade zu kaufen. Am nächsten Tag besuchte sie mit ihren Freundinnen das Café und fand es herrlich dort. Tags darauf nahm sie wieder ein paar Münzen vom Tisch. An diesem Abend entdeckte der Vater, daß Münzen fehlten, stellte sie zur Rede und erklärte ihr, was sie als Strafe zu erwarten hatte: Sie sollte die ganze Woche über als Mahlzeiten nur Brot und Milch bekommen. Und sie durfte ihre Schulfreundinnen nicht mehr sehen.

Die erwachsene Sandy fühlte sich in Gegenwart anderer Leute nicht wohl und glaubte immer, sie gehöre nicht dazu. Sie hatte Schwierigkeiten mit Beziehungen. Die Männer, die sie kennenlernte, schienen sie alle beherrschen zu wollen, als wollten sie Julie besitzen. Sie schrieben ihr vor, was sie anziehen und wie sie sich zu benehmen habe. Sie war enttäuscht; sie wußte nicht, wer sie war, und kein Mensch in ihrem Leben ließ zu, daß sie das herausfand. Ihre Eltern riefen sie mehrmals pro Woche an, und sie fühlte sich durch ihre ständige Fürsorge überfordert. Sie war 28 Jahre alt und kam sich immer noch wie eine Fünfjährige vor, wenn sie mit ihren Eltern sprach. Sie wünschte sich mehr Raum, um erwachsen zu werden.

Sandys Eltern waren süchtig nach ihrer Frömmigkeit und wollten ihr Kind von der realen Welt abschirmen. Wenn wir aber keine Kontakte pflegen oder zu sehr beschützt werden – ob vor Schulfreunden oder Lebenserfahrungen –, können wir uns nicht die nötigen Überlebensstrategien aneignen, die wir in der realen Welt brauchen.

Eltern, die mir ihre Besorgnisse über den Umgang ihrer Kinder anvertrauen, sagen im gleichen Atemzug, daß sie ihrem

Kind untersagt haben, gewisse Gleichaltrige zu besuchen. Die Gründe hinter diesen Verboten beziehen sich meist auf Rassenzugehörigkeit, Religion, politische Einstellung oder sozialen Status der Eltern. Kinder, denen der Umgang mit bestimmten Gleichaltrigen untersagt wird, sehnen sich vielfach um so mehr nach einer solchen Beziehung. Ein Kind von Altersgenossen fernzuhalten, ist körperlicher Mißbrauch. Wenn Eltern das Verhalten von Freunden ihrer Kinder nicht billigen, so müssen die Eltern dem Kind gesunde Leitlinien geben, die ihm helfen, eine eigene Entscheidung zu treffen, ob es mit den Betreffenden befreundet sein will oder nicht. Erst wenn ein Kind mit einem Gleichaltrigen schlechte Erfahrungen macht, lernt es gesunde Urteilsfähigkeit. Kinder lernen Freundschaft durch Interaktion mit Gleichaltrigen kennen. Mit gesundem Rückhalt der Eltern können sie das nötige Rüstzeug entwickeln, um als Erwachsene gesunde Beziehungen mit anderen einzugehen. Kinder, die in die Isolation gedrängt werden oder nur mit bestimmten Menschen zusammensein dürfen, werden ihrer Lernfähigkeit beraubt, Grenzen aufzubauen, mit anderen zu arbeiten und gesunde menschliche Nähe zu erfahren.

Sandys Vater mißbrauchte seine Tochter außerdem durch seine Strafmaßnahme, sie werde eine Woche lang nur Brot und Milch bekommen. Wer einem Kind Nahrung, Kleidung, Unterkunft, medizinische Versorgung oder gesunde körperliche Berührung vorenthält, begeht körperlichen Mißbrauch. Viele Menschen kommen aus Familien, in denen sie zwar nicht geschlagen wurden, in denen es aber auch keine gesunde körperliche Berührung und keine richtige Ernährung gab. Jeder Mensch braucht gesunde körperliche Berührung, und jeder braucht Nahrung, Kleidung, Unterkunft und medizinische Versorgung. Dies sind körperliche Grundbedürfnisse.

Wenn diese Bedürfnisse in der Kindheit nicht erfüllt werden, wachsen viele Kinder zu Erwachsenen heran, die nicht wissen, wie sie sich gesund ernähren, wie sie sich passend kleiden, wie sie sich schützen sollen oder daß sie einen Arzt aufsuchen müssen, wenn sie krank sind. Eltern unterweisen ihre Kinder darin, ihre Grundbedürfnisse zu erfüllen, indem sie diese Bedürfnisse in der Kindheit befriedigen. Wenn Eltern diese Bedürfnisse ungenügend erfüllen, erhält das Kind die Botschaft: Ich bin es nicht wert, daß man sich um mich kümmert. Diese Botschaft wird ins Erwachsenenleben mit hineingenommen. Bedürftige Erwachsene sind nicht in der Lage, für sich selbst zu sorgen.

Meine Eltern ließen sich scheiden, als ich 11 Jahre alt war. Meine zwei Schwestern und ich lebten bei der Mutter. Meine Mutter war als alleinerziehende Frau überfordert. Sie tröstete sich mit Alkohol und rezeptpflichtigen Medikamenten. Sie arbeitete in zwei Jobs und war nur selten emotional verfügbar. Zu Hause stand sie unter dem Einfluß von Alkohol oder Medikamenten oder beidem. Bei uns zu Hause herrschte das ungeschriebene Gesetz, unsere Mutter in Ruhe zu lassen.

Sie war mit Eltern aufgewachsen, die sie vor allen schmerzlichen Erfahrungen abschirmten. Sie verwöhnten und beschützten ihre Tochter über die Maßen. Sie war der Mittelpunkt ihres Lebens, und sie wurde materiell und emotional mit Zuwendungen überschüttet. Sie lernte nie, sich um sich selbst zu kümmern und sich in der Erwachsenenwelt zu bewähren. Da sie nicht wußte, wie sie Selbstfürsorge üben sollte, fiel es ihr schwer, sich um meine Schwestern und mich zu kümmern. Meine Mutter ging mit uns nur dann zum Arzt oder Zahnarzt, wenn ihr jemand sagte, sie müsse es tun, oder wenn ein Krankheitsbild deutlich sichtbar war. Im Grunde wußte meine Mutter nicht, was sie mit uns anfangen sollte, wenn wir krank waren.

Ich erinnere mich, daß meine Großmutter uns jedesmal besuchte, wenn eines der Kinder ernsthaft krank war. Und als allererstes befahl sie meiner Mutter, das Zimmer zu verlassen. Als ich erwachsen war, hatte ich große Schwierigkeiten, mir einzugestehen, wenn ich krank war. Großmutter hatte auf Krankheiten überreagiert, und meine Mutter hatte sie meist ignoriert. Wenn ich mich unpäßlich fühlte, glaubte ich entweder, an einer unheilbaren Krankheit zu leiden, oder ich beachtete meinen Zustand überhaupt nicht.

Gesunde Grenzen bedeuten, sich um die eigene Person zu kümmern und den Körper auf gesunde Weise zu schützen. Viele Menschen suchen ständig einen Arzt auf, machen sich um jedes Wehwehchen größte Sorgen, während andere jahrelang nicht zum Arzt oder Zahnarzt gehen. Um gesunde Grenzen zu setzen, müssen wir lernen, nicht in Extremen zu leben. Viele Menschen müssen als Erwachsene erst lernen, sich gesund zu ernähren, sich gesunde Schlafgewohnheiten anzueignen und sich angemessen zu kleiden.

Lernen, Spaß zu haben

Neben der Erfüllung unserer Grundbedürfnisse müssen wir auch lernen, Spaß zu haben. Vergnügen und Spaß sind wichtige Bestandteile der Kindheit, denn sie lehren uns, daß das Leben lebenswert ist. Eltern lieben es, mit ihren Kindern herumzutoben, sich auf dem Fußboden zu wälzen, einander zu kitzeln und durchs Haus zu jagen. Diese Aktivitäten sind für Eltern und Kind gleichermaßen vergnüglich. Kinder und Eltern spielen miteinander, wobei die Kinder lernen, daß auch Erwachsene sich spielerisch verhalten dürfen. Diese Aktivitäten bringen ihnen die Wichtigkeit von Spontaneität und Spielfreude nahe.

Eltern gehen in Spielsituationen aber auch gelegentlich zu grob mit Kindern um. Dann hört der Spaß auf. Kinder lernen, Grenzen zu setzen, wenn sie den Erwachsenen zu verstehen geben, wann sie genug haben, wenn sie also nein sagen und die Erwachsenen diesen Wunsch respektieren. Manche Kinder werden gekitzelt, bis sie in die Hose machen, andere ziehen sich beim Herumtoben mit Eltern Verletzungen zu. Wenn ein Kind nein sagt zu körperlicher Berührung und es wird weiterhin gekitzelt oder gezwungen, weiter herumzutoben, wird das Spiel zu körperlicher Nötigung, und Kinder erfahren, daß sie kein Recht auf ihren Körper haben und daß ihre Bedürfnisse nicht wichtig genommen werden. Eltern haben meist keine Ahnung, daß sie ihre Kinder damit körperlich nötigen, und sehen in diesem Verhalten lediglich ein Spiel.

Wichtig ist, daß Kinder gesunde körperliche Berührung erfahren, um ein gesundes Selbstvertrauen zu entwickeln. Wenn unserem Körper infolge körperlicher Nötigung Gewalt angetan wird, laufen wir als Erwachsene Gefahr, emotionalen oder körperlichen Mißbrauch zuzulassen oder jene Verhaltensweisen der Erwachsenen zu übernehmen, vor denen wir als Kind Angst hatten. Andererseits ist es aber wichtig, schon früh in Beziehungen mit anderen und in Kindheitserlebnissen das Vorhandensein echter Gefahr kennenzulernen. Unter Anleitung und unter dem Schutz der Eltern sammeln Kinder in der Geborgenheit ihres Familiensystems Erfahrungen über die Unvorhersehbarkeit der realen Welt. Wenn wir in der Kindheit völlig vor Gefahren abgeschirmt sind, werden wir um diese Erfahrungen betrogen, die uns auf ein stabiles Erwachsenenleben vorbereiten. Wir können uns nicht zur Wehr setzen und verschließen uns vor der Welt, in der wir leben.

Sexueller Mißbrauch

In jüngster Zeit wird dem Thema sexueller Mißbrauch vermehrte Aufmerksamkeit gewidmet, und das Interesse scheint noch zu wachsen. Immer mehr Opfer von sexuellem Mißbrauch brechen ihr Schweigen und machen ihre Erfahrungen und ihre Hoffnungen einer breiten Öffentlichkeit zugänglich. Des weiteren erkennen immer mehr Angehörige der helfenden Berufe die Symptome von Opfern sexueller Gewalt und lernen, sich der verheerenden Folgen sexueller Gewalt wirkungsvoller anzunehmen. Die meisten Sexualopfer haben keine Erinnerung an den begangenen Mißbrauch, weisen aber einige der folgenden Symptome auf.

Abspaltung:
Die Betroffenen haben Schwierigkeiten, sich mit anderen verbunden zu fühlen; Schwierigkeiten, am Leben teilzunehmen.

Außerkörperliche Erfahrungen:
Die Betroffenen sehen sich als Erwachsene oder als Kinder gelegentlich außerhalb ihres Körpers. In manchen Fällen sehen sich Mißbrauchsopfer über ihrem Körper schweben und das Geschehen von oben beobachten.

Übersteigerte Phantasie:
Häufige Flucht in Tagträume. Die Betroffenen leben in einer emotionalen Phantasiewelt oder stillen ihre Phantasie durch übermäßigen Konsum von Büchern, Fernsehen oder Kino.

Übersteigerte Reaktionen:
Die Betroffenen haben keinen Zugang zu Gefühlen oder neigen zu emotionalen Überreaktionen. Sie wissen nicht, zu gegebener Zeit mit Tränen oder Wutgefühlen umzugehen. Überreaktion auf Situationen, die sie nicht beeinflussen können; Reaktion etwa auf Fernsehsendungen mit haltlosem Weinen, Wut oder Angst.

Unfähigkeit, körperlichen Schmerz zu spüren:
Die Betroffenen haben keinen Bezug zu Bedürfnissen des Körpers nach Nahrung, Ruhe oder gesunder Berührung. Sie bemerken oder fühlen keinen körperlichen Schmerz während oder nach einer Verletzung.

Phobien, überwältigende Angstzustände:
Übertriebene Angst vor Menschenmengen, vor dem Fliegen, vor Arztbesuchen, Zahnarztbesuchen, Injektionen, Tieren, Schmutz oder Bakterien. Übersteigerte Angst vor bestimmten Menschentypen, Orten oder Gegenständen.

Panikanfälle, Angstzustände
(als Folge davon, keine Kontrolle zu haben):
Hyperventilieren, Atemnot, Magendruck oder Brechreiz. Die Betroffenen haben den Wunsch, sich zu verstecken oder zurückzuziehen; Schwindelgefühle, Hitzewallungen; das Gefühl, in Ohnmacht zu fallen.

Verzerrte Wahrnehmung des körperlichen,
emotionalen oder sozialen Selbst:
Unrealistische Wahrnehmung des Körpers. Starke Abneigung gegen den eigenen Körper. Die Betroffenen sehen sich anderen überlegen oder unterlegen bis zur völligen Isolierung von anderen. Sie fühlen sich in sozialen Situationen unterlegen; sie kapseln sich ab oder sind kaum zu Empfindungen für andere fähig. Oder sie fühlen sich sozial überlegen und haben das Bedürfnis, andere zu beherrschen; übersteigertes Machtbedürfnis.

Unangemessene Grenzen:
Die Betroffenen kennen keinen Selbstschutz; fühlen sich ständig von anderen benutzt, mißbraucht oder zum Opfer ge-

macht; können nie nein sagen oder Grenzen in der Familie, bei Freunden oder im Beruf setzen. Zu großes Vertrauen; sie sind für andere ›ein offenes Buch‹. Angst vor Autorität; fühlen sich bei Auseinandersetzungen erstarrt, gelähmt oder voller Angst; können sich nicht selbst verteidigen; verbergen sich hinter Mauern aus Wut, Angst oder Scham, um sich von anderen zu isolieren und ihnen aus dem Weg zu gehen; greifen andere an, wenn sie sich bedroht und in Gefahr wähnen; tragen aus Angst vor Bloßstellung oder Verletzung eine falsche Selbstsicherheit zur Schau. Übersteigerte Angst vor Kontrollverlust. Großer Mangel an Vertrauen; übermäßig vorsichtig und mißtrauisch anderen und ihren Motiven gegenüber.

Selbstzerstörerisches Verhalten:
Selbstmordneigungen, gepaart mit der Planung und Durchführung selbstzerstörerischer Handlungen; lassen sich von anderen körperlich, emotional oder sexuell mißbrauchen; kratzen ständig Schorf und Wunden auf; kauen Fingernägel und reißen sich Haare aus; fügen sich Schnitte mit Rasierklingen zu oder fügen ihrem Körper absichtlich Schmerzen zu. Sadomasochistisches oder sadistisches Verhalten.

Destruktive Beziehungen:
Die Betroffenen gehen Beziehungen ein, in denen sie körperlich, sexuell oder emotional unterdrückt und mißbraucht werden; leben in einer Partnerschaft mit einem Süchtigen; benutzen Sex als einziges Mittel zur Nähe in einer Beziehung. Kommunikationsschwierigkeiten; haben das überwältigende Verlangen, Beziehungen zu kontrollieren. Sexuelle Störungen oder fehlende gesunde Sexualität in der Beziehung; fühlen sich in der Beziehung einsam; gehen wiederholt dysfunktionale Partnerschaften ein; haben Geheimnisse in einer Beziehung und verhalten sich unehrlich.

Beziehungsunfähigkeit:
Die Betroffenen haben aufgrund früherer Erfahrungen Angst vor sexueller Intimität; leben als Erwachsene sexuell enthaltsam; ängstigen sich vor sexuellen Begegnungen; verzichten auf Liebesbeziehungen und Flirt.

Exzessives sexuelles Ausagieren (sexuelle Sucht):
Flüchtige sexuelle Affären. Sexuelles Ausagieren außerhalb der ehelichen oder anderer signifikanter Beziehungen. Emotionale Affären außerhalb der ehelichen oder anderer signifikanter Beziehungen (in der emotionalen Affäre fehlt lediglich der Sexualakt); sexualisieren Personen des anderen Geschlechts (sehen Frauen oder Männer ausschließlich als Sexualobjekte); kleiden sich übertrieben aufreizend; machen ständig sexuelle Witze und Anspielungen; konsumieren pornographische Magazine oder Filme. Häufiger Besuch von Striplokalen, Pornobuchhandlungen, Peep-Shows. Exzessive Masturbation. Masturbation ersetzt sexuelle Aktivitäten in einer engen Beziehung. Sadomasochistisches Verhalten. Beteiligung an Gruppensex. Häufige Bordellbesuche. Sex mit Tieren. Vergewaltigung. Sexuelle Belästigung von Kindern oder Inzest.

Verwirrung der Geschlechterrolle:
Angst, homosexuell zu sein. Keine klare sexuelle Identität. Die Betroffenen können sich nicht für männliches oder weibliches Verhalten entscheiden; betätigen sich bisexuell und fühlen sich im Sexualverhalten nicht wohl. Schämen sich ihres Verhaltens.

Suchtkrankheit:
Sucht nach Alkohol, Drogen, Essen, Sex, Arbeit, Menschen, Religion, Wut. Die Betroffenen fühlen sich unvollständig und suchen nach Menschen oder Dingen, um ihre innere Leere auszufüllen; benutzen Suchtverhalten, um Gefühle wie Wut, Trauer, Scham, Einsamkeit zu vermeiden; verleugnen ihr Abhängigkeitsverhalten; bagatellisieren Wirkung von Suchtverhalten auf die eigene Person und andere. Werden sie von einem Familienmitglied wegen ihrer Sucht zur Rede gestellt, weigern sie sich, diese einzugestehen.

Körperliche und psychosomatische Störungen:
Infektionen der Harnleiter in früher Kindheit. Magen-Darm-Störungen. Häufige Migräne-Anfälle. Chronisches Asthma. Schlaflosigkeit. Häufige Entzündungen von Vagina und Blase.

Unerklärliche Depressionen:
Die Betroffenen fühlen sich aus unerklärlichen Gründen nie-

dergeschlagen, traurig, schwermütig, trübsinnig, bedrückt; halten das Leben für nicht lebenswert; fragen unentwegt nach dem Sinn des Lebens; sprechen über Selbstmord, planen Selbstmord und unternehmen Selbstmordversuche.

Exzessive Masturbation in der Kindheit:
Regelmäßige Masturbation. Die Betroffenen masturbieren, um einzuschlafen; masturbieren, wenn sie sich einsam fühlen, wütend oder gelangweilt sind.

Exzessive sexuelle Betätigung in der Kindheit:
Exzessives Berühren der Genitalien anderer Kinder. Gegenseitige Masturbation. Versuche, Sexualakt mit Kindern des gleichen oder anderen Geschlechts zu vollziehen. Sexuelle Betätigung unter Geschwistern. Exzessive sexuelle Witzeleien oder Wortspiele.

Tierquälerei in der Kindheit:
Schlagen, Treten oder sonstiges Quälen von Vögeln, Katzen, Hunden, Hasen etc. Faszination, Tiere zu verletzen oder zu töten. Die Betroffenen setzen Haustiere oder Insekten in Brand.

Angst vor Männern oder Frauen:
Pauschalurteile über Männer oder Frauen: Männer sind nur an Sex interessiert, Frauen meckern ständig. Schwierigkeiten, gesunde gleichgeschlechtliche Beziehungen einzugehen. Angst vor Homosexualität, Homosexuellen und Lesben. Schwierigkeiten, gesunde Beziehungen zum anderen Geschlecht aufzubauen. Die Betroffenen sind nur zu Beziehungen mit dem anderen Geschlecht fähig, sind abhängig von Männern oder Frauen.

Überwältigendes Schamgefühl:
Die Betroffenen fühlen sich unzulänglich; fürchten, andere könnten ihre Geheimnisse entdecken. Starkes Bedürfnis, Unzulänglichkeiten zu überdecken. Starkes Bedürfnis nach Kontrolle und Perfektion. Sie leiden unter dem Hochstaplersyndrom, kommen sich als Schwindler vor. Keine Selbsterkenntnis. Übernahme von Rollen oder Verhaltensweisen, um fehlende Selbstachtung zu kaschieren.

Viele Menschen wurden in der Kindheit sexuell mißbraucht, haben aber jede Erinnerung an ihr Kindheitstrauma verdrängt. Andere haben zwar Erinnerungen an die Handlung, sehen darin jedoch keinen sexuellen Mißbrauch, weil ihnen das Bewußtsein und die Aufklärung fehlt, was sexuelles Mißbrauchsverhalten eigentlich ist. Viele Menschen werden ausgesprochen aggressiv, wenn ein Therapeut, Freund oder Verwandter den Verdacht ausspricht, daß die Betroffenen sexuell mißbraucht wurden, da sie der Meinung sind, sexueller Mißbrauch bedeute ausschließlich Sexualverkehr zwischen einem Erwachsenen und einem Kind. Geschlechtsverkehr eines Erwachsenen mit einem Kind ist selbstredend sexueller Mißbrauch, allerdings nur ein Beispiel von vielen Formen sexuellen Mißbrauchs. Es gibt zwei Kategorien von sexuellem Mißbrauch:

1. direkter sexueller Mißbrauch
2. indirekter sexueller Mißbrauch

Direkter sexueller Mißbrauch ist Mißbrauch als Folge fehlender Bewußtmachung gesunder Grenzen.

Indirekter sexueller Mißbrauch

Fehlende Privatsphäre oder Grenzen:
Erwachsene schließen die Tür nicht ab, wenn sie das Badezimmer benutzen. Eltern laufen ständig halbnackt oder nackt vor den Kindern herum. Eltern verschließen die Schlafzimmertür nicht, wenn sie sich sexuell betätigen. Kindern wird keine Privatsphäre zugestanden, wenn sie sich anziehen oder das Badezimmer benutzen. Eltern baden oder duschen gemeinsam mit ihren Kindern im Schulalter. Kinder schlafen ständig bei den Eltern. Kinder haben Zugang zu Pornographie Erwachsener.

Zusammenleben mit Eltern, die sich sexuell unangemessen verhalten:
Kinder leben mit Eltern, die außereheliche Affären pflegen. Kinder leben mit einem alleinerziehenden sexuell süchtigen Elternteil, der ständig wechselnde Sexualpartner hat. Zugang zu pornographischen Schriften oder Videokassetten Erwachsener.

Beschämt werden, männlich oder weiblich zu sein:
Kleinen Mädchen wird gesagt, die Eltern hätten sich lieber einen Jungen gewünscht. Kinder hören, daß Frauen entweder Huren oder Heilige sind. Beschämende Bemerkungen über Entwicklung der Brüste oder Größe der Genitalien. Kinder werden wegen sexueller Gefühle beschämt. Übertriebene Kontrolle der Eltern im Hinblick auf Umgang und Freundschaften mit dem anderen Geschlecht.

Schläge ins Gesicht:
Unser Gesicht ist Bestandteil unserer Identität. Mit unserem Gesicht zeigen wir anderen, wer wir als sexuelle Wesen sind. Ins Gesicht geschlagen zu werden, ist sexuell beschämend.

Einläufe oder andere zudringliche medizinische Prozeduren:
Sind sexuell mißbrauchend, selbst wenn sie nötig sind, da diese Vorgänge demütigend und beschämend sind.

Mit Eltern leben, die Schwierigkeiten mit ihrer Sexualität haben:
Mit Eltern leben, die in ihrer Geschlechterrolle verwirrt sind; mit Eltern leben, die sich sexuell repressiv verhalten, die einander nie berühren, nie küssen, getrennte Schlafzimmer haben; mit Eltern leben, die unerledigte Probleme mit eigenem sexuellen Mißbrauch herumschleppen.

Unangemessene sexuelle Aufklärung:
Wenig oder gar keine Aufklärung über sexuelle Entwicklung. Zuviel Information zu einem verfrühten Zeitpunkt über sexuelle Entwicklung.

Emotionaler Inzest:
Von einem Elternteil in die Rolle des Ersatzpartners gedrängt werden; Erwachsenenprobleme anhören; sexuellen Schwierigkeiten Erwachsener ausgesetzt sein; als Mamas kleiner Mann oder Papas kleine Prinzessin gelten; bei Auseinandersetzungen der Eltern Partei für einen Elternteil ergreifen müssen; einen Elternteil vor dem anderen schützen müssen; als Übermittler von Botschaften eines Elternteils zum anderen eingesetzt werden.

Emotionaler Inzest kann immensen Schaden anrichten und schafft Verwirrung im Aufbau intimer Beziehungen zum anderen Geschlecht als Erwachsener. Emotionaler Inzest zwingt Kinder, ihre Kindrolle abzulegen und den Platz eines Erwachsenen einzunehmen. Ein solches Verhalten ist nicht im Interesse des Kindes. Es ist der eigennützige Wunsch eines Elternteils oder anderer Erwachsener, ein Kind in die Rolle des Ersatzpartners, Spielgefährten, Beschützers, in manchen Fällen sogar in die Rolle des oder der Geliebten zu drängen.

JODYS GESCHICHTE: Jody war ein fröhliches, aufgewecktes Mädchen voller Energien. In der Familie galt Jody als etwas Besonderes, doch bei ihrem Vater galt sie noch mehr als das. Jody und ihr Vater waren ständig zusammen, und er nannte sie seine kleine Prinzessin. Er war häufig geschäftlich unterwegs. Da seine Ehefrau ihn nicht begleiten wollte, nahm der Vater die Tochter mit auf Reisen. Sie begleitete ihn tagsüber zu den Geschäftsbesprechungen und ging abends mit ihm in elegante Lokale zum Essen. Wenn sie gemeinsam unterwegs waren, kaufte er ihr jedesmal etwas Hübsches, und Jody kam sich sehr erwachsen vor.

Jodys Mutter sah es nicht besonders gern, daß ihr Ehemann die Tochter so sehr verwöhnte. Gelegentlich war sie sogar eifersüchtig, weil er Jody soviel Aufmerksamkeit schenkte, und wünschte sich, daß er *ihr* die Zuwendung gäbe, die er seiner Tochter so verschwenderisch zudachte. Die Beziehung zu ihrer Tochter war seit jeher konfliktbeladen. Als Mutter fühlte sie sich hilflos, die Tochter zu erziehen, da ihr Ehemann sich stets einmischte und ihre Bemühungen untergrub, Anleitungen zu geben und Grenzen zu setzen. Sie entwickelte eine Abneigung gegen die Tochter und entfremdete sich ihr emotional. Sie hatte das Gefühl, Jody und ihr Ehemann würden in einer geheimen Welt leben, zu der ihr der Zutritt verwehrt war, und das kränkte sie.

Jody ist das Opfer von emotionalem Inzest. Sie und ihr Vater haben eine Art der Intimität in ihrer Beziehung, die Erwachsenen vorbehalten ist. Da der Vater unfähig war, eine gesunde intime Beziehung zu seiner Frau aufzubauen, erhob er Jody in die Rolle seiner Ehegattin, um seine Bedürfnisse zu erfüllen. Jody wird durch diese privilegierte Stellung mißbraucht. Das gibt ihr zwar das Gefühl, ›erwachsen zu sein‹, raubt ihr aber auch einen Teil ihrer Kindheit. Beide Eltern programmierten sie darauf, sie müsse sich um die Bedürfnisse anderer kümmern, um Anerkennung und Zuneigung zu erhalten, und dieses Muster wird sie als Erwachsene fortsetzen. Kinder brauchen jedoch Anerkennung und Zuneigung, ohne diesen hohen Preis bezahlen zu müssen.

Jody wird um ihre Beziehung zur Mutter betrogen, da sie mit ihr in direkter Konkurrenz um die Aufmerksamkeit des Vaters steht. Jodys Mutter ist eifersüchtig auf die Beziehung zwischen Vater und Tochter, deshalb fällt es ihr schwer, eine fürsorgliche, liebevolle Mutter zu sein. Beide Eltern begehen den Fehler, Jody in den Mittelpunkt ihrer Beziehung zu stellen. Jody hat eine Pufferfunktion zwischen zwei Erwachsenen, die es versäumt haben, ihre eigenen unerledigten Konflikte aus der Vergangenheit zu bearbeiten. Jody wird es als Erwachsene schwer haben, gesunde Beziehungen zu Männern und Frauen aufzubauen. Sie wurde darauf programmiert, Frauen als Konkurrentinnen zu sehen und ihnen zu mißtrauen. Jody läuft außerdem Gefahr, sich von Männern im Hinblick auf ihr Selbstwertgefühl abhängig zu machen.

Endlich wird emotionaler Inzest von seiten der psychosozialen Berufe als schädliche und mißbrauchende Folgeerscheinung ungesunder Grenzen innerhalb einer dysfunktionalen Familie erkannt und anerkannt. Menschen, die als Kinder unter emotionalem Inzest gelitten haben, müssen sich als Erwachsene von dem Elternteil ›trennen‹, der sie in eine unangemessene Macht- und Vorzugsposition gesetzt hat. Solange sie fortfahren, die Rolle des Ersatzpartners für diesen Elternteil zu spielen, sind sie nicht frei, um gesunde intime Beziehungen einzugehen. Der Elternteil, der ein Kind bevorzugt hat, baut darauf, daß es als Erwachsener weiterhin seine Bedürfnisse erfüllt, die er bislang nicht auf gesunde Weise erfüllen konnte.

Die ›Trennung‹ beginnt damit, dem Elternteil behutsam nein zu sagen und damit Grenzen zu setzen. Aussagen wie: »Du hast mich nicht mehr lieb« oder: »Ich bin dir gleichgültig geworden«,

Die Welt der Erwachsenen

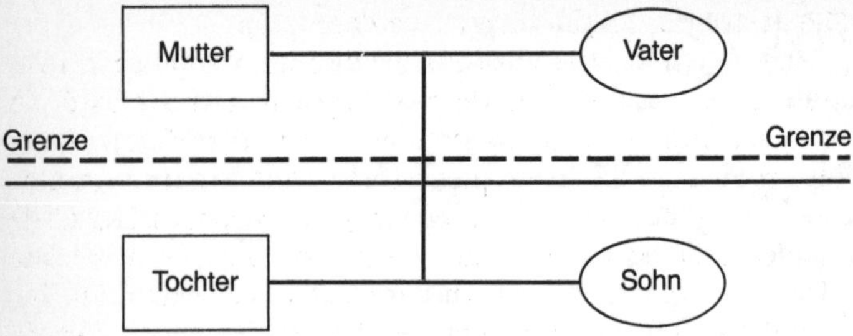

Die Welt der Kinder

Kinder müssen Kinder sein und dürfen nicht verfrüht in die Welt der Erwachsenen überwechseln.

Tabelle 3.1 Gesunde Familienstruktur

Die Welt der Erwachsenen

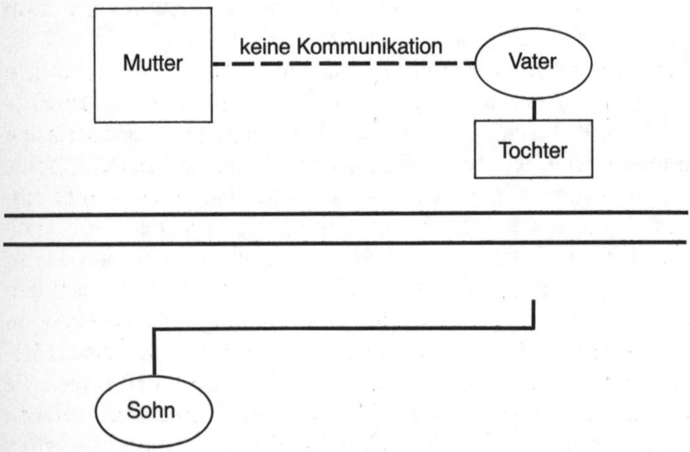

Die Welt der Kinder

Tabelle 3.2 Ungesunde Familienstruktur (Emotionaler Inzest)

sind üblich und erschweren den Trennungsvorgang ungemein. Das erwachsene Kind hat Angst, von dem Elternteil, der es bevorzugt hat, zurückgewiesen zu werden.

Gelegentlich hat der abseitsstehende Elternteil auch ein Interesse daran, daß der emotionale Inzest fortgesetzt wird. In Jodys Fall wurde der emotionale Inzest von der Mutter eingeleitet, die keine Lust hatte, ihren Mann auf Geschäftsreisen zu begleiten. Sie förderte die Fortsetzung des Mißbrauchs, da sie weder ihrer Rolle als Ehefrau gerecht wurde noch das Thema Geschäftsreisen mit ihrem Ehegatten durcharbeitete. Sie bestärkte ihre Tochter darin, ihren Platz einzunehmen, um in dieser Zeit ihrem Ehemann aus dem Weg gehen zu können.

Viele Betroffene wenden ein: »Aber mein Vater, der mich bevorzugt hat, ist längst tot. Wie kann emotionaler Inzest mir noch Schaden zufügen?« Auch wenn ein Elternteil gestorben ist, ist es wichtig, sich mit den verbliebenen Narben des emotionalen Inzests zu befassen. Andernfalls werden die Wirkungen eines solchen Mißbrauchs weiterhin gesunde, intime Beziehungen zerstören.

In einigen Fällen weitet sich emotionaler Inzest in körperlichen Inzest aus, und der Ersatzpartner wird tatsächlich zum Sexualpartner gemacht.

Viele Menschen haben eine Reihe falscher Vorstellungen davon, was sexueller Mißbrauch eigentlich ist. Selbst Angehörigen der psychosozialen Berufe fehlt das richtige Bewußtsein über sexuelles Mißbrauchsverhalten. In manchen emotionalen Inzestbeziehungen zwischen Kind und Elternteil findet absichtsvoll und zweckdienlich direkter sexueller Mißbrauch statt. Direkter sexueller Mißbrauch geschieht im Gegensatz zu indirektem sexuellen Mißbrauch absichtsvoll und hat den Zweck, die sexuellen Nöte des Erwachsenen zu befriedigen. In aller Regel findet direkter sexueller Mißbrauch mit einem Erwachsenen statt, den das Kind kennt. In diesem Fall fragen die Kinder sich verwirrt, warum der Betreffende »mich da anfaßt« oder »mich an der Stelle streichelt«. Kinder sind naturgegeben ichbezogen und glauben, ihre Eltern und die Welt bewegen sich um sie. Sie setzen außerdem kreatives magisches Denken ein, das ihnen hilft, die Welt, in der sie leben, zu verstehen.

Grenzen setzen

Mein Sohn Aaron liebt Baseball und war schon als kleiner Junge davon begeistert. Er redete ständig von Baseball und wollte nur Schuhe mit Nägeln tragen »wie die großen Baseballspieler«.

Zum Glück fand ich Schuhe mit Plastiknägeln, sonst hätte er unsere Parkettböden ruiniert. Aaron war in seiner Liebe zu Baseball der festen Überzeugung, ich sei davon ebenso begeistert wie er. Mein Vater war Baseballprofi, und ich hatte in meiner Kindheit wegen der Baseballkarriere meines Vaters viel zu leiden.

Als erwachsenes Kind von Alkoholikern, das ich war, wollte ich natürlich die perfekte Mutter sein. Ich arbeitete an meinem unerledigten Problem mit der Sportlerkarriere meines Vaters und schloß Frieden mit dem Baseballsport. Ich besuchte mit meinem Ehemann und Aaron Baseballspiele, wir spielten selber Baseball, kauften Baseballausrüstungen und kannten die Namen fast aller großen Stars. Meine Welt drehte sich um meinen Sohn und um Baseball, bis mir klar wurde, daß seine Bubensehnsüchte unersättlich waren. Ich stellte fest, daß er ganz selbstverständlich annahm, die Welt drehe sich um ihn. Zu meinem Entsetzen wurde mir auch klar, daß mein Mann und ich unserem Sohn eine zu große Vorzugsstellung eingeräumt hatten, da wir ihm in Sachen Baseball keine Grenzen gesetzt hatten. (Aaron konnte nicht begreifen, warum ich keine Schuhe mit Nägeln an den Sohlen tragen wollte.)

Michael und ich schränkten unsere Baseballaktivitäten ein wenig ein. Als ich Aaron einmal fragte, ob er wisse, warum wir nicht mehr so häufig Baseball spielten wie früher, antwortete er: »Weil Papa dich nicht spielen läßt.« Ich fragte weiter, warum Papa mich nicht spielen lasse, und er antwortete: »Weil du was ausgefressen hast.« Aaron hatte nicht die nötige Reife, um das Konzept der Grenzsetzung zu begreifen, deshalb setzte er sein Wunschdenken ein, um der Gegenwart aus vergangenen eigenen Erfahrungen einen Sinn zu geben. Wenn Aaron früher in seinen Wutanfällen zu weit gegangen war, durfte er zur Strafe nicht Baseball spielen. Also dachte Aaron, ich müsse etwas ausgefressen haben, weil ich nicht mehr so häufig Baseball spielte wie früher.

Wenn Kinder Zusammenhänge nicht verstehen und wenn diese Sachverhalte ihnen von einem Erwachsenen nicht erklärt werden, geben sie ihnen mit Hilfe ihres magischen Denkens, also ihres Wunschdenkens, einen eigenen Sinn. Dieses magische Denken besteht aus Verdrängung, Rationalisierung, Bagatellisierung und anderen Abwehrmaßnahmen, um ihre Umwelt zu einem sicheren und logischen Ort zu machen.

Aufgrund ihrer Ichbezogenheit denken sexuell mißbrauchte Kinder logischerweise, sie hätten etwas Schlimmes getan, dessen zwangsläufige Folge der Mißbrauch war. Sie fühlen sich verantwortlich und benutzen magisches Denken, um der Erfahrung Sinn zu geben. Kinder denken, sie seien mißbraucht worden, weil sie etwas falsch gemacht haben, und dafür werden sie bestraft. In anderen Fällen glauben sie, es sei ihre Aufgabe, sich um den Mißbrauchstäter zu kümmern oder ihn zu trösten, weil er traurig, wütend oder einsam ist.

Vielfach erhalten Kinder Redeverbot, ›weil Mami oder Papi traurig wären‹, wenn sie davon erfahren. In den meisten Fällen glauben Kinder dem Mißbrauchstäter, schon allein aus dem Grund, weil er viel größer ist als das Kind. Der sexuelle Mißbrauch wirkt oft stimulierend und angenehm, und mit Hilfe des magischen Denkens entscheiden Kinder sich dafür, daß ein Erlebnis gut sei, weil ›es sich gut anfühlte‹.

Ein sexuell mißbrauchtes Kind erhält folgende nichtverbale Botschaften:

- »Du hast keine Rechte.«
- »Dein Körper gehört dir nicht.«
- »Ich habe recht, du hast unrecht.«
- »Ich tue das zu deinem Besten.«
- »Du hast etwas Schlimmes getan und verdienst es nicht anders.«
- »Du hast kein Recht, dich zu schützen.«
- »Du willst es gar nicht anders.«
- »Wir tun das beide, weil du etwas Besonderes bist.«
- »Das ist völlig normal.«
- »Du hast Schuld; ich kann nichts dafür.«

Die Chancen eines Kindes, gesunde Grenzen aufzubauen, werden völlig zerstört, wenn es sexuell mißbraucht wird. Die oben genannten Botschaften begleiten es bis in sein Erwachsenenleben, und das Kind verliert die Fähigkeit zur positiven Selbstfürsorge. Auch wenn das Erinnerungsvermögen an den Vorfall ausgeschaltet ist, bleiben die Botschaften im Zusammenhang mit dem Mißbrauch im Gedächtnis haften und machen dem Erwachsenen das Leben schwer.

Direkter sexueller Mißbrauch tritt in vielen Formen in Erscheinung und trägt gelegentlich auch eine Maske. Im folgenden einige Beispiele von direktem sexuellen Mißbrauch:

- Ein Erwachsener verschafft dem Kind Zugang zu pornographischen Schriften oder Videokassetten.
- Sexuelle Berührungen, Umarmungen, Küsse oder Tanzen mit einem Erwachsenen, wobei das Kind die Situation als unangenehm, peinlich, schlecht, beängstigend empfindet.
- Ein Erwachsener verschafft einem Kind Zugang zu erwachsenen Sexualaktivitäten wie Geschlechtsakt, sexuellen Spielen, Bars, Striplokalen, Porno-Buchhandlungen, Prostitution.
- Das Kind wird masturbiert oder zur Masturbation benutzt.
- Das Kind wird mit Fingern oder Gegenständen vaginal oder anal penetriert.
- Ein Kind wird zu oralem Sex gezwungen oder verführt.
- Ein Kind wird zu Analsex oder Vaginalverkehr gezwungen oder verführt.
- Wird ein Erwachsener oder ein Kind vergewaltigt, liegt sexueller Mißbrauch vor.
- Sexualakte als Form der Fürsorge für ein Kind benutzen.
- Kindern einreden, der Täter habe nichts Schlimmes getan, weil die Sexspiele schließlich Spaß gemacht haben.
- Dem Kind verbieten, darüber zu reden.
- Ein Kind unter dem Vorwand, es zu baden, auf den Schoß zu nehmen, anzuziehen, sexuell betasten und streicheln.
- Ein Kind beim Spielen, Kitzeln, Herumtoben sexuell berühren.
- Ein Kind ermuntern oder zwingen, sich mit anderen Kindern sexuell zu betätigen.
- Kinder zwingen, an satanischen Ritualen teilzunehmen.

Kinder, die durch Teufelsrituale mißbraucht werden, sind auf grauenhafte Weise gestört. In jüngster Zeit beginnen in den USA Opfer solchen Mißbrauchs darüber zu sprechen, auf welche Weise sie sexuell, körperlich, spirituell und emotional mißbraucht wurden. Viele von ihnen waren Zeugen von Tieropfern und sogar Menschenopfern. Viele Opfer haben Angst, die Fakten dieser Erlebnisse preiszugeben aus Angst vor Zurückweisung und Verachtung. Andere haben die Erinnerungen tief in ihrem Innern vergraben, um das erlittene Entsetzen zu überleben.

Ein Kind, das emotional, körperlich, spirituell oder sexuell mißbraucht wurde und das keine Hilfe erhält, um dieses Trauma zu bewältigen, hat nur geringe Chancen zur Entwicklung gesunder Grenzen. Kinder lernen über Grenzen und Selbstfürsorge durch Beobachten, wie Erwachsene sie und andere Erwachsene behandeln. Unsere Wertvorstellungen und Überzeugungen über die Welt entstehen zunächst durch die Interaktion mit den Erwachsenen in der Welt unserer Kindheit. Wenn Kinder mit gesunden Richtlinien, positiven Körperkontakten und gesunder Fürsorge aufwachsen, entwickeln sie das notwendige Rüstzeug für ein erfolgreiches Erwachsenenleben. Diese Erwachsenen werden ihren Lebensweg mit seinen Schwierigkeiten und Unebenheiten, Freuden und Herausforderungen unbeschwert gehen und dabei immer wieder lernen, wachsen und sich entwickeln. Für Menschen, die mißbraucht wurden, kann der Lebensweg verwirrend, enttäuschend und einsam sein und ihnen das Gefühl geben, das Leben sei ein stetiger, nicht endender Kampf.

Menschen aus dysfunktionalen Familien wissen häufig nicht, woraus sie Lehren ziehen müssen; sie erkennen ihren Wert nicht, weil ihnen das nötige Rüstzeug fehlt, um Schmerz und Konflikte erfolgreich zu lösen. Die meisten sind festgefahren und wiederholen alte Familienmuster. Das Traurige daran ist, daß dies eine Folge von unverarbeitetem Trauma ist. Das Gute daran ist: es gibt einen Ausweg.

Kapitel 4

Verlassenheitsängste

Ich lebe an der texanischen Golfküste, wo Wirbelstürme keine Seltenheit sind. Über Jahre hatte ich nie größere Sturmschäden erlebt, bis der Wirbelsturm Chantal über Texas hinwegfegte.

Da ich so etwas wie ein ›Krisenjunkie‹ bin, bereite ich mich jedesmal auf das Schlimmste vor, wenn die Warnung eines nahenden Sturmtiefs durchgesagt wird. Ich koche enorme Mengen Essen und hege bange Gedanken über den Verlust materieller Güter; ich denke an den Tod, den uns Tornados, Überschwemmungen oder Flutwellen zu bringen drohen. Bislang waren die Schäden, die solche Unwetterkatastrophen meiner Familie zufügten, nur geringfügig – bis wie gesagt Chantal kam.

Als Chantal zuschlug, steckte ich mitten in meinen üblichen Krisenvorbereitungen, kochte Rindfleischeintopf und beobachtete, wie der Sturm draußen auf der Straße abgebrochene Äste und anderes Treibgut vor sich her jagte. Mein Ehemann Michael, auch er ein Krisenjunkie, wanderte unterdessen mit einer Taschenlampe durchs Haus, um undichte Stellen ausfindig zu machen, durch die Wasser eindringen könnte.

Wir beide verfallen in Streßsituationen oder bei Naturkatastrophen in Kindheitsverhalten zurück. Ich verwandle mich in eine klammernde Klette, brauche unendlich viel Zuwendung und Trost. Michael baut starre Barrieren um sein Ich, verfällt in Schweigen und will weder Trost hören noch spenden. In Sachen Grenzen ist es mit uns beiden in Krisensituationen schlecht bestellt.

Das endet meist damit, daß wir einander angiften. Er beschuldigt mich, kindisch zu sein, und ich nenne ihn einen eiskalten Fisch. In Zeiten starker Streßbelastung treten bei uns beiden tiefe Verlassenheitsängste zutage. Ich verwandle mich in ein kleines Kind, fürchte, ganz allein, ohne Schutz und Rückhalt gelassen zu werden. Meine Verlassenheitsangst während des Wirbelsturms Chantal steigerte sich zusehends, während Michael sich in seine Welt der inneren Isolation zurückzog.

Michael beobachtete, wie ich mich von einer selbstsicheren Frau in ein hilfloses Kind verwandelte, und spürte, wie sehr ich seinen Schutz brauchte. Er seinerseits fühlte sich emotional verlassen und zog sich aus Selbstschutz hinter seine Blockaden zurück. Je mehr Barrieren er aufbaute, desto mehr Zuwendung forderte ich. Wir drängten einander als Folge unserer Verlassenheitsängste immer tiefer in die Dysfunktion hinein.

Michael fühlte sich im Rückzug und in der Isolation sicherer, als von mir emotional verlassen zu werden. Genauso hatte er sich in seiner Kindheit verhalten. Unter großer Streßbelastung verfallen viele Menschen in ihre kindlichen Überlebensstrategien zurück. Ich war als Kind emotional oder körperlich kaum geschützt gewesen und suchte in Streßzeiten nach wie vor jemand, meist Michael, der mir helfen und alles zum Guten wenden sollte. Da ich als Kind keine Schutzhaltungen erfahren hatte, suchte ich als Erwachsene in Streßzeiten nach Beschützern.

Nachdem Chantal über das Land gefegt war, gingen wir nach draußen, schafften abgebrochene Äste fort, umarmten uns erleichtert und entschuldigten uns gegenseitig wegen unseres dysfunktionalen Verhaltens während des Unwetters. Ich gestand, wie ich mich von ihm verlassen gefühlt hätte, als er sich in die Isolation begab, und Michael erzählte, er habe das gleiche empfunden, als er sah, wie ich mich emotional in ein Kind zurückentwickelte.

Wir glaubten, alles überstanden zu haben, bis der Hausverwalter anrief, um uns zu sagen, der Tornado habe unser Büro beschädigt, und wir sollten lieber gar nicht erst kommen. Natürlich sprangen wir unverzüglich ins Auto und fuhren in unser Büro. Welch ein Anblick! Das Dach war eingestürzt, und alles stand unter Wasser. Michael und ich wateten knöcheltief durch die Räume und sahen uns die Löcher im Dach an. Uns war beiden, als hätten wir unser Zuhause verloren, und das Gefühl fassungsloser Ohnmacht überwältigte uns. Ich fühlte mich wieder wie ein kleines Kind, ganz allein auf der Welt, ungeschützt den Stürmen des Lebens ausgesetzt. Ich war von Gott und der Welt verlassen und völlig hilflos. Ich war emotional ein vierjähriges Kind und erlebte, was es bedeutete, ein mißbrauchtes, verlassenes vierjähriges Kind zu sein.

Als Vierjährige war ich von den Höheren Mächten (Erwachsene) meiner Umgebung verlassen und nicht beschützt worden. Das Trauma des Wirbelsturms Chantal holte viele meiner unbearbeiteten Verlassenheitsängste aus meinem Innersten hervor. Und ich begann, wie ein Kind zu weinen und zu jammern.

Michael zog sich immer mehr zurück. Ich sah, wie er litt, ich spürte sogar seinen Schmerz und merkte, daß es ihm schwerfiel, diesen Schmerz zum Ausdruck zu bringen. Geschäftig sammelte er die nassen Deckenplatten vom Fußboden auf, während ich in einem durchweichten Sessel saß und schluchzte. Keiner von uns konnte dem anderen Rückhalt geben. Unsere einst gesunden Grenzen existierten nicht mehr. Unsere Verlassenheitsängste hatten sich zum zweiten Mal an diesem Tag in den Vordergrund gedrängt.

Als ich mein seelisches Gleichgewicht ebenso wie die Büroeinrichtung zerstört am Boden sah, wünschte ich, jemand möge dieses Chaos ordnen, und erinnerte mich gleichzeitig daran, daß ich diesen Wunsch in meiner Herkunftsfamilie häufig hatte. Ich erinnere mich, wütend auf Gott gewesen zu sein und mich gefragt zu haben, warum ausgerechnet ich in eine so kranke Familie hineingeboren werden mußte. In den Anfängen meiner Genesung hatte ich Gott bittere Vorwürfe wegen meiner elenden Kindheit gemacht, begriff aber, daß mein Zorn sich eigentlich darauf bezog, daß mich meine Eltern verlassen hatten. Schließlich begriff ich, daß Gott keine Schuld traf, wenn mich meine Eltern mißbraucht und verlassen hatten. Ich erkannte, daß Mißbrauch und Verlassenheit Folgeerscheinungen von Generationen suchtkranker Menschen waren.

Noch Tage nach dem Schock über den Schaden wütete ich gegen den Wirbelsturm Chantal, der mein Büro zerstört und mein Leben durcheinandergebracht hatte. Erst später übernahm ich die Verantwortung für meine Gefühle und durchlebte meine Trauer über den erlittenen Verlust. Erst als ich mich meiner selbst in Liebe und Zuneigung annahm, konnte ich meine Gefühle über den erlittenen Verlust zulassen und von dem Trauma genesen.

Ich nahm mir einige Tage von meiner Arbeit als Helferin anderer frei und erlaubte Carla, sich um Carla zu kümmern.

Ich pflegte das Kind in mir, das nach wie vor unter Verlassenheitsängsten litt. Ich setzte mir selbst Grenzen und machte mir das Geschenk, mich zu beschützen und gesund zu werden.

Michael baute seine Mauern allmählich ab und überließ sich ebenfalls einige Tage seiner Trauer. Er sprach mit mir und anderen darüber, wie der Wirbelsturm Chantal ihm zugesetzt hatte. Michael setzte in dieser Zeit auch Grenzen bei mir und beanspruchte Raum für seine Gefühle. Später nahm er Trost und Hilfe an. Wir trauerten beide um den Verlust unseres Büros, indem wir unsere Wut und Trauer – jeder für sich und gemeinsam – zuließen. Gleichzeitig wurden wir fähig, den unbearbeiteten Anteil unserer Verlassenheitsängste zu untersuchen. Das Leben gibt uns immer wieder Gelegenheit zu Wachstum, auch wenn diese Momente zunächst sehr düster aussehen. Dennoch bieten sie uns eine zweite Chance zur Heilung.

Geheimnisse

Ich bin der Überzeugung, Verlassenheitsgefühle sind ein Kernproblem der meisten Menschen, die aus dysfunktionalen Familien kommen. Ich bin weiterhin der Meinung, daß das Ausmaß dieses Kernproblems unsere Fähigkeit, gesunde Grenzen in unserem Erwachsenenleben aufzubauen, entscheidend beeinflußt. Kleine Kinder fürchten, alleingelassen zu werden, und sind darauf angewiesen, daß die Erwachsenen ihrer Umgebung emotional und körperlich für ihren Schutz da sind. Wenn ein Kind befürchtet, von einem Elternteil verlassen zu werden, stellt es sich die Frage: »Wer kümmert sich um mich? Wer beschützt mich? Wer liebt mich?«

Wenn Kinder emotional oder körperlich als Folge von Suchtverhalten, durch emotionalen, körperlichen, sexuellen oder spirituellen Mißbrauch, durch Tod, Scheidung der Eltern, Verlust eines der Geschwister, chronische Erkrankung eines Elternteils, durch Krieg oder irgendeinen anderen Schicksalsschlag verlassen werden, sind die Folgen Verlassenheitsprobleme im Erwachsenenleben.

Kinder reagieren unterschiedlich auf Verlassenheit. Wird das Familientrauma nicht besprochen, wird es zum Geheimnis. Als ich elf war, ließen meine Eltern sich scheiden, und ich erinnere mich, daß man mir sagte: »Sag den Nachbarn nichts. Wir wollen in der Öffentlichkeit keine schmutzige Wäsche waschen.« Ich dachte bei mir: Scheidung muß so etwas wie Sünde sein, sonst dürfte ich darüber sprechen. Da ich nicht wollte, daß die Nachbarn dächten, meine Familie sei sündhaft oder schlecht, habe ich lange Zeit niemandem von der Scheidung meiner Eltern erzählt.

Kleine Kinder benutzen magisches Denken, um ihrer Welt Sinn zu geben, wenn sie ihnen nicht ausreichend erklärt wird. Ich erinnere mich, sehr gelitten zu haben, weil mein Vater nicht bei uns lebte, und mich sogar gefragt zu haben, ob ich etwas falsch gemacht hatte, woraufhin er fortgegangen war.

Ich nahm an einer Schulaufführung zum Vatertag teil, und wir sangen ein Lied für die Eltern im Zuschauerraum: *O, mein Papa.* Während wir das Lied sangen, liefen mir die Tränen übers Gesicht. Im Publikum saß nur meine Mutter, und ich fühlte mich ganz allein auf der Welt, weil mein Vater nicht neben ihr saß. Der Scheidungsgrund meiner Eltern blieb lange Zeit ein Geheimnis. Meine Schwestern und ich versuchten, unsere beiden Eltern zu trösten – in der Hoffnung, wenn wir ganz brav seien, kämen unsere Eltern wieder zusammen und wären für uns da.

Verletzbarkeit

Immer wieder kommen Eltern mit Klagen über ihre Kinder in meine Sprechstunde. Die Klagen drehen sich meist um Schulversagen, Drogenkonsum, Konfliktverhalten, Diebstahl und andere gestörte Verhaltensweisen. Irgendwann kommt meist ein Satz wie: »Suzy war so ein braves Mädchen«, oder: »Früher hat Billy so etwas nie getan.« Wenn Kinder verlassen werden oder fürchten, verlassen zu werden, glauben sie, dies sei eine Antwort auf ihr Verhalten. Wird ihnen die Situation nicht mehrmals erläutert, und zwar in einer ihrem Alter angemessenen verständlichen Sprache, benutzen sie magisches Denken, um ein System von Bewältigungsstrategien aufzubauen, mit dem sie das Trauma überstehen können.

Eine dieser Überlebensstrategien lautet, immer brav zu sein. Die Erwachsenen stellen bei diesen Kindern meist keine Schwierigkeiten fest und begleiten das Verhalten mit folgenden Bemerkungen: »Wie gut Sarah die Scheidung ihrer Eltern verkraftet. Sie ist eine vorbildliche Schülerin.« Oder: »Wie vernünftig Johnny mit dem Tod seines Vaters umgeht.« Oder: »Sieh mal, welch große Hilfe Georg seiner Mutter im Umgang mit dem trunksüchtigen Vater ist!« Oder: »Seht, wie gut Jody den Mißbrauch verkraftet, der in ihrer Familie geschehen ist. Sie ist ein sehr vernünftiges Kind.« In Wahrheit sind diese Verhaltensweisen allesamt dysfunktionale Antworten auf Verlassenheit innerhalb der Herkunftsfamilie. Jedes dieser Kinder sieht in dem Trauma eine Folge davon, etwas Schlimmes getan zu haben, und ist nun ernsthaft bemüht, ›brav zu sein‹ – aus Angst, ganz allein in einer fremden Welt gelassen zu werden, in der sich niemand um sie kümmert.

Perfektionismus

Sarah denkt, wenn sie gute Noten in der Schule hat, liebe ihre Mutter sie mehr und erlaube ihrem Vater vielleicht, wieder heimzukommen. Sarah glaubt weiterhin, wenn ihre Schulnoten gut seien, sei ihr Vater so stolz auf sie, daß er wieder nach Hause kommen *wolle.* Sarah wird als Erwachsene selten das Gefühl haben, wirklich gute Leistungen zu erbringen. Sie wird keine rechte Freude an ihren Erfolgen haben und ihre Ziele erreichen wollen, um andere zufriedenzustellen. Es wird ihr schwerfallen, anderen gegenüber nein zu sagen, und sie wird sich in Beziehungen wiederfinden, in denen sie ständig die Gebende ist. Sie fürchtet, nein zu sagen, und ist bestrebt, ständig etwas von sich zu geben aus Furcht, in ihren Erwachsenenbeziehungen verlassen zu werden. Sie wird Anerkennung bei anderen finden, gleichzeitig aber denken, niemand habe sie gern, wenn sie nicht perfekt ist. Sarah wird nicht wissen, wie sie Grenzen bei anderen setzen soll, die sich Vorteile von ihr versprechen, und gelegentlich wird sie sich ausgenützt vorkommen.

Übersteigertes Verantwortungsbewußtsein

JOHNNYS GESCHICHTE: Johnny verdrängt seine Gefühle über den Verlust seines Vaters, da ihm gesagt wurde, seine Mutter müsse sich jetzt auf ihn verlassen können; er müsse stark sein. Johnny wurde auch gesagt, er sei jetzt der Mann im Haus und müsse den Platz seines Vaters einnehmen. Johnny ist wütend auf Gott und fragt sich, warum Gott ihm den Vater weggenommen hat. Wenn er sagt, was er von Gott hält, bekommt er zur Antwort: »Gott weiß alles, und du hast kein Recht, über ihn zu urteilen.« Johnny glaubt, Gott habe ihn verlassen, und er fühlt sich auch von seinem Vater verlassen.

Er hat Angst, weil er nicht glaubt, die Stelle seines Vaters einnehmen zu können. Johnny weiß, daß seine Mutter ihn nicht trösten kann, weil sie so furchtbar leidet, und er möchte ihr nicht noch größeres Leiden zufügen, wenn er sich über sein Schicksal beklagt. Er denkt auch manchmal daran, daß seine Mutter vielleicht auch bald sterben muß, und weiß nicht, wer sich dann um ihn kümmert. Johnny bemüht sich sehr, alles richtig zu machen und seiner Mutter zuliebe stark zu sein. Er weiß, daß sie ihm nicht helfen kann, wenn er Probleme hat, aber wenigstens ist sie körperlich noch da.

Als Erwachsener hat Johnny Schwierigkeiten mit engen Beziehungen. Er möchte niemandem zu nahe sein, da er fürchtet, irgendwann ohnehin verlassen zu werden. Er ist der Meinung, daß er sich nie wirklich auf jemand verlassen kann. Echte Nähe zu anderen fällt ihm schwer, und er öffnet anderen nur selten sein wahres Ich. Er kapselt sich ab und ist nicht sehr mitteilsam.

Er glaubt nicht an Gott und verläßt sich nur auf sich selbst. Johnny hält es für einfacher, mit Problemen ›allein fertigzuwerden‹, und hat wenig Zutrauen in die Fähigkeiten anderer.

Er hält nichts davon, andere um Hilfe zu bitten, und versteht nicht, warum manche Menschen über ihre Probleme reden müssen.

Er fühlt sich in Gegenwart von Menschen, die emotional reagieren, nicht wohl und sieht ihr Verhalten als Überreaktion und Unreife. Schmerz empfindet er als Schwäche, und er ließe sich niemals dazu hinreißen, vor anderen zu weinen!

Johnny wird es schwer haben, eine intime Beziehung zu einem anderen Menschen einzugehen. Er wird auch nicht fähig sein, seine Lebenstraumen zu verarbeiten. Er wird sich gelegentlich einsam und unvollständig fühlen, wird diese Gefühle aber mit Suchtverhalten wie Arbeit, Sex oder Alkohol überdekken.

Er wird Partnerbeziehungen mit Menschen eingehen, die Fürsorge brauchen. Er wird denken, es sei seine Aufgabe, sie glücklich zu machen, und er wird ständig tun, worum man ihn bittet, aus Angst, Zuneigung zu verlieren oder gar verlassen zu werden. Johnny wird alkoholsüchtigen Freunden helfen, er wird sich bedürftiger Frauen annehmen, wird mit chaotischen Geschäftspartnern zusammenarbeiten und aus Angst, sie zu kränken, selten seine Gefühle über ihr Verhalten zum Ausdruck bringen. Da es ihm schwerfällt, Grenzen bei anderen zu setzen, wird er das schmerzliche Gefühl verdrängen, benutzt oder mißbraucht zu werden, indem er sich mit Mauern der Entfremdung umgibt. Seine Vertrauensfähigkeit wird eingeschränkt sein, und es wird ihm schwerfallen, um Hilfe zu bitten oder Hilfe anzunehmen. Johnnys Kontrollbedürfnis wird die Menschen seiner näheren Umgebung überfordern und Konflikte in seinen signifikanten Beziehungen hervorrufen.

Meine Mutter starb, als ich 16 war, und ich hatte entsetzliche Verlassenheitsängste. Ich schwankte zwischen einem Verhalten, in dem ich gar keine Grenzen setzte und mich ausnutzen ließ, und einem Verhalten, in dem ich mich völlig von der Welt isolierte, um der Gefahr des Verlassenwerdens zu entgehen.

Als mein Sohn zur Welt kam, fürchtete ich, ihn zu sehr zu lieben und mich zu sehr an ihn zu binden. Ich hatte Angst, er werde bei allzuviel Liebe sterben. In seinem ersten Lebensjahr konnte ich mich nie völlig an ihm freuen, da ich immer fürchtete, er könne krank werden und sterben. Diese Ängste beeinträchtigten meine Fähigkeit, eine gesund empfindende Mutter zu sein.

In anderen signifikanten Beziehungen ließ ich zu, daß Menschen mich ausnutzten, zum Opfer machten und mich für ihre Interessen benutzten. Ich traute mich nicht, meinen Standpunkt zu vertreten, da ich fürchtete, sonst verlassen zu werden. Ich war gezwungen, die Gefühle wiederzuerleben, die ich durchlitt, als mich der Vater nach der Scheidung und die Mutter durch ihren frühen Tod verließ, wenn ich als Erwachsene gesunde Grenzen errichten wollte. Heute kann ich meinem Kind nahesein und es unvoreingenommen und rückhaltlos lieben. Ich muß meine Gefühle nicht zurückhalten aus Angst, ihm allzu nahezukommen. Ich kann für meine Rechte eintreten und sagen: »Nein! Verletz mich nicht. Ich schütze mich und lasse nicht zu, verletzt zu werden.«

Das Verarbeiten alter Verlassenheitsprobleme lehrt uns, der Welt anzugehören, uns total in sie hineinzubegeben und uns sicher und geborgen darin zu fühlen.

Abwesenheit des gleichgeschlechtlichen Elternteils

Georg wächst mit einem alkoholsüchtigen Vater auf. Wegen der Trunksucht seines Vaters erhält er nicht die väterliche Zuwendung, die er gebraucht hätte, um gesunde Beziehungen mit Männern einzugehen. Er wird außerdem Schwierigkeiten haben, selbst Vater zu sein, weil sein Vater ihm ein gestörtes Rollenbild vermittelte.

Er wird keine klaren Vorstellungen zu seiner eigenen Männlichkeit haben, weil sein Vater wegen seines Alkoholismus nicht zur Verfügung stand, um ihn in richtigem männlichen Verhalten anzuleiten. Georg wird möglicherweise Schwierigkeiten haben, seine Grundbedürfnisse zu erfüllen, es fällt ihm schwer, einen Arzt aufzusuchen, wenn er krank ist, oder zur alljährlichen Untersuchung zum Zahnarzt zu gehen. Es macht ihm Mühe, sich Socken oder Hemden oder andere Kleidungsstücke zu kaufen, weil er nicht wirklich weiß, wie er für sich einkaufen soll. Unser gleichgeschlechtlicher Elternteil ist uns Vorbild in unserer Selbstfürsorge. Wenn unser gleichgeschlechtlicher Elternteil süchtig, abwesend oder in irgendeiner Form gestört ist, werden wir als Erwachsene Schwierigkeiten haben, für uns zu sorgen. Wir wissen zwar, was wir für andere zu tun haben, aber wir werden nicht genau wissen, was wir für uns selbst tun müssen.

Ehemalige Mißbrauchsopfer

Jody kommt aus einer Familie, in der sexueller und körperlicher Mißbrauch herrschten. Ihre Mutter mißbrauchte sie fortgesetzt körperlich und sexuell. Jody versuchte, Verwandten von dem Mißbrauch zu berichten, doch die reagierten mit Ablehnung und warfen ihr vor, sie bilde sich lediglich dummes Zeug ein, verboten ihr, weiterhin Lügenmärchen zu erzählen, und verlangten, sie solle sich zusammennehmen. Die Verwandten erklärten ihr auch, daß ihre Mutter seit dem Tod ihres Vaters eine schwere Zeit durchmache und Jody jetzt stark sein und ihrer Mutter Beistand leisten müsse. Jodys Mutter schlief im gleichen Bett mit ihr und berührte sie während der Nacht sexuell. Jody versuchte, die Berührungen nicht zu beachten.

Ihre Mutter schlug sie außerdem mit einem Lederriemen, wenn sie wütend war, und drohte ihr, sie noch mehr zu verprügeln, wenn sie weinte. Jody lernte, sich ihrem Körper zu entfremden, wenn sie sexuell oder körperlich mißbraucht wurde, und suchte in ihrem Interesse für die Schule Zuflucht vor dem chaotischen Verhalten ihrer Mutter. Sie erbrachte ausgezeichnete Leistungen, und die Lehrer lobten sie, wie gut sie den Verlust des Vaters verkraftet habe. Jodys Freundinnen hielten ihre Mutter für verrückt und bewunderten Jody für ihre Stärke.

Als Erwachsene lernt Jody Männer kennen, die sie verprügeln. Wenn sie geschlagen wird, entfremdet sie sich ihrem Körper und spürt keinen physischen Schmerz. Ihren seelischen Schmerz verdrängt sie, indem sie 70 Stunden in der Woche arbeitet und sich nach einem anstrengenden Tag bei ein paar Drinks entspannt. Sie steht an der Spitze ihrer Firma und wird von allen Mitarbeitern geschätzt und geachtet.

Jody führt ein Doppelleben. Nach außen wirkt sie selbstbewußt und diszipliniert, ihr Privatleben ist jedoch von Mißbrauch und Suchtverhalten geprägt. Da sie sich gegen den Mißbrauch in ihrem Privatleben abstumpft, hat sie Schwierigkeiten, den Ernst ihrer Situation zu erkennen. Sie hat Angst, jemand könne erkennen, wie verletzlich sie in Wahrheit ist. Sie kommt sich wie eine Schwindlerin vor, wenn ihre Mitarbeiter sie wegen ihrer Leistungen bewundern.

Sich abkapseln

Mißbrauchsopfer überleben die Gewalt, die ihnen angetan wird, weil sie sich abkapseln und körperlich wie seelisch abstumpfen. Als Erwachsene spüren sie kaum Gefühle und blokkieren nach wie vor körperliche oder seelische Schmerzen ab, die ihnen von anderen zugefügt werden. Schmerz zwingt uns, etwas zu tun; wenn wir aber keinen Schmerz empfinden, unternehmen wir auch nichts dagegen. Wenn wir unseren Schmerz abkapseln, wissen wir nicht, daß wir Hilfe brauchen, um uns gegen schmerzhafte Situationen oder Beziehungen zur Wehr zu setzen.

Gelegentlich kommen Mißbrauchsopfer zu mir in die Sprechstunde und klagen über Schwierigkeiten in ihrem Erwachsenenleben. Irgendwann berichten sie von ihren intimen Beziehungen. Sie schildern emotionale, körperliche oder sexuelle Mißbrauchssituationen, die sich ganz entsetzlich anhören. Wenn ich aber mit Mitgefühl darauf reagiere, sind sie völlig überrascht. Meine Reaktion auf ihre Situation erscheint ihnen übersteigert, da sie sich der Schwere ihres erlittenen Mißbrauchs keineswegs bewußt sind. Das sind übliche Reaktionen von Mißbrauchsopfern, die ihren Schmerz abblocken.

Es ist unmöglich, Grenzen bei anderen zu setzen und Selbstfürsorge zu üben, wenn wir keine Verbindung zu unserem eigenen Schmerzempfinden haben. Mit dem Abblocken unseres emotionalen und physischen Schmerzes verraten wir uns selbst, so wie wir von den Erwachsenen in unserer Kindheit verraten und verlassen wurden. Wir lassen zu, daß der Kreislauf des Mißbrauchs sich fortsetzt, da wir Menschen, die uns emotional, körperlich oder sexuell verletzen und mißbrauchen, keine Grenzen setzen. Wir tragen aber die Verantwortung und müssen lernen, alle unsere Gefühle zuzulassen und mit unserem Selbst körperlich und emotional in Verbindung zu bleiben. Sollte Ihnen das schwierig oder unmöglich erscheinen, besteht kein Grund, die Hoffnung aufzugeben. Im praktischen Arbeitsteil dieses Buches gebe ich Ihnen Anleitungen, damit Sie die Verbindung zu sich wiederherstellen können.

Menschen, die als Folge einer Dysfunktion in ihrer Herkunftsfamilie verlassen wurden, reagieren auf verschiedene Weise. Viele Betroffene bemühen sich, so *gut* wie möglich zu sein, und hoffen, dadurch nie wieder allein sein zu müssen und geliebt und beschützt zu werden, wenn sie in Not sind. Diese Menschen lassen sich als Erwachsene von anderen entmachten, ausnutzen und mißbrauchen. Sie sind immer für andere da und geben alles, ohne zu wissen, daß sie ein Recht auf Selbstschutz und Selbstfürsorge haben.

Andere wiederum lernen in früher Kindheit, daß ihre Welt völlig unsicher ist und sie die Verantwortung haben, sich selbst zu schützen und zu umsorgen, weil niemand in ihrer Umgebung etwas für sie tut. Sie legen sich eine Haltung zu, die anderen zu verstehen gibt: ›Ich traue keinem‹, oder: ›Ich bitte nie um Hilfe, ich tue alles selbst‹, oder: ›Ich zeige keinem, wer ich wirklich bin, weil die Menschen das gegen mich verwenden.‹ Solchen und ähnlichen Aussagen liegt die Überzeugung zugrunde, daß die Menschen einander nur weh tun. Diese Anschauung hat sich meist bereits in früher Kindheit als Antwort auf Verletzung und Verlust gebildet. Wenn Kinder keinerlei Schutz gegen den in der Kindheit erlittenen Schmerz haben, lernen sie, sich mit Hilfe ihres magischen Denkens zu schützen.

Phantasieblockade

SCOTTS GESCHICHTE: Scotts Eltern schrien sich zu Hause ständig an. Scott haßte diese lautstarken Auseinandersetzungen und verstand nicht, weshalb die Eltern ihre Probleme nicht in Ruhe miteinander besprachen. Die Mutter beklagte sich ständig über irgend etwas, meist über die Arbeitseinteilung des

Vaters. Einmal hörte Scott, wie die Mutter den Vater beschuldigte, eine Geliebte zu haben. Die Eltern stritten oft bis spät in die Nacht hinein. Wenn das geschah, machte Scott es sich in seinem Schrank bequem und las beim Schein einer Taschenlampe. So entfloh er in die Phantasiewelt von Robin Hood und seinen mutigen Gefährten oder kämpfte mit Batman gegen das Böse und das Verbrechen in der Stadt Gotham. Manchmal schlief er im Schrank ein, und die Eltern schienen sich nichts dabei zu denken, wenn Scott sein Bett nachts nicht benutzte.

Scott hat wenige Freunde und betrachtet sich als Einzelgänger. In der Gruppe kann er zwar Witze machen und herumblödeln, aber er teilt seine Gefühle nicht wirklich mit und sagt nie, was zu Hause los ist; er lädt auch kaum Freunde zu sich ein.

Wenn Scott erwachsen ist, wird er vermutlich Lebensproblemen aus dem Weg gehen. Scott hat seine Phantasie zur emotionalen Blockade gemacht, die ihn vor den Leiden seiner Kinderwelt beschützt.

Viele Kinder ziehen sich in ihre Phantasiewelt zurück, wenn sie mit der Dysfunktion ihrer Eltern konfrontiert sind. Es wäre zu beängstigend, sich wirklich bewußt zu machen, wie gestört die Eltern tatsächlich sind. Sich mit magischem Denken in die Phantasie zu begeben, ist eine Flucht vor der Realität.

Kinder überstehen Familienstreß meist, weil sie sich bestimmte emotionale Barrieren errichten. Sie machen sich entweder unanfechtbar, indem sie jeden Schmerz abblocken, der ihnen von ihrer Umwelt zugefügt wird, oder sie rebellieren, indem sie die Dysfunktionen innerhalb des Familiensystems ausagieren und sich anderen durch ihr Konfliktverhalten entfremden.

Scott möchte in Zeiten von Schmerz und Konflikt unsichtbar sein. Wenn seine Eltern sich zanken, ist keiner von beiden in der Lage, sich um Scotts emotionale Befindlichkeit zu kümmern. Wutverhalten ist Mißbrauch an Kindern, da es den Kindern angst macht und sie einschüchtert. Wenn Eltern miteinander streiten, gilt ihr Interesse nicht den Kindern, die sich verlassen, einsam und verängstigt fühlen. Natürlich ist es in Ordnung und auch wichtig, daß Erwachsene im Beisein von Kindern

Meinungsverschiedenheiten austragen, da Eltern Vorbildfunktion für angemessene Techniken der Konfliktlösung haben. Doch lautstarkes Schreien ist beileibe keine angemessene Form der Konfliktlösung.

Scott ist vom Verhalten seiner Eltern eingeschüchtert und findet Trost und Geborgenheit in seiner Phantasiewelt. Er wird sich als Erwachsener von aufbrausenden Menschen einschüchtern lassen, und er wird Schwierigkeiten haben im Umgang mit Konfliktsituationen. Er wird Verrat am Selbst begehen, wird seine Meinungen und Bedürfnisse verleugnen, um Konflikte zu vermeiden. Menschen wie Scott wirken nach außen meist gelassen und ruhig. Die Menschen seiner Umgebung sagen von ihm: »Er ist immer so beherrscht«, oder: »Ihn kann nichts erschüttern«, oder: »Ich weiß nicht, was sie fühlt, sie hat es nie wirklich gesagt« oder: »Auf sie ist immer Verlaß.«

Sich hinter Blockaden verschanzen

Menschen haben ein ungemein starkes Bedürfnis, kontrolliert zu wirken. Das Wort *verletzbar* hat für sie eine negative Bedeutung, da Beherrschung und Kontrolle ein falsches Bewußtsein von Sicherheit vermitteln.

Ich fragte eine meiner Klientinnen, die über Eheprobleme klagte, ob sie ihre Sorgen über ihre Beziehung ihrem Ehepartner mitgeteilt habe, und ihre Antwort lautete: »Ich denke nicht im Traum daran, ihm meine wirklichen Gefühle mitzuteilen. Das benutzt er womöglich gegen mich. Ich möchte nicht, daß er weiß, wie verletzlich ich bin.«

Ein Mann gestand mir: »Ich kann ihr nicht sagen, was ich fühle. Wollen Sie, daß ich mich vor ihr bloßstelle? Es fällt mir schon schwer, mir selbst meine Gefühle einzugestehen – geschweige denn ihr.«

Wir errichten Blockaden nicht nur deshalb, um uns von anderen zu isolieren, sondern auch um uns vor uns selbst zu schützen. Die Blockade kann eine Mauer aus Phantasie sein oder aus Suchtverhalten, das uns ein vorübergehendes Gefühl falscher Sicherheit und Geborgenheit gibt. Für viele ist Sucht eine Art Elternersatz.

In meinem Fall isolierte mich mein Suchtverhalten von der Wirklichkeit. Mit Alkohol verschwamm die Realität meiner Schmerzen aus der Vergangenheit. Mein Ehemann Michael verbarg den Schmerz über meinen Alkoholismus hinter seiner Arbeitssucht und vermied so eine Auseinandersetzung mit den Konflikten, die unsere Beziehung so offenkundig prägten.

Viele Jahre lang trieben wir ein Versteckspiel voreinander, bis unsere Beziehung an einem Punkt angelangt war, wo sich die Dysfunktion nicht länger verleugnen ließ. In den Jahren der Sucht verdrängte jeder von uns seinen Schmerz darüber, vom anderen im Stich gelassen zu werden. In unserer Scheinwelt wurde uns nicht bewußt, wie sehr unsere Suchtblockaden uns darin hinderten, echte Kommunikation und menschliche Nähe zueinander zu finden. Menschen, die sich aus Sicherheitsgründen infolge von Kindheitstraumata hinter Blockaden verschanzen, können keine gesunde Intimität zur eigenen Person oder zu anderen aufbauen, bevor sie die Mauern nicht abreißen, die sie lange Zeit beschützt haben. Wir müssen unsere Verletzbarkeit zum Ausdruck bringen, um Heilung zu finden und eine gesunde Verbindung zu uns selbst und zu anderen aufnehmen zu können. Natürlich wollen und müssen wir unser seelisches Gleichgewicht schützen, doch unsere neuen Schutzmaßnahmen müssen flexibler sein als die trennenden Schranken, die wir uns von Kindheit an durch Wunsch- und magisches Denken aufgebaut haben.

Der Sündenbock

Viele Kinder bauen mehrere Schutzschichten gegen ihre Gefühle der Angst, Einsamkeit und der Verlassenheit auf, indem sie sich durch rebellisches, unangepaßtes und sogar feindseliges Verhalten ihrer Umwelt entfremden.

Dieses Rollenverhalten wird von Psychologen als ›Sündenbocksyndrom‹ bezeichnet. Manche Kinder in dysfunktionalen Familiensystemen verhalten sich negativ, um die Aufmerksamkeit auf sich zu lenken, selbst wenn diese Aufmerksamkeit negativ ist. Experten gehen davon aus, daß negative Aufmerksamkeit für Kinder besser ist als gar keine Aufmerksamkeit.

Ich stimme dieser Theorie zwar zu, glaube aber, daß die damit verbundenen Ziele nicht ganz so leicht zu erklären sind.

PATTYS GESCHICHTE: Pattys Eltern ließen sich scheiden, als sie sieben Jahre alt war, und Patty wuchs bei ihrem Vater auf. Die Mutter verschwand plötzlich, und das Kind sah sie erst als erwachsene Frau wieder. Patty war verwirrt, verletzt, einsam und wütend. Sie konnte nicht begreifen, warum ihre Mutter sie verlassen hatte. Das Leben bei ihrem Vater, einem Alkoholiker, machte ihr angst. In betrunkenem Zustand war Pattys Vater unberechenbar. Manchmal nannte er sie schluchzend beim Namen ihrer Mutter, dann wieder beschimpfte er sie haßerfüllt. In nüchternem Zustand sprach er gar nicht mit ihr oder gab sich einsilbig und mürrisch. Patty lernte, sich gegen seine extremen Stimmungsschwankungen zu schützen, indem sie ihm keine Beachtung schenkte; sie wußte, ihm konnte sie kein Vertrauen schenken.

Es gab Zeiten, in denen Patty sich ganz allein gelassen fühlte. Dann nahm sie sich vor, niemand zu brauchen, und glaubte, sie könne sich nur auf sich selbst verlassen. Sie nahm sich auch fest vor, niemals zuzulassen, daß ein Mensch sie so verletzen würde, wie ihre Mutter und ihr Vater sie verletzt hatten. Sie schwor sich außerdem, daß sie es später zu etwas bringen werde und als Erwachsene Erfolg im Leben haben wolle.

Patty wird aufwachsen mit Blockaden aus Mißtrauen und Vorsicht. Sie wird die Motive aller Menschen in Frage stellen und nur selten ihre innersten Gefühle, Meinungen oder Einstellungen preisgeben, weil sie damit ihre Verletzbarkeit bloßlegen würde. Ihre Beziehungen werden oberflächlich bleiben. Suchtverhalten wird ihr vorübergehende Fluchtwege aus der Einsamkeit öffnen. Sie tröstet sich vielleicht mit Essen, greift zu chemischen Substanzen, um ihren Schmerz zu lindern, stürzt sich in Arbeit, um sich eine falsche Selbstachtung zu verschaffen, oder verbirgt ihre Einsamkeit hinter ausschweifendem Sexualverhalten.

Patty wurde erst von der Mutter und danach vom Vater verlassen. Die Mutter hat sie körperlich und emotional fallengelassen. Patty, die das Verhalten der Mutter nicht verstand, beschloß, sie einfach zu vergessen. Indem sie die Mutter aus der Erinnerung löschte, mußte sie ihre Verlassenheitsgefühle nicht spüren. Wenn Freunde sie nach ihrer Mutter fragten, entgegnete sie verärgert, sie hasse ihre Mutter und sei froh, daß sie fortgegangen sei. Sie bezeichnete ihre Mutter als Hexe, die sie schlug und gemein zu ihr war, obwohl die Mutter sie nie geschlagen hatte.

Wenn Kinder seelisch oder körperlich verlassen werden, reagieren sie meist mit Rebellion gegen den Menschen, der sie verließ, selbst wenn das Verlassen durch Tod geschah. In vielen Fällen ist es leichter, mit Wut und Feindseligkeit auf das Verlassenwerden zu reagieren, statt die trostlosen Einsamkeitsgefühle der Trauer über einen signifikanten Verlust zu empfinden.

Kinder, die keinen gesunden Rückhalt und keine Fürsorge durch diesen Prozeß der Wut erhalten, agieren sie über selbstzerstörerische Aktivitäten aus, die sie ihren überwältigenden Verlustgefühlen entfremden. In einem solchen Fall ist Heilung nicht möglich. Mauern aus Mißtrauen und Wut lassen keine engen Beziehungen zu und wappnen das Kind im Innern gegen zukünftige Verlassenheit. Kinder agieren Verlassenheitsgefühle aus durch Streitsucht, Raufereien, antisoziales Verhalten, Schuleschwänzen, verfrühtes Sexualverhalten, Konsum chemischer Substanzen, Verweigerung und Oppositionsgeist.

Patty wurde auch von ihrem Vater verlassen. Da er seine Konflikte mit seiner Exfrau nicht bereinigen konnte und seinen Alkoholismus nicht bekämpfte, war er emotional nicht imstande, sich um seine Tochter zu kümmern. Er nennt seine Tochter beim Namen seiner Exfrau und läßt seine Wut über das Verhalten der Mutter am Kind aus. Damit hat er seinen Zorn erheblich fehlgeleitet. Patty ist zu Recht verwirrt darüber, weil ihr die Schuld am Fehlverhalten der Mutter zugewiesen wird. Sie ist wütend auf die Mutter, die sie dieser Situation ausgesetzt hat, und sie ist wütend auf den Vater, der sie dafür verantwortlich macht.

Mit 16 läuft Patty von zu Hause fort. Sie lernt, sich zu holen, was sie braucht, indem sie mit Männern schläft, und bald beherrscht sie die Kunst der Manipulation. Keine ihrer zahlreichen Beziehungen befriedigt sie emotional. Patty faßt zu niemandem volles Vertrauen, da sie die Motive anderer ständig anzweifelt.

Aus einer Biographie wie dieser gehen Menschen wie Patty als erfolgreiche Geschäftsleute, politische und religiöse Führer, Kämpfer für Menschenrechte hervor, aber auch als Prostituierte, Drogenhändler und Kriminelle. Sie tragen nach außen ein Persönlichkeitsbild zur Schau, das ihnen in allem, was sie unternehmen, Erfolg verspricht und das ihnen zugleich als Schutzpanzer dient. Ihr privates Persönlichkeitsbild tritt nur selten in Erscheinung. In manchen Fällen ist das private Persönlichkeitsbild so tief vergraben, daß es nicht einmal dem Betroffenen bekannt ist.

Eine Klientin erzählte mir, sie müsse stets den Eindruck erwecken, stark und kontrolliert zu sein, da sie das Gefühl von Scham und Peinlichkeit nicht ertragen könne, wenn sie Trost oder Hilfe annähme. Sie sagte, sie traue den Motiven der Menschen nie, die ihr Hilfe anböten. Sie reagierte auf Mitgefühl kühl und hochnäsig und lehnte jede Hilfe ab.

Angst vor Intimität

Nicht selten weisen mißtrauische Menschen sich anbahnende intime Beziehungen durch kühles oder gar aggressives Verhalten zurück. Wir sind uns meist unseres schroffen Verhaltens anderen gegenüber nicht bewußt und wundern uns, warum sie sich durch unsere Reaktionen zurückgewiesen oder verletzt fühlen. Wenn uns eine Beziehung zu nahe zu werden droht, verärgern wir die andere Person durch unser Verhalten, wir fangen Streit an, unterlassen Telefonrückrufe, halten Verabredungen nicht ein, weisen dem anderen Schuld zu und ziehen uns emotional aus der Beziehung zurück. Wir bringen den anderen sogar dazu, uns wegen unseres befremdlichen Verhaltens zu verlassen, um dann sagen zu können: »Na bitte. Sie hat mich verlassen. Ich war ihr im Grunde genommen völlig gleichgültig.«

Die diesem Verhalten zugrunde liegende Angst lautet: Wenn ich zu nahe komme, werde ich vermutlich verletzt. Solange Beziehungen nicht zu eng sind, fühlen wir uns sicher. Sobald sie intim werden, packt uns die Angst. Plötzlich überkommt uns ein grundloses Bedürfnis nach Abstand, und wir verlassen unsere Freunde, Ehegatten, Liebhaber, Kinder, Mitarbeiter oder Verwandte und fragen uns später, warum wir das getan haben.

Intimität wirkt erschreckend auf Menschen, die aus dysfunktionalen Familien kommen, da menschliche Nähe von uns verlangt, uns dem anderen zu öffnen und unsere Verletzlichkeit zu zeigen. In früher Kindheit endete unsere Verletzbarkeit regelmäßig mit dem Gefühl, verlassen und allein zu sein. Als Antwort auf die Angst vor diesen Gefühlen brauchten wir eine Schutzvorrichtung. Viele Menschen haben die Dysfunktion ihrer Herkunftsfamilie in der magischen Welt der Phantasie überstanden. Viele sind im Umgang mit unzuverlässigen Menschen und riskanten Situationen zu offen. Wir sind zu vertrauensselig, lassen keine Vorsicht walten, wenn Gefahr im Verzug ist.

Wir haben in der Kindheit Mißbrauch und Chaos überstanden, weil wir uns gegen unseren emotionalen und körperlichen Schmerz betäubt haben. Manche von uns haben sich in Phantasiewelten geflüchtet, um der Realität der Kindheit zu entfliehen. Andere wiederum haben in der Phantasie sogar ihren Körper verlassen, um sich völlig von ihrer Umgebung abzulösen, die ihnen Leid zufügte. Als Erwachsene bagatellisieren wir den Schmerz, mit dem wir lebten, und haben die Erinnerungen an unsere traurige Kindheit unterdrückt und verdrängt. Zugleich erschaffen wir als Erwachsene viele unserer früheren Erfahrungen in aktuellen Beziehungen neu. Wir fühlen uns schutzlos und als Opfer und fragen uns, warum wir so oft von unseren Lebensgefährten, Freunden, Mitarbeitern und Verwandten ausgenutzt und mißbraucht werden. Wir glauben, es sei unser Schicksal, ständig zu geben, und haben Angst vor dem Satz: ›Sei nicht so egoistisch!‹

Sich hinter dem falschen Selbst verbergen

Es gibt auch noch jene Menschen, die Angst vor der Welt haben und sich in der Hoffnung, niemand werde je herausfinden, wie ängstlich und unsicher sie in Wahrheit sind, hinter einem falschen Selbstbewußtsein verbergen. Unser falsches Selbst wirkt nach außen stark, selbstbewußt und beherrscht, während unsere Einsamkeit, tief in unserem Innern vergraben, mit unserer falschen Vorstellung der Realität im Widerstreit liegt. Wir versuchen uns einzureden, alles sei in bester Ordnung hinter den Barrieren, die uns den anderen und uns selbst entfremden, doch wir betrügen uns um das Glück und die Freude einer ganzheitlichen menschlichen Erfahrung. Aufgrund unserer Verlassenheitsängste sind wir der festen Überzeugung, Vertrauen bringe uns den sicheren Untergang, deshalb sind wir übermäßig vorsichtig und verbieten uns, offen und verletzbar miteinander umzugehen.

Die meisten von uns schwanken zwischen totaler Offenheit und Empfänglichkeit und völliger Abkapselung und vermeiden jeglichen Kontakt mit anderen. Entweder wir haben grenzenloses Vertrauen, oder wir glauben keinem Menschen. Wir haben Angst, verlassen zu werden, sehnen uns nach Intimität – und enden in Verlassenheit und Ablehnung jeglicher Intimität. Wir sind nie ausgeglichen, fallen von einem Extrem ins andere und fragen uns, wann dieses ständige Hin und Her, das wir Leben nennen, endlich einmal aufhört.

Und dennoch ist es möglich, in der realen Welt zu leben, am Leben teilzuhaben und sich gleichzeitig beschützt und selbstverantwortlich zu fühlen. Ich war lange der Meinung, mir sei entweder ein Leben als Märtyrerin beschieden, oder ich müsse allein auf einer Insel leben und jeder Beziehung aus dem Weg gehen. Ich war der festen Überzeugung, eine andere Wahl gebe es nicht, und ich sei zu einem Leben ohne gesunde Beziehungen verdammt.

Ich erreichte einen Punkt in meinem Wachstum, an dem ich mich einerseits nach engen Beziehungen sehnte und andererseits entsetzliche Angst davor hatte. Ich fürchtete erneut, benutzt, mißbraucht und verlassen zu werden. Ich war festgefahren und wußte nicht, wie ich mich aus der Dysfunktion befreien und geheilt werden sollte. Heute habe ich Grenzen gesetzt, die mir gestatten, am Leben teilzuhaben. Ich erkenne gefährliche Situationen und ergreife die nötigen Maßnahmen, um mich zu schützen.

Als ich anfing, Eigenverantwortlichkeit zu praktizieren, waren nicht alle Menschen meiner Umgebung damit einverstanden. Die Menschen, die mich mit meinem Einverständnis benutzt und mißbraucht hatten, reagierten verwirrt und sogar verärgert auf mein neues Verhalten. Als ich mich gegen andere abgrenzte und nein sagte, stellte ich fest, daß ich mein Selbst nicht länger verriet. Ich baute die dysfunktionalen Blockaden ab, die ich zu meinem Schutz errichtet hatte, und experimentierte mit Denkweisen des Selbstschutzes, die flexibler waren. Heute kann ich mit den unterschiedlichsten Menschen befreundet sein und weiß, ich bin selbst dafür verantwortlich, wenn ich mich zum Opfer machen lasse. Solange ich mich nicht selbst verrate, bin ich in der Welt, in der ich lebe, geborgen.

Der erste Schritt zum Aufbau gesunder Grenzen besteht darin, daß wir lernen, uns selbst nicht zu verraten. Wenn wir begreifen, was Selbstliebe und Selbstfürsorge bedeutet, entdekken wir rasch, daß die halbe Schlacht bereits gewonnen ist. Intimität, Aufrichtigkeit und gesunde Selbstliebe bilden das Fundament für gesunde Beziehungen in der Zukunft. Wenn wir von innen heraus gesund werden und uns selbst zu unserem besten Freund machen, erkennen wir allmählich die Bedeutung von Freundschaft mit anderen. Als meine beste Freundin lasse ich nicht mehr zu, daß ich benutzt, mißbraucht oder verletzt werde – weder von andern noch von mir selbst. Diese Erkenntnis macht uns das Geschenk der inneren Freiheit.

Kapitel 5

Das wehrlose Opfer

Als Folge von Mißbrauch in der Herkunftsfamilie entwickeln Kinder spezielle Überlebensstrategien, mit deren Hilfe sie das Trauma, die Konfusion und das Chaos überstehen, die in ihrer Herkunftsfamilie herrschten. Eine Form des Überlebens ist das unbewußte oder bewußte Abspalten von körperlichem und/ oder emotionalem Schmerz. Mit diesem Abblockverfahren bleibt der Ernst der Dysfunktion und des Mißbrauchs innerhalb des Familiensystems unerkannt, während ein Gefühl falschen Selbstbewußtseins vorübergehende Sicherheit verschafft. Diese Überlebenstechniken, die uns in der Kindheit beschützten, werden in das Erwachsenenleben mit hineingenommen und wirken in unseren Erwachsenenbeziehungen, in aktuellen Familiensituationen und an unserem Arbeitsplatz weiter. Diese Überlebenstechniken haben uns in der Kindheit gute Dienste geleistet, fügen uns aber im Erwachsenenleben großen Schaden und viel Leid zu.

Entmachtung

Eine Folge von Mißbrauch und Dysfunktion in der Herkunftsfamilie ist die Entmachtung (oder *das Gefühl völliger Ohnmacht, Hilflosigkeit und Bevormundung*). Die meisten von uns, die durch Kindheitsmißbrauch entmachtet wurden, sind sich nicht einmal bewußt, wie viele Entscheidungsmöglichkeiten sie im Alltagsleben haben.

Wir haben Mißbrauch überstanden, weil wir uns entfremdet haben, um die Leiden unserer Kindheit nicht zu spüren, und lernen so den Prozeß der Entscheidungsfreiheit nie wirklich kennen.

Mißbrauchsopfer sind vollauf damit beschäftigt, ihr Trauma

zu überstehen, und haben keine Möglichkeit, die verschiedenen Wege zu erforschen, die das Leben ihnen bietet.

Kinder glauben, daß die Erwachsenen ihrer Umgebung immer recht haben. Kinder fühlen sich durch den Mißbrauch hilflos, da sie an die Realität des Mißbrauchstäters glauben und ihre eigene Realität in Zweifel ziehen.

Mit anderen Worten: Kinder glauben einerseits, der Mißbrauchstäter wisse, was für sie am besten sei, und andererseits, sie hätten die Mißhandlung irgendwie verdient. Selbst wenn ihr Realitätssinn ihnen sagt, daß etwas nicht in Ordnung sein kann, fällt es ihnen schwer, ihren Wahrnehmungen Glauben zu schenken, da der Täter ein Erwachsener ist und naturgegeben eine Autoritätsfunktion einnimmt.

Viele Mißbrauchsopfer glauben also, daß sie irgendwie schuld an dem Mißbrauch seien, daß der Mißbrauch zu Recht erfolge, und dieses Gefühl, verantwortlich zu sein, nehmen sie in ihr Erwachsenenleben mit hinein. Die Verantwortlichkeit wird in unseren Erwachsenenbeziehungen weiterhin zum Ausdruck gebracht. Vielen von uns, denen Unrecht geschah, fällt es schwer zu akzeptieren, daß ihnen Unrecht geschah. Wir stellen uns ständig Fragen wie: »Was habe ich getan, daß sie so etwas zu mir sagt?«, oder: »Was habe ich getan, daß er soviel trinken muß?«

SUSANS GESCHICHTE: Susan wuchs in einer völlig chaotischen Familie auf; Vater und Mutter waren Alkoholiker. Der Vater ging mehrmals während der Woche in Bars und kam spät nachts nach Kneipenschluß nach Hause. Ihre Mutter saß vor dem Fernseher und trank bis spät in die Nacht Orangensaft mit Wodka. Die Kommunikation der Eltern bestand vorwiegend in Streitereien. Sie hatten beide getrennte Schlafzimmer. Susan fragte sich manchmal, warum sie überhaupt geheiratet hatten. Ständig gingen sie aufeinander los. Sie fühlte sich in ihrer Familie einsam und wünschte sich oft andere, normale Eltern.

Susan hatte abends die Aufgabe, nachdem sie den Tisch abgeräumt und Geschirr gespült hatte, ihre jüngere Schwester zu Bett zu bringen. Susan wußte, daß die Mutter die Kneipenbesuche des Vaters haßte, und tat ihr Bestes, um der Mutter im

Haushalt und bei der Betreuung ihrer Schwester zu helfen. Die Mutter hatte selten ein Wort des Danks oder ein Lob für sie übrig, und Susan glaubte ständig, sie sei nicht gut genug, sosehr sie sich auch bemühte, ihrer Mutter zu gefallen. Susan glaubte aber, wenn sie ihre Mutter glücklich und stolz auf sie machen könne, werde alles bald wieder in Ordnung kommen.

Susan war meist noch wach, wenn ihr Vater nach Hause kam. Manchmal tobte er herum und verlangte, die ganze Familie solle aufstehen und in die Küche kommen. Sobald alle versammelt waren, beschwerte er sich über Schmutz auf dem Küchenboden oder darüber, daß der Mülleimer nicht geleert war oder daß Spielsachen der Kinder im Haus herumlagen. Es geschah nicht selten, daß er Susan zwang, zusammen mit ihrer Schwester das Geschirr vom Abendessen noch einmal zu spülen, und nachprüfte, ob es auch richtig sauber war. Susans Mutter wehrte sich nie gegen diese betrunkenen Ausfälle, und Susan fragte sich, ob die Mutter sich vor ihm ebenso fürchtete wie sie.

Eines Nachts kam er wieder einmal betrunken und verärgert nach Hause und sperrte die Mutter aus dem Haus. Susan hatte Angst, fühlte sich hilflos und alleingelassen, als sie zusah, wie ihre Mutter in den Wagen stieg und in der Morgendämmerung fortfuhr.

Wenn ihr Vater mitten in der Nacht seine wütenden und betrunkenen Auftritte hatte, stellte Susan sich vor, daß diese beiden verrückten kranken Erwachsenen, mit denen sie zusammenlebte, gar nicht ihre echten Eltern seien. Eines Tages würde jemand kommen und sie zu ihren liebevollen, netten Eltern bringen.

Susans Vater schlug die Mutter auch manchmal, dann übermannte sie völlige Hilflosigkeit. Sie versuchte ihre kleine Schwester zu beschützen und dachte verzweifelt darüber nach, wie sie die Mutter von dem Leiden befreien könnte. Wenn der Vater Susan schlug, biß sie die Zähne zusammen, um nicht zu weinen, da sie ihm zeigen wollte, daß er ihr nichts anhaben konnte. Susan hatte es lieber, wenn ihr Vater sie verprügelte. Es war für sie schmerzhafter, mitansehen zu müssen, wenn er Mutter oder Schwester verprügelte.

Susan fürchtete manchmal, er werde die Mutter umbringen. Sie hatte große Angst, daß sie dann völlig allein und schutzlos den Tobsuchtsanfällen des Vaters ausgesetzt sein werde. Die Mutter stand, zu keiner Bewegung fähig, in der Ecke, ohne sich zu schützen oder vor den Schlägen des Ehemannes davonzulaufen. Susan sah, wie die Mutter sich in ein Kleinkind verwandelte, während sie mißhandelt wurde, und hoffte, die Mutter verhielte sich wie eine Erwachsene, die sie und ihre Schwester beschütze und dem Vater befehle, damit aufzuhören, die Familie zu schlagen. Oft fürchtete sie, der Vater werde sie töten.

Wenn Susans Vater betrunken war, aber nicht vor Wut raste, geschah es, daß er nachts in ihr Zimmer kam und zu ihr ins Bett schlüpfte. Er streichelte sie und berührte ihre Geschlechtsteile. Susan erstarrte, stellte sich schlafend und hoffte, er werde bald wieder verschwinden. Sie hatte Alpträume von Schlangen und Spinnen, die sie überfielen, und fürchtete sich, nachts allein im Bett zu schlafen. Sie wollte ihrer Mutter von ihren Ängsten erzählen, doch die sagte lediglich, sie solle aufhören, sich so kindisch zu benehmen. Sie müsse ihrer kleinen Schwester ein Vorbild sein und ein großes tapferes Mädchen sein. Schließlich fand Susan einen Fluchtweg, um die Berührungen ihres Vaters nicht zu spüren: sie sprach leise mit ihrer imaginären Freundin. Sie und ihre Schwester spielten auch geheime Spiele miteinander, wenn der Vater betrunken war, von denen die Eltern nichts wußten.

Wieder ganz von vorn anfangen

Susan lief mit 17 von zu Hause fort und lebte mit ihrem Freund Jay zusammen. Sie war froh, nicht mehr bei den Eltern sein zu müssen, und schwor, mit Jay ein völlig neues Leben zu beginnen... Voll Liebe, Glück und Sonnenschein.

Das erste Jahr ihres Zusammenlebens mit Jay war eine wundervolle Erfahrung. Doch dann veränderten sich die Dinge. Jay ging mit seinen Kollegen nach der Arbeit häufig in die Kneipe, und Susan stellte fest, daß er streitsüchtig wurde, wenn er getrunken hatte. Es kam öfter vor, daß er sie ohrfeigte und beschuldigte, ihn zu betrügen. Susan war Jay absolut treu und versicherte ihm, daß sie nur ihn liebe.

Nach solchen Vorfällen brachte Jay ihr am nächsten Tag Blumen mit und entschuldigte sich für sein schlechtes Benehmen. Jahrelang gab sich Susan mit den Entschuldigungen und Blumensträußen zufrieden und glaubte an die Beziehung mit Jay, da sie den aufrichtigen Wunsch hatte, glücklich mit ihm zu sein.

Doch Jays Verhalten wurde immer destruktiver, und Susan mußte mehrmals den Arzt aufsuchen, wenn er ihr Knochenbrüche und Blutergüsse zugefügt hatte. Auf die Fragen des Arztes nach der Ursache ihrer Verletzungen belog sie ihn und erklärte, sie sei gestürzt oder gegen eine Tür gelaufen.

Susan bemühte sich verzweifelt, Jay eine gute Partnerin zu sein in der Hoffnung, er werde sie dann besser behandeln. Sie kochte seine Lieblingsgerichte, bezog ein gutes Gehalt und war ihm stets eine willige Bettgefährtin. Sie veranstaltete Abendessen bei Kerzenschein, versuchte ihn mit verführerischen Négligés und anderen Überraschungen zu reizen, doch nichts schien sein Verhalten zu bessern. Susan kam sich gelegentlich als Versagerin vor und fragte sich verzweifelt, was sie denn falsch mache.

Nachdem sie einige Jahre lang zusammengelebt hatten, entschlossen sich Susan und Jay zur Heirat, in der Annahme, die Dinge würden sich dadurch verbessern. Susan hoffte, Jay würde in der Ehe ruhiger werden, doch sein Trinken und sein Prügeln wurden schlimmer. Susan verließ ihn einige Male, kam aber immer wieder zu ihm zurück. Er schwor, nicht mehr zu trinken und sie nicht mehr zu verprügeln. Nach solchen Vorfällen verwöhnte er Susan mit einer Reise in die Karibik, kaufte ihr ein neues Kleid, und Susan glaubte jedesmal wieder, nun werde ihre Beziehung einen neuen, guten Anfang nehmen. Susan vertraute tatsächlich darauf, daß Jays Verhalten sich bessern werde. Leider vergaß er seine guten Vorsätze bald wieder, und nach wenigen Monaten trank und mißhandelte er sie wieder.

Susan begab sich schließlich in Therapie, um herauszufinden, wie ihre Beziehung mit Jay zu reparieren sei. Während sie ihrem Therapeuten über ihre Beziehung mit Jay berichtete, stellte sie fest, daß dieser sich allem Anschein nach große

Sorgen um ihr Wohlergehen machte. Auf die Frage nach ihren Reaktionen auf Jays körperliches Mißbrauchsverhalten antwortete Susan, er behandle sie seit langem so, daran sei sie gewöhnt. Der Therapeut schien über ihre Antwort erschrocken und fragte sie, warum sie sich mißhandeln lasse, warum sie sich der Situation nicht entziehe und sich zumindest vorübergehend in Sicherheit bringe. Susan teilte ihrem Therapeuten mit, die Prügel seien eigentlich gar nicht so schlimm.

Wiederholungsverhalten verstehen

Der Therapeut beginnt, Susan über Mißbrauchsverhalten aufzuklären, und Susan erkennt allmählich, daß sie und Jay sehr krank sind und daß ihre Beziehung ernsthaft gestört ist. Sie erkennt weiterhin zu ihrem Entsetzen, daß sie in ihrem Erwachsenenleben die Verhaltensweisen wiederholt, die sie in ihrer Kindheit an ihrer Mutter beobachtet hat. Sie entdeckt, daß sie als Folge des Mißbrauchsverhaltens ihres Vaters gegen sie, ihre Schwester und ihre Mutter gelernt hat, einen Großteil der körperlichen und seelischen Schmerzen, die ihr in ihrer aktuellen Situation von Jay zugefügt wurden, zu verdrängen und abzublocken. Sie erkennt außerdem, daß sie durch ihre Fähigkeit, Schmerzen abzublocken, eine Mißbrauchsbeziehung fortsetzt und die ernsthafte Gewalt verdrängt, die ihr angetan wird. Sie begreift, daß ihr in ihrer Beziehung mit Jay Veränderungsmöglichkeiten zur Verfügung stehen, daß sie aber nicht gelernt hat, diese Veränderungen herbeizuführen.

In der Therapie lernt sie im Rollenspiel, sich Jay gegenüber zu behaupten und fühlt sich nach jeder Sitzung stark und zuversichtlich. Doch im Versuch, Jay tatsächlich standzuhalten, ist sie vor Angst gelähmt und verwandelt sich wieder in das verängstigte fünfjährige Mädchen, das starr vor Entsetzen zusieht, wie ihr Vater seine Wutanfälle an ihr austobt.

Kinder, die emotional, körperlich oder sexuell mißbraucht werden, sind entmachtet. Es wird ihnen verbal oder nichtverbal zu verstehen gegeben: »Du hast keine Rechte. Ich, der Erwachsene, habe dein Schicksal und dein Leben in der Hand, und du kannst nichts dagegen tun.« Die Angst, von signifikanten Betreuern wegen Mißachtung ihrer Regeln verlassen zu werden, erfordert Stillhalten, das Boot nicht ins Schwanken zu bringen und auch ansonsten nicht zu versuchen, persönliche Macht auszuüben. Rebellion, Auflehnung, eigene Entscheidungsfreiheit oder Selbstfürsorge haben lediglich verstärkten Mißbrauch zur Folge, daher lernen Kinder, sich gegen den Mißbrauch abzukapseln, indem sie Gefühle des Entsetzens, der Wut, Verlassenheit, Trauer und Scham auf jede erdenkliche Weise abblocken.

Susan lernte, den Schmerz infolge des Mißbrauchs abzublokken, den der Vater an ihr verübt hatte. Sie mußte zusehen, wie die Mutter die Schläge und Beschimpfungen des Vaters ohne Gegenwehr hinnahm. Dabei wurde ihr klar, daß auch sie keine Wahl hatte, sich vor Mißbrauch anderer zu schützen. Ihre Mutter war ihr kein Vorbild für gesundes Verhalten, um sich gegen Mißbrauch und Fehlverhalten anderer zu schützen. Susans Mutter gewährte der Tochter keinen Schutz, sondern überließ sie tatenlos dem Zorn des Vaters. Susan weiß nicht, wie sie sich im Erwachsenenleben gegen Jay schützen soll, da sie in ihrer Jugend nicht beschützt wurde. Wenn Jay seine Wut an ihr ausläßt, erfährt sie nicht nur den Schmerz des aktuellen Mißbrauchsverhaltens, sie erlebt auch das Entsetzen wieder, das sie verspürte, als sie in ihrer Kindheit mißbraucht wurde. Sie benutzt die Techniken, die sie sich in der Kindheit angeeignet hat, um sich gegen Schmerz abzukapseln, und schafft es damit, ihre aktuellen Schmerzen durchzustehen.

Susan muß sich ihren gesamten Schmerz über den emotionalen, körperlichen und sexuellen Mißbrauch, dem sie in ihrer Herkunftsfamilie ausgesetzt war, bewußt machen, um zu begreifen, wie sehr ihre aktuelle Beziehung dem Mißbrauch gleicht, mit dem sie aufgewachsen ist. Wenn sie ihre Wut und Trauer über das in der Kindheit erlittene Trauma spürt, wird sie zugleich ihre Wut und Trauer über die Mißbrauchsbeziehung zu Jay spüren. Wenn sie ihre Gefühle über den Mißbrauch in ihrer Kindheit ausdrückt, beginnt ihr Heilungsprozeß. Sie wird allmählich ihr eigenes Machtpotential entdecken und erkennen, daß ihr großes Unrecht geschah, als sie von ihren Eltern und von ihrem Lebenspartner Jay mißbraucht wurde.

Mit der Entwicklung ihrer Selbstliebe und Selbstachtung wird sie feststellen, daß sie es wert ist, sich zu beschützen und Selbstfürsorge zu üben. Schließlich wird Susan sich daran erinnern, daß ihr Vater sie nicht nur körperlich und emotional, sondern auch sexuell mißbrauchte, und sie wird begreifen, daß sie als Folge dieses Mißbrauchs bislang nicht in der Lage war, die für ihre Selbstfürsorge und ihren Selbstschutz nötigen Fähigkeiten im Erwachsenenleben zu entwickeln. Mit dieser Information wird sie erkennen, daß sie in der Kindheit keine eigenen Entscheidungen treffen durfte, und sie wird begreifen, daß sie nunmehr das Recht hat, darüber zu entscheiden, wie sie von anderen behandelt wird.

Eine Frau, die erkannt hatte, daß sie das Recht hat, sich um sich selbst zu kümmern, fragte mich beinahe schüchtern: »Ich darf also wirklich nein sagen, oder?« Als sei das Wort *nein* nie Bestandteil ihres Wortschatzes gewesen.

Kindern, die durch Mißbrauch entmachtet wurden, fällt es schwer, sich als Erwachsene abzugrenzen und nein zu sagen aus Angst, von den Menschen, denen sie Grenzen setzen, verlassen, zurückgewiesen oder mißbraucht zu werden. Sie lassen sich weiterhin benutzen, mißbrauchen und zum Opfer machen, bis der Schmerz so stark wird, daß sie endlich die Wurzeln ihrer Opferrolle erforschen.

Sich mit Mißbrauchsverhalten abfinden

Erst nach einigen Jahren der Entwöhnung von meiner Sucht nach Alkohol, Drogen und Essen wurde mir meine ausgeprägteste dysfunktionale Überlebensstrategie aus der Kindheit schmerzlich bewußt. Diese spezielle Überlebensstrategie durchdrang meine Opferrolle. Ich bezeichne sie mit ›Abfinden mit dem Mißbrauchsverhalten anderer‹. Ich ertrug Mißbrauchsverhalten anderer, setzte keine Grenzen, übte keine Selbstfürsorge in Beziehungen und setzte damit meine Opferrolle immer weiter fort. Für mich war diese Rolle, die ihren Ursprung in der Kindheit hatte, von großer Bedeutung.

Wie bereits erörtert, bin ich Mißbrauchsopfer und lernte in

jungen Jahren, mich von dem Schmerz abzuspalten, dem ich ausgesetzt war. Noch heute als Erwachsene ertappe ich mich gelegentlich dabei, wie ich mich automatisch abkapsle, wenn ich von anderen angegriffen werde.

Vor einigen Jahren nahmen Michael und ich an einem Straßenfest teil. Es war ein lustiger Abend; wir tanzten und hatten großen Spaß. Als ich barfuß nach Hause ging, stellte Michael fest, daß ich an der Ferse blutete. Ich hatte mich automatisch gegen körperlichen Schmerz abgeschirmt und die Wunde gar nicht bemerkt. Als Erwachsene blockierte ich meine emotionalen Schmerzen ebenso ab, wie ich die Wunde an der Ferse abblockte. Menschen benutzten mich materiell und emotional, und ich war mir ihrer Motive keineswegs bewußt. Später, nachdem mir klargeworden war, daß ich benutzt, mißbraucht oder wieder einmal übervorteilt worden war, fragte ich mich: »Wie ist das passiert?« Michael sah mich an und seufzte: »Du solltest dir Schilder anfertigen lassen mit der Aufschrift: ›Verletzt mich, ich bin ein Opfer.‹« Ich fragte mich oft, wieso ich immer wieder in solche Situationen kommen konnte.

Nie nein sagen – immer ja sagen

Die meisten von uns kommen aus Herkunftsfamilien, in denen sie keine Möglichkeit hatten, auf die Forderungen der Erwachsenen mit Nein zu antworten. Wie bereits erwähnt, lautete das Lieblingswort meines zweijährigen Sohnes Aaron: »Nein! Nein! Nein!« Die meisten von uns hörten in ihrer Kindheit Sätze wie: »Widersprich deinen Eltern nicht... Tu, was man dir sagt, und stell keine Fragen... Was ich sage, wird gemacht, ohne Widerrede, denn ich bin ein Erwachsener.« Solche Aussagen hemmten unsere Experimente mit dem Wort *nein*. Im Zusammenhang mit den Regeln unserer Herkunftsfamilie wurden uns weitere Sätze eingeprägt: »Gehorch deinen Eltern... Hör immer darauf, was Erwachsene sagen... Tu immer das, was man dir befiehlt.« Mit anderen Worten, sag immer ja, ohne etwas zu hinterfragen. Tu, was man dir sagt, auch wenn du mit der Forderung nicht einverstanden bist.

Als Erwachsene sagen wir zu buchstäblich allen Bitten ja, wir lehnen auch das absurdeste Ansinnen nicht ab. Das endet damit, daß wir uns benutzt, mißbraucht und abgelehnt vorkommen. Manche von uns werden von unseren Freunden, Lebensgefährten und auch von unseren Kindern emotional mißbraucht. Wir sind machtlos, in solchen Situationen Selbstfürsorge zu üben.

Ich habe mit Müttern gearbeitet, die selber einstige Mißbrauchsopfer waren. Ihre größte Klage in meiner Sprechstunde lautete: »Ich kann meinen Kindern keine Grenzen setzen, ich kann nicht nein sagen. Sie hören nicht auf mich und mißbrauchen mich gelegentlich auch emotional. Und immer wieder lasse ich mich auf sie ein und gebe zu schnell nach.«

Viele Eltern sagen, daß es ihnen schwerfällt, nach Fehlverhalten ihrer Kinder entsprechende Strafmaßnahmen durchzuhalten. Sie drohen mit Konsequenzen, die sie nicht einhalten, oder sie verkünden Strafen, die sie auf Bitten der Kinder wieder rückgängig machen.

Andere können einem Lebenspartner oder Ehegatten gegenüber nicht nein sagen, auch dann nicht, wenn es sich um sexuelle Aktivitäten handelt, die ihnen unangenehm oder in manchen Fällen sogar ekelerregend sind.

Wir lassen uns von Mitarbeitern zusätzliche Arbeit aufladen, ohne ihre Forderungen abzuschlagen. Verwandte überfallen uns unerwartet zum Abendessen oder um zu übernachten; wir verpflegen sie und stellen ihnen ein Bett zur Verfügung, ohne je unser Recht in Anspruch zu nehmen, nein zu sagen.

Vor kurzem sprach ich während eines Aufenthalts in Wales mit einem jungen Mann, der seit kurzem trockener Alkoholiker ist. Er ärgerte sich sehr über ein paar Verwandte aus England, die ohne Voranmeldung bei ihm übernachten wollten. Er sagte, seine Gäste hätten auch reichlich getrunken, und ihr plötzlicher Besuch habe ihn ziemlich nervös gemacht. Er berichtete mir von dieser Episode, als gäbe es für ihn keinen Ausweg aus seinem Dilemma.

Das Wort *nein* existierte für diesen Mann nicht. Er war davon überzeugt, er müsse sich mit seinen trinkfreudigen Verwandten arrangieren, so gut er es vermochte. Ich schlug ihm vor, nein zu sagen, und er schien davon völlig überrascht – daran hatte er gar nicht gedacht.

Kinder, die durch traumatische Erlebnisse entmachtet wurden, werden zu Erwachsenen, die unfähig sind, Entscheidungen für ihr eigenes Wohlbefinden zu treffen. Sie akzeptieren den Mißbrauch und die Grenzverletzungen anderer weiterhin, wie sie es aus ihrer Kindheit gewohnt waren, ohne zu wissen, daß sie das Recht haben zu sagen: »Nein, ich lasse nicht zu, daß du mich verletzt... Nein, ich kann dein Verhalten nicht akzeptieren... Deine Bemerkung kränkt mich... Ich bin nicht verantwortlich für deine persönlichen Schwierigkeiten im Leben... Dein Suchtverhalten ist nicht in Ordnung und ein Mißbrauch mir gegenüber... Ich fühle mich durch dein Verhalten verletzt.«

Ich arbeite gelegentlich mit Menschen, die sich in stark dysfunktionalen Beziehungen befinden. Die meisten kommen in die Therapie, weil sie den Leidensdruck in der Beziehung nicht länger ertragen, und suchen nach schnellen Lösungen ihrer Problematik.

Diese Menschen leben gewöhnlich mit Partnern zusammen, von denen sie emotional, körperlich und/oder sexuell mißbraucht werden.

Die Geschichte von Tom und Linda: Tom und Linda heirateten sehr jung. Sie waren bereits in der High School ein Liebespaar, und die Heirat erschien den beiden als etwas ganz Selbstverständliches. Tom liebte Linda von ganzem Herzen und arbeitete fleißig, um ihr ein sorgenfreies Leben zu ermöglichen, nicht anders, als sein Vater es für seine Mutter getan hatte.

Toms Eltern waren nicht sehr glücklich über Toms Wahl, da sie wußten, daß Linda ein Trinkproblem hatte. Toms Eltern waren beide in Familien groß geworden, in denen Alkohol ein Problem war, und beide wußten, was es hieß, mit Alkoholismus zu leben. Tom hatte seine Eltern nie Alkohol trinken gesehen, mit Ausnahme von besonderen Anlässen oder in den Ferien. Es gab nie Alkohol im Haus, und sie verschenkten alkoholische Getränke weiter, die sie bekommen hatten. Beide

Eltern hegten Befürchtungen, in Toms Ehe mit Linda könne das eintreten, was dann auch tatsächlich geschah.

Zunächst war Tom glücklich mit seiner Frau. Er kannte ihre Trinkgewohnheiten, hatte aber keinerlei Bedenken. Er hatte viele Jahre lang miterlebt, wie seine Onkel tranken und betrunken wurden, und wußte, daß Linda nicht in diesem Ausmaß trank.

Linda war eine attraktive Frau und an ihrem Arbeitsplatz der Schwarm der männlichen Kollegen. Sie liebte Komplimente und schätzte besonders die Aufmerksamkeit, die ihr ein bestimmter männlicher Kollege schenkte. Linda und Bill verbrachten jede Mittagspause zusammen. Nach einer Weile begannen Linda und Bill eine sexuelle Beziehung.

Tom bemerkte, daß Linda sich verändert hatte, da sie sich von ihm emotional und körperlich distanzierte. Toms Freunde machten Bemerkungen über Lindas Verhältnis mit ihrem Arbeitskollegen, doch Tom schenkte den Gerüchten keine Beachtung, sprach aber mit Linda darüber. Linda leugnete ihre Untreue und gab sich gekränkt, daß Tom sie des Ehebruchs beschuldigte. Tom sprach nicht mehr darüber und schämte sich, sie der Untreue bezichtigt zu haben.

Linda setzte ihre Affäre fort, und ihre Trinkgewohnheiten verschlimmerten sich. Linda wußte, daß sie zuviel trank, und schwor Tom nach jedem Rausch hoch und heilig, weniger zu trinken. Wenn sie bei Freunden oder Verwandten eingeladen waren, wurde Linda nach mehreren Drinks schlechter Laune und depressiv. Tom entschuldigte sich bei seinen Gastgebern für ihr Verhalten und brachte sie nach Hause.

Tom waren die Bemerkungen von Freunden oder Verwandten peinlich, und er verteidigte seine Frau. Linda entschuldigte sich bei Tom und versicherte ihm, sie wisse nicht, wie sie ohne ihn und seine innere Kraft zurechtkäme. Tom fühlte sich tatsächlich für Lindas Wohlergehen verantwortlich, und manchmal glaubte er, die Last der Verantwortung für sie nicht mehr tragen zu können.

Tom hörte immer wieder Bemerkungen über Lindas Beziehung zu jenem Kollegen. Er hörte, daß die beiden regelmäßig mittags essen gingen und Zärtlichkeiten austauschten.

Eines Tages faßte er den Entschluß, Linda in der Mittagspause nachzuspionieren, und stellte mit Entsetzen fest, daß die Beobachtungen seiner Freunde keineswegs üble Nachrede waren. Noch am gleichen Abend stellte er Linda zur Rede. Sie entgegnete, es tue ihr sehr leid, aber Tom gebe ihr nun einmal nicht die Liebe, die sie brauche. Linda machte ihm außerdem den Vorwurf, ihr nicht mehr Aufmerksamkeit geschenkt zu haben, denn sonst hätte sie sich nicht außerhalb der Ehe die nötige Liebe holen müssen. Tom war völlig verwirrt, da Linda damals, als er sie zum ersten Mal auf diese Affäre ansprach, geleugnet hatte und nun ihn zum Schuldigen stempelte. Er fragte sich: Trifft mich wirklich die Schuld daran?

Tom fällt es schwer, in seiner Beziehung mit Linda Selbstschutz und Selbstbehauptung zu praktizieren, da er in zweiter Generation ein erwachsenes Kind von Alkoholikern ist. Beide Eltern waren in chaotischen Alkoholikerfamilien aufgewachsen, und keiner der Eltern hatte gelernt, gesunde Grenzen zu setzen, weder bei anderen noch bei sich selbst. In ihrem Bedürfnis nach festen Strukturen erzogen sie Tom sehr streng. Seine Eltern gaben sich meist verschlossen und hatten niemals Streit in Toms Gegenwart. Als er Linda kennenlernte, gefiel ihm ihre erfrischende, offene Art, und er war gelegentlich sogar neidisch. Tom hat kein Vertrauen zu sich selbst, zu seinen eigenen Wahrnehmungen und Gefühlen und neigt eher dazu, den Wahrnehmungen anderer zu vertrauen.

Unseren Wahrnehmungen vertrauen

Wenn wir unseren eigenen Wahrnehmungen – allem, was wir fühlen, hören oder sehen – nicht vertrauen können, werden wir nicht in der Lage sein, gesunde Grenzen zu setzen. Jeder von uns hat die Gabe der Intuition, die uns Aufschluß über unsere Umgebung gibt. Wenn wir in chaotischen Familien aufwachsen, stellen wir fest, daß wir uns nicht auf unsere Wahrnehmungen verlassen können. Kinder lernen nur dann Selbstvertrauen, wenn ihre Wahrnehmungen von den Eltern bestätigt werden.

Ich wußte: In meiner Herkunftsfamilie war etwas ganz erheblich in Unordnung. Die Menschen verhielten sich merkwürdig, besonders dann, wenn sie betrunken waren, und ich fragte andere Familienmitglieder: »Stimmt bei uns eigentlich etwas nicht?« Und sie entgegneten: »Wie kommst du bloß darauf? Du mit deiner blühenden Phantasie!«

Vor kurzem befaßte ich mich mit einem bestimmten unerledigten Problem meiner Herkunftsfamilie, um mein eigenes Wachstum voranzutreiben. Mir fehlten einige Versatzstücke zu einer Phase meiner Vergangenheit, und ich rief einen Freund unserer Familie an, um von ihm Hinweise zu bekommen, die das Bild abrundeten. Als ich ihm berichtete, was ich herausgefunden hatte, sagte er schroff, ich solle das Thema auf sich beruhen lassen, es sei unerheblich. Er meinte auch, ich mache aus einer Mücke einen Elefanten. In diesem Augenblick fühlte ich mich, wie ich mich als Kind gefühlt hatte. Ich war beschämt, verwirrt und begann die Information anzuzweifeln, die ich herausgefunden hatte. Blitzschnell schoß mir durch den Kopf: Vielleicht mache ich wirklich aus einer Mücke einen Elefanten. Ich hatte in diesem Augenblick meine Realität, meine Grenzen und mein Selbst verloren. Wieder einmal schenkte ich der Realität eines anderen mehr Glauben als meiner eigenen. Mein gesundes Selbstbewußtsein meldete sich jedoch umgehend zu Wort: »Carla, wo sind deine Grenzen? Du läßt dich beschämen und mißachten. Paß auf dich auf!« Meine Intuition sagte: Bitte sperr dich nicht gegen mich, nachdem wir so hart gearbeitet haben, um diesen Punkt zu erreichen. Hab Vertrauen zu mir! Du machst keinen Elefanten aus einer Mücke. Dies ist eine ernste Sache.

Wir müssen lernen, unserer Intuition Vertrauen zu schenken, bevor wir gesunde Beziehungen mit anderen eingehen. Wir alle kennen die Redewendung: Beurteile ein Buch nicht nach seinem Umschlag. Das mag auf bestimmte Lebenserfahrungen zutreffen, doch in anderen Situationen sagt unsere Intuition zu einem ersten starken Eindruck einer Situation: Mach deine Augen auf und sei vorsichtig... Hier stimmt etwas nicht... Paß auf dich auf. Sobald wir unserer Intuition vertrauen, haben wir in den meisten Situationen von den meisten Menschen nichts zu befürchten.

Tom ist bereit, Lindas Wahrnehmungen mehr Vertrauen zu schenken als seinen eigenen. Das ist ein rotes Warnsignal und weist auf seine fehlenden gesunden Grenzen hin. Er wußte, daß etwas nicht stimmte, spürte, daß sie sich emotional und körperlich vor ihm zurückzog. Er erhielt sogar die Bestätigung seiner Empfindungen von Freunden und Verwandten. Als genüge das noch nicht, überzeugte er sich von Lindas Verhalten mit ihrem Bürokollegen mit eigenen Augen. Doch Tom hatte nie gelernt, sich selbst zu vertrauen, weil seine Eltern nicht in der Lage waren, ihn mit dem nötigen Instrumentarium auszustatten, da sie ihre eigenen Kindheitsprobleme nie konfrontiert und bearbeitet hatten.

Das entmachtete Opfer fühlt sich in Sachen Selbstvertrauen ohnmächtig. Außerdem neigen erwachsene Kinder von Alkoholikern dazu, treu zu sein, selbst wenn diese Loyalität fehl am Platze ist.

Ich glaube, dies trifft nicht nur auf erwachsene Kinder von Alkoholikern zu, sondern auf jeden Menschen, der aus einer dysfunktionalen Familie kommt, ob die Dysfunktion eine Folge von Suchtverhalten wie etwa Arbeit oder Sexsucht ist oder ob andere Streßfaktoren in der Familie vorliegen.

Es ist unsere Pflicht zu ergründen, auf welche Weise wir primär entmachtet wurden. Sobald wir diese Entdeckung gemacht haben, müssen wir unsere Gefühle über unseren Verlust und unseren Schmerz zulassen, um dann die Störungen aus unserer Jugend auszuheilen. In diesem Heilungsprozeß erfahren wir, daß wir als Kinder von unseren Betreuern unwissentlich, in manchen Fällen aber auch wissentlich, zu Opfern gemacht wurden. Wenn wir die Ursprünge unserer Entmachtung erforscht haben, erlangen wir die Fähigkeit, darüber zu entscheiden, ob wir uns weiterhin zu Opfern machen lassen wollen wie damals in unserer Kindheit. Wenn wir uns auf einen Heilungsprozeß von den Traumen unserer Kindheit und Jugend einlassen, übernehmen wir die Verantwortung von Erwachsenen, nicht nur für unsere Befindlichkeit, sondern auch für unsere Existenz. Wenn wir lernen, verantwortlich für uns selbst zu sein, beginnen wir zudem, unsere Erfolge und Leistungen im Leben zu schätzen und uns daran zu freuen. Durch die Erforschung unserer Herkunftsfamilie genesen wir von den Leiden unserer Kindheit und übernehmen erwachsenes Verantwortungsbewußtsein für uns selbst. Dadurch befreien wir uns von restriktiven Vorschriften und Verhaltensweisen aus der Vergangenheit.

Kapitel 6

Das Opfer auf dem Weg der Genesung

Als ich schließlich Lösungen für mein Suchtverhalten fand, glaubte ich, Utopia erreicht zu haben. Ich war ernsthaft davon überzeugt, daß alle meine Beziehungsschwierigkeiten behoben seien und mein Leben von nun an eitel Sonnenschein und Frieden sei. Ich verfiel von einer falschen Denkweise in die nächste, war voller Erwartungen an das Gute in allen Menschen, nun, da ich meine Abhängigkeiten in den Griff bekam. Genauer gesagt, ich erwartete, daß die Menschen, die sich gemeinsam mit mir in der Genesung von Suchtkrankheiten befanden, keine negativen Eigenschaften aufwiesen.

Mit anderen Worten, ich trat meine Genesungsreise mit Scheuklappen an und hatte eine Idealvorstellung davon, wie genesende Menschen sich verhalten.

Die ersten Jahre meiner Genesung waren wundervoll, weil ich zum ersten Mal im Leben das Gefühl hatte, in einer Gruppe mit Menschen zusammenzusein, die genauso wie ich waren. Es war eine Erleichterung, daß auch andere Fusel getrunken hatten, sich mit Popcorn den Bauch vollgeschlagen hatten und sich als komplette Versager vorkamen. Ich war bereit, alles zu tun, um von der jeweiligen Gruppe akzeptiert zu werden. Ich war außerdem bereit, alles Erdenkliche zu tun, um nicht zu meinem selbstzerstörerischen Verhalten zurückzukehren. Alles Erdenkliche bedeutete bedauerlicherweise in meinem Fall, daß ich keine wie immer gearteten Grenzen setzte und die Muster aus meiner dysfunktionalen Herkunftsfamilie in der Genesungsgruppe neu erschuf.

In diesen ersten Jahren der Genesung ließ ich mich emotional und finanziell ausnutzen und mich verbal und spirituell mißbrauchen. Damit will ich nicht sagen, daß alle Menschen in Genesungsprogrammen Übeltäter sind. Ich will damit sagen, daß ich als Individuum ohne jegliche Grenzen mich zu Beginn meiner Genesung weiterhin zu Menschen in Genesungsprogrammen hingezogen fühlte, die schlechte Charaktereigenschaften hatten.

Suchtverhalten jeder Art verdeckt allen Schmerz, alle Scham und Angst, die Süchtige aufgrund ihres Verhaltens und ihrer ungelösten vergangenen und aktuellen Beziehungen haben. Wird die Sucht ausgeschaltet – ob es sich dabei um Alkoholismus, Drogenabhängigkeit, Eßsucht, Arbeitssucht, Sexsucht, Konsumsucht, Spielsucht, religiöse Sucht, Sucht nach Menschen etc. handelt –, bleiben schädliche Verhaltensweisen, Ängste und Probleme, die der Süchtige verdrängt hat, nach wie vor bestehen. Ich glaubte ernsthaft, wenn ich mein Suchtverhalten abgelegt hätte, wäre ich zugleich von meiner Opferrolle befreit. Es dauerte nicht nur lange Zeit, bis ich mich von den Folgen meiner fehlenden Grenzen erholte, es war auch weitaus schmerzvoller, im nüchternen Zustand ausgenutzt zu werden als unter Einfluß von Schnaps, Pillen oder Essen. Da ich nach wie vor Opfermerkmale aufwies, suchte ich mir Täter aus, die zwar Alkohol, chemische Substanzen, Essen, Sex etc. ablehnten, die aber Tätermerkmale aufwiesen, die nicht nur vor ihrer Genesung zum Vorschein gekommen waren, sondern die sie auch beibehielten, nachdem sie ihr Suchtverhalten abgelegt hatten.

Ich gab Leuten Geld, was ich mir nicht leisten konnte, ohne zu wissen, daß ich die Wahl gehabt hätte, nein zu sagen. Ich hörte mir vier bis fünf Stunden täglich die Leiden anderer an, ohne zu begreifen, daß ich Grenzen setzen mußte. Ich spielte für andere Süchtige den Chauffeur, kochte und putzte für andere im Glauben, dies sei meine Pflicht in der Genesung – immer für andere da zu sein, obgleich ich mich darüber ärgerte, mir benutzt und mißbraucht vorkam. Dann schämte ich mich wegen meiner Wutgefühle gegen Menschen, die sich wie ich bemühten, von ihrer Sucht loszukommen.

Vertrautes wiederholen

Die Mehrzahl meiner weiblichen Bekannten in den Anfangsphasen der Genesung hatten viele Eigenschaften, die denen meiner Mutter glichen, und ich reagierte darauf, wie ich in meiner Kindheit auf meine Mutter reagiert hatte. Ich fühlte mich von diesen Frauen emotional verlassen, übergangen und zurückgewiesen und begriff nicht, was mein Anteil daran war, daß mir diese Beziehungen so großen Schmerz bereiteten. Ich zog auch eine Reihe männlicher Täter an, deren Verhalten unangemessen war, und ich begann, bestimmte Genesungsgruppen zu fürchten. Ich dachte mir: Wenn das Genesung sein soll, dann will ich nichts damit zu tun haben.

Ich wollte mich verkriechen, fühlte mich mißbraucht, bis mir eines Tages ein Geschenk gemacht wurde. Ein trockener Alkoholiker, Freßsüchtiger und Überlebender von sexuellem Mißbrauch, sagte mir: »Carla, du suchst dir mit erstaunlicher Treffsicherheit Leute aus, die dir weh tun.« Das war ja nun nichts Neues mehr. Aber ich konnte immer noch nicht zwischen einer positiven und einer potentiell mißbräuchlichen Beziehung unterscheiden. Mit anderen Worten, ich brauchte ein Frühwarnsystem, das mir potentiell gefährliche Situationen vor Augen führte. Ich mußte Verantwortung tragen, ohne die Fähigkeit zu besitzen, potentielles Mißbrauchsverhalten zu erkennen.

Wenn ich angegriffen wurde, spaltete ich mich ab und schenkte meinen Wahrnehmungen über die Situation, wie sie wirklich war, keine Beachtung, so wie ich es in meiner Kindheit gelernt hatte. Nachdem etwas schiefgelaufen war, kam ich mir dumm und als Versagerin vor und fragte mich wieder einmal, was ich wohl falsch gemacht hatte, um in eine solche Situation zu geraten. Eine Stimme in meinem Innern sagte ständig: ›Carla, paß auf dich auf! Du bist für dich verantwortlich.‹ Ich wußte, daß ich mich um andere kümmerte und daß ich mich anderen auslieferte, aber ich wußte nicht, wie ich mich davor schützen sollte.

Eines Tages beobachtete ich, wie mein kleiner Sohn mit einem seiner Freunde spielte. Sein Freund wollte ihm ein Spielzeug wegnehmen, und Aaron sagte: »Nein! Das gehört mir!« Und ich dachte frustriert: »Wieso bin *ich* dazu nicht fähig?«

CHRIS' GESCHICHTE: Chris war trockene Alkoholikerin, lebte seit einigen Jahren im Genesungsprogramm und hatte gründlich an der Beziehung zu ihrer Herkunftsfamilie gearbeitet. Sie hatte sich bewußt gemacht, daß ihr Vater Alkoholiker war und daß ihre Mutter die Hauptverantwortung am Haushalt und an den Pflichten der Kindererziehung trug. Sie wußte nicht, daß ihr Vater ein Trinkproblem hatte, bis sie an einem Kurs über Bewußtmachung von Alkoholproblemen teilnahm, um sich genauer über ihre eigene Krankheit zu informieren.

Wenn Chris trank, wurde sie laut und brachte Leben in jede Party. Da sie ihren Vater nie betrunken gesehen hatte, der abends nach der Arbeit nur ein paar Gläser Bier trank, hielt sie ihn für keinen Alkoholiker.

Chris erfuhr nicht nur mehr über ihren eigenen Alkoholismus, sondern auch darüber, wie der Alkoholismus des Vaters sie geschädigt hatte. Sie erfuhr weiterhin, daß das Verhalten der Mutter sie in ihrer Kindheit stark geprägt hatte. Sie erkannte, daß ihre Mutter zwar nicht trank, ihr Verhalten aber gleichfalls dysfunktional war.

Chris stellte fest, daß ihr Vater emotional nicht verfügbar war, da sein Leben sich um den Alkohol drehte, und ihre Mutter sie emotional verlassen hatte, weil ihr Leben sich um ihren Vater und sein Trinken drehte.

Chris war stets der Meinung gewesen, ihre Familie sei normal, und sie sei wegen ihres Trinkproblems der einzige Schandfleck. Der Mythos der heiligen Familie wurde erschüttert, als sie erkannte, daß sie emotional ernsthaft mißbraucht worden war. Chris hatte sich nie als Mißbrauchsopfer gesehen, weil beide Eltern sie nie geschlagen hatten. Sie war von der Feststellung entsetzt, daß die Art von Mißbrauch, die sie erlitten hatte, ebenso schädlich war wie körperlicher Mißbrauch.

Dreiecksbeziehung: der Zwischenträger

In ihrer Kindheit und Jugend bekam sie ständig die Klagen der Mutter über den Vater zu hören. Gelegentlich trug die Mutter ihr Botschaften für den Vater auf: »Sag deinem Vater, er soll in der Garage nicht solchen Krach machen.« Oder: »Sag deinem Vater, wir essen ohne ihn, wenn er jetzt nicht reinkommt.« Die Mutter teilte ihr auch die Wutgefühle mit, die sie gegen den

Vater hegte: »Dein Vater ist faul... Dein Vater kümmert sich nicht richtig um uns.«

Wenn Chris mit ihrem Vater zusammen war, fragte er: »Weißt du, was mit deiner Mutter los ist? Ich begreife nicht, wie sie sich so benehmen kann.« Um dem Vater aus seiner Verwirrung zu helfen, übermittelte sie ihm manchmal Vorwürfe, die die Mutter ihr gegenüber geäußert hatte.

Wenn sie ins Haus zurückkam, nachdem sie dem Vater eine Botschaft der Mutter übermittelt hatte, fragte die Mutter: »Was hat er gesagt, und warum bleibt er so lange draußen in der Garage?« Chris kam sich vor wie ein Pingpongball, der zwischen den Eltern hin und her geschlagen wurde. Als sie erwachsen war, bezogen die Eltern sie weiterhin in ihre Auseinandersetzungen mit ein. Chris wünschte sich, daß sie ihre Differenzen untereinander ausgetragen hätten.

Als Chris den Weg der Genesung von ihrem Alkoholismus antrat, lernte sie neue Freunde kennen. Sie hatte zwei enge Freundinnen, die sie beide aufrichtig gern hatte, doch die Sache hatte einen Haken. Die beiden konnten einander nicht leiden, und jede machte bei Chris abfällige Bemerkungen über die andere.

In der Anfangsphase ihrer Genesung erfuhr sie von einem dysfunktionalen Phänomen im Familiensystem, die sogenannte Dreiecksbeziehung oder Triangulation. Sie erfuhr, daß ihre Eltern sie in ihrer Beziehung in eine Dreiecksposition drängten und als Zwischenträger benutzten, um nicht direkt miteinander konfrontiert zu werden. Der Lohn für ihre Funktion als Vermittlerin bestand in der elterlichen Aufmerksamkeit, nach der sie sich so verzweifelt sehnte – selbst wenn diese Aufmerksamkeit mißbrauchend und dysfunktional war. Als Vermittlerin in Konflikten der Eltern erhielt sie darüber hinaus das Gefühl, wichtig zu sein, gebraucht und geliebt zu werden und einen festen Platz in der Familie einzunehmen. Chris hatte immer gefürchtet, die Eltern würden gar nicht bemerken, wenn sie irgendwie verschwände. Wurde sie als Vermittlerin benutzt, bewies sie ihre Gegenwart.

Der Preis für diese Familienrolle bereitete Chris große Schmerzen. In ihrer Jugend luden die Eltern ihre gegenseitigen

Wutgefühle einfach bei ihr ab. Die Mutter ärgerte sich über sie, wenn sie eine Botschaft nicht korrekt übermittelte. Der Vater beachtete sie nicht, wenn ihm die Botschaft nicht gefiel, die ihm von seiner Frau vermittelt wurde.

Eines Tages bekam der Vater einen Wutanfall in der Garage, nachdem sie ihm die Nachricht der Mutter ausgerichtet hatte. Chris erschrak, ihren Vater so zornig zu sehen, und glaubte, sie habe etwas falsch gemacht.

Kinder als Vermittler von Botschaften zwischen zwei Erwachsenen einzusetzen, ist Mißbrauch. Das emotionale Gleichgewicht des Kindes wird dadurch gestört, und das Kind wird alleingelassen. Die Erwachsenen erfüllen ihre Bedürfnisse auf Kosten des Kindes, und das Kind gewinnt den Eindruck, sein Verlangen nach Zuwendung werde gestillt, wenn es sich in die Probleme anderer einmische. Solche Kinder finden sich als Erwachsene ständig in Probleme anderer verwickelt. Sie werden zu Prellböcken oder Puffern für Menschen, denen direkte Konfrontation schwerfällt. Als Puffer nehmen sie Schmerzen, Wut und andere Gefühle auf, die sie im Grunde gar nicht betreffen. Ihr Lohn besteht darin, gebraucht und nicht alleingelassen zu werden. Zu Beginn fühlen sie sich nützlich und als Retter in schwierigen Situationen, in Wirklichkeit werden sie benutzt, mißbraucht und emotional alleingelassen. Ihre Freundschaften basieren auf ihrer Rolle als Prellbock, indem sie das Muster aus der Herkunftsfamilie im Erwachsenenleben wiederholen.

Zurück zu unserem Szenario von Chris und den beiden Freundinnen, die sich nicht leiden können. Chris erkennt, daß beide Freundinnen ihr Informationen geben, die sie der jeweils anderen überbringen soll. Sie fühlt sich benutzt und verletzt und erkennt, daß keine der beiden wirklich an ihren Gefühlen interessiert ist und daß die beiden direkt miteinander reden müßten, statt sie als Nachrichtenüberbringerin zu benutzen. Sie erkennt auch, daß sie ein Muster ihrer Kindheit wiederholt, und bekommt Wut auf ihre Eltern, die ihr diese Form des Umgangs miteinander vorlebten.

Viele Klienten kommen im Verlauf ihrer Genesung in meine Sprechstunde und äußern sich besorgt über ihre Beziehungen.

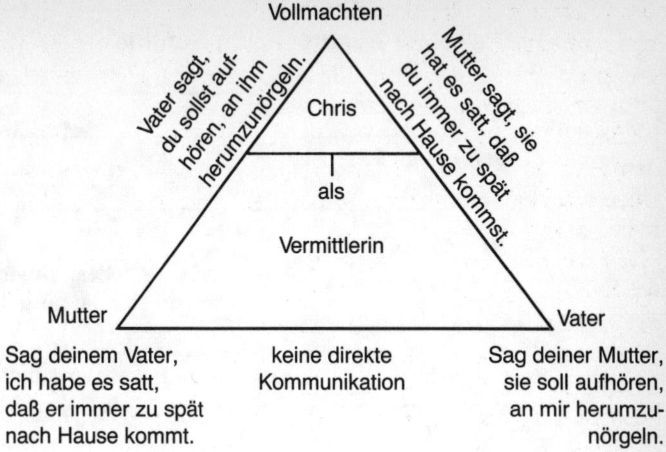

Tabelle 6.1 Ungesunde Kommunikation

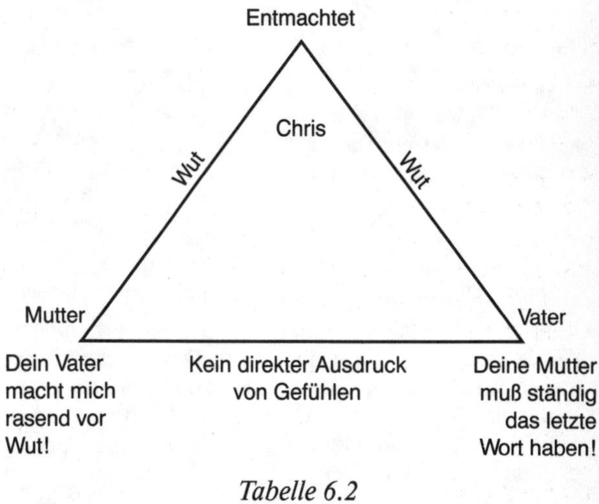

Tabelle 6.2
Auf Chris wird Ärger abgeladen, der sie nicht betrifft

**Direkte Kommunikation
und direkter Ausdruck von Gefühlen**

Mutter ______________________________ Vater

Ich bin wütend, ______________________________
wenn du spät nach Hause kommst.

Ich bin wütend, wenn ______________________________
du trinkst.

______________________________ Ich bin wütend,
wenn du ständig nörgelst.

______________________________ Ich ärgere mich
über deine Bevormundungen.

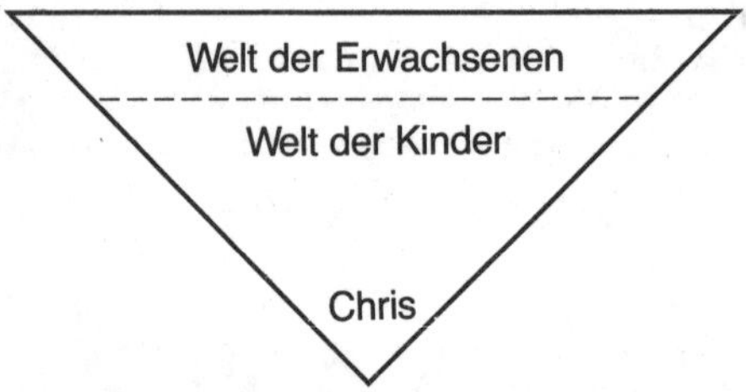

Tabelle 6.3 Gesunde Kommunikation

Chris fühlt sich in dieser Situation von beiden Freundinnen gebraucht, bestärkt aber beide darin, ihre Differenzen nicht direkt auszutragen, und kann mit keiner eine intime Beziehung aufbauen, weil sie benutzt und mißbraucht wird. Der Mißbrauch muß nicht zwangsläufig ein bewußtes Motiv ihrer Freundinnen sein, ist aber dennoch Mißbrauchsverhalten.

Tabelle 6.4 Ungesunde Freundschaft

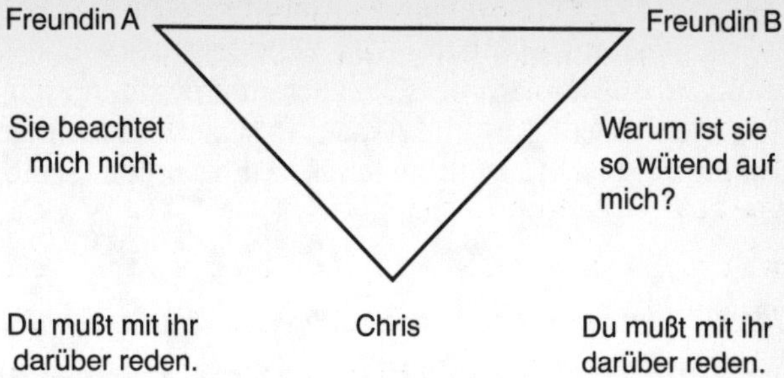

Chris muß sich aus der Mitte des Dreiecks herausbegeben. Damit verärgert sie möglicherweise Freundin A oder Freundin B oder beide, aber im Sinne ihrer eigenen Genesung und zum Aufbau ihrer eigenen Grenzen muß sie die Vermittlerrolle ablegen. Um gesunde intime Beziehung aufzubauen, muß Chris lernen, daß in gesunden Beziehungen eine nach allen Seiten offene Kommunikation stattfindet.

Tabelle 6.5. Gesunde Freundschaft

Sie stellen fest, daß sie in den Selbsthilfegruppen Situationen aus ihrer Herkunftsfamilie wieder erschaffen. Ihrer Meinung nach dürfte das unter Freunden, die an sich selbst und ihrem Suchtverhalten arbeiten, nicht geschehen. Sie verlieren den Glauben an den Genesungsprozeß, an ihre Freunde in der Genesung und an sich selbst. Nur wenige erkennen zu Beginn, daß es an ihnen liegt herauszufinden, woher die dysfunktionalen Beziehungsmuster stammen.

ANDYS GESCHICHTE: Andy befindet sich seit einigen Jahren wegen seiner Arbeitssucht und seiner Eßstörung in Behandlung. Er ist seit geraumer Zeit erfolgreich von seiner Arbeitssucht und seiner Eßsucht befreit, ist jedoch nach wie vor unglücklich mit seinen Freundschaften zu Männern und Frauen. Als er den Genesungsprozeß antrat und an sich selbst zu arbeiten begann, erlebte er zum ersten Mal in seinem Leben echte Freundschaften mit Männern. Vor der Genesung waren seine Beziehungen zu Männern oberflächlich und beschränkten sich auf Gespräche über Sport und Arbeit. In seinen Beziehungen in der Genesung spricht er mit anderen Männern über seine Gefühle.

Wir lernen von unserem gleichgeschlechtlichen Elternteil

Andy stellt in seinen Beziehungen zu Männern ein gleichbleibendes Muster fest, das ihm Schwierigkeiten bereitet. Die Männer, mit denen er wirklich enge Beziehungen hat, wollen irgendwann einmal über sein Leben bestimmen; sie verhalten sich in diesem Punkt genau wie früher sein Vater. Sie sagen ihm, was er tun soll und was er falsch macht. Andy ärgert sich über ihre guten Ratschläge; er will nicht schon wieder eine Vaterfigur, sondern einen Freund.

Wenn er diese Vaterfiguren auf ihr Verhalten aufmerksam macht, reagieren sie erstaunlicherweise wie sein Vater – sie sind gekränkt und wütend.

Andy fühlt sich machtlos und beschämt wie so oft bei seinem Vater, als er klein war.

Andy hielt sich nie für gut genug, um vor den Augen des Vaters bestehen zu können. Er glaubte die Erwartungen des Vaters nie erfüllen zu können. Diese Überzeugung begleitete ihn in sein Erwachsenenleben. Er glaubt, ihm fehle etwas tief in seinem Innern, er fühlt sich nie als vollständiger Mensch. Er hatte sich stets nach der Anerkennung seines Vaters gesehnt und sich eifrig darum bemüht, doch der Vater kritisierte ständig an ihm herum, mochte er noch so gute Leistungen erbringen.

Andy kann sich nicht daran erinnern, daß der Vater einmal mit ihm zufrieden war, ohne zu erwähnen, er könne noch etwas in seinem Leben verbessern.

Andy war an einem Punkt angelangt, an dem er seinem Vater nichts mehr über sich und sein Leben erzählte, weil er es satt hatte, sich ständig Ratschläge anzuhören, was er besser machen könne.

Anfänglich war er glücklich, eine Gruppe genesender Männer kennenzulernen, und fühlte sich bei einigen ganz besonders wohl. Andy glaubte, endlich gesunde Beziehungen zu Männern aufbauen zu können, bis er sich über die Ratschläge ärgerte, die ihm seine neuen Freunde gaben. Er wußte nicht, wie er seinen Ärger zum Ausdruck bringen sollte, und entschied sich für den einfachsten Weg, nämlich der Gruppe fernzubleiben.

Bald fand er eine neue Gruppe genesender Männer und fühlte sich in ihrer Gemeinschaft wohl. Doch auch hier erteilten ihm die älteren bald erneut Ratschläge, und er blieb auch dieser Gruppe fern.

Er fragte sich, warum seine Freunde es ständig für nötig befanden, ihm Ratschläge zu erteilen. Das ärgerte ihn, und er fühlte sich bedrängt, sobald sie anfingen, ihm Vorschläge zur Lebensänderung zu machen. Sie gaben ihm das Gefühl, unzulänglich und weniger lebenstüchtig zu sein als andere Männer. Andy umgab sich mit Männern, die ähnliche Wesenszüge aufwiesen wie sein Vater, obwohl er Männern sorgsam aus dem Weg zu gehen glaubte, bei denen er diese Eigenschaften wahrnahm.

Andys erste Erfahrungen im Umgang mit Männern war die Beziehung zu seinem Vater, der streng und perfektionistisch war und hohe Ansprüche an ihn stellte. Mit seiner ständigen Kritik entmachtete er Andy und gab ihm keinen gesunden Selbstwert mit auf den Lebensweg.

Im Unterbewußtsein sucht Andy weiterhin nach vertrauten Merkmalen in den Männergruppen. Er hat eine ungestillte Sehnsucht nach einer Vaterfigur, da sein leiblicher Vater ihm kein gesundes Vorbild war. Unbewußt sucht er nach vertrauten Wesenszügen des Vaters bei anderen als Antwort auf die fehlende väterliche Zuwendung in der Kindheit. Als suche ein Teil von ihm immer noch nach einem Vater, der sein Verlangen nach Zuwendung erfüllt, nach der er sich auch als Erwachsener verzweifelt sehnt.

Wenn einer seiner männlichen Freunde ihm einen Rat gibt, fühlt er sich erneut so unzulänglich und hilflos wie früher bei seinem Vater. Er kann die Vorschläge seiner Freunde nicht von der Kritik des Vaters trennen. Andy weiß nicht, daß er das Recht hat, bei den Menschen, die ihm Ratschläge erteilen, Grenzen zu setzen. Als Kind hatte er keine Entscheidungsfreiheit, er war stets gezwungen, sich den strikten Vorschriften des Vaters zu beugen.

Um Grenzen zu setzen und sie bei Menschen anzuwenden, die ihm ungebeten Ratschläge erteilen, muß er sich zunächst mit dem Schmerz, der Wut und der Beschämung auseinandersetzen, die er dem Unverständnis und dem fehlenden Zuspruch des Vaters und dessen übersteigertem Perfektionismus noch heute entgegenbringt, und diese Gefühle muß er aufarbeiten. Erst wenn er seine Gefühle über die Vaterbeziehung zuläßt, wird Andy gesundes Selbstvertrauen aufbauen können. Mit dieser Einstellung kann er seine Meinung über seinen Vater von der Meinung über seine Männerfreunde trennen. Er wird begreifen, daß nicht alle Männer, die ihm Ratschläge erteilen, wie sein Vater sind, und er wird erkennen, daß er das Recht hat zu sagen: »Danke, ich brauche deinen Rat nicht.«

Andy muß lernen, sein eigener bester Freund und Betreuer zu sein. Er muß über die Verluste, die ihm der Vater zugefügt hat, Trauerarbeit leisten. Sobald Andy begreift, daß die Verantwortung, eigene Bedürfnisse zu erfüllen, bei ihm liegt, wird er seine unbewußte (oder auch bewußte) Suche nach einem Ersatzvater einstellen.

Er wird im Gespräch und in der Konfrontation nicht nur mit älteren Männern, sondern auch mit seinem Vater selbstsicher sein.

Ich mußte im Hinblick auf die Beziehung mit meiner Mutter Trauerarbeit leisten und die unerledigten Konflikte ergründen, die mir in meinen aktuellen Beziehungen mit Frauen zu schaffen machten.

Im Verlauf dieses Prozesses kam es mir vor, als würde ich eine dunkle Brille ablegen und als sähe ich endlich Licht. Um erfolgreiche gleichgeschlechtliche Beziehungen einzugehen, müssen wir zwangsläufig unsere Beziehung mit unserem gleichgeschlechtlichen Elternteil erforschen und die Themen bearbeiten, die uns bis heute Schaden zufügen.

Andy hat es auch schwer in seinen Beziehungen zu Frauen und war bereits dreimal verheiratet. Nachdem seine letzte Beziehung endete, schwor er sich, in naher Zukunft keine feste Bindung mehr einzugehen, fand sich aber bald wieder in einer signifikanten Beziehung.

Alle seine Partnerschaften begannen sexuell. Andy fühlte sich zu einer Frau hingezogen und verfolgte sie so lange, bis ein sexueller Kontakt hergestellt war. Nach dem sexuellen Erlebnis wich die Spannung in der Beziehung. Sex war die Herausforderung, und nachdem die Herausforderung bewältigt war, empfand er die Beziehung als leer. Er hielt die Beziehung zwar aufrecht, kam sich aber als Gefangener vor und verhielt sich seiner Partnerin gegenüber reizbar. Es fiel ihm schwer, seine Gefühle zum Ausdruck zu bringen, und jede seiner Exfrauen ärgerte sich über seine Gefühllosigkeit und seinen Mangel an Aufmerksamkeit. Andy fühlte sich hilflos, ihre Forderungen zu erfüllen, und wußte nicht, wie er mit ihrer Wut umgehen sollte. Konfrontiert mit dem Zorn seiner Partnerinnen, verschloß er sich emotional und zog sich zurück. In jeder seiner Beziehungen war Sex die einzige Form des Kontaktes zu Frauen, echte menschliche Nähe und Intimität waren ihm fremd. Jede Beziehung endete mit dem Entschluß seiner Partnerin, ihn zu verlassen. Andy fühlte sich erleichtert, als sei ihm eine schwere Last von den Schultern genommen. Während seiner festen Beziehungen hatte Andy mehrere kurze Affären. Doch auch hier, wie bei seinen festen Beziehungen, schwanden Erregung und Spannung, sobald er mit der Frau geschlafen hatte.

Andy erlebte in der Genesung das gleiche Beziehungsmuster. Er befindet sich erneut in einer festen Partnerschaft mit Carol und hat auch hier wieder festgestellt, daß die Erregung verschwand, nachdem er Sex mit ihr hatte. Er hat Carol wirklich gern, bewundert sie und kann nicht verstehen, warum er das Interesse an ihr verliert. Andy kennt nur eine Form des Kontakts zu Frauen: Sex. Er ist nach wie vor absolut unfähig, wahre, aufrichtige Kommunikation oder Intimität zu erleben.

Andys Mutter war eine chronisch zornige Frau, die wegen Geringfügigkeiten herumbrüllte und schimpfte. Andy fühlte sich bei ihr nie geborgen und zog sich in sich zurück, um den

Schmerz über ihr Verhalten auszuhalten. Durch sein Leben mit einer feindseligen, chronisch zornigen Mutter baute er Mißtrauen gegen alle Frauen auf.

Andys Vater tadelte und kritisierte die Mutter, die darauf mit wütenden Schimpftiraden reagierte. Andy beobachtete, wie der Vater sie zetern ließ, gar nicht hinhörte und so tat, als wäre sie gar nicht vorhanden. Das machte die Mutter um so wütender. Andy lernte, den Konflikt zwischen den beiden zu verdrängen, indem er die Flucht nach innen antrat.

Als er älter wurde, entdeckte er, daß er seine bedrückte Stimmung durch Masturbation heben konnte. Wenn seine Eltern stritten, ging er mit einem *Playboy*-Heft in sein Zimmer und flüchtete sich in sexuelle Phantasien. Hier schimpfte, schrie und kritisierte ihn niemand.

Andy hat nie gelernt, eine gesunde intime Beziehung zu einer Frau zu haben. Seine Mutter gab ihm nie Geborgenheit, die ihn darin bestärkt hätte, in gesunder Form mit einer Frau emotional zu interagieren. Wir lernen durch die Interaktion mit unserem andersgeschlechtlichen Elternteil die Grundbegriffe andersgeschlechtlicher Beziehungen. Wenn unser andersgeschlechtlicher Elternteil dysfunktionales Verhalten und/oder Mißbrauchsverhalten aufweist, entwickeln wir spezifische Überlebenstechniken, um in dieser Beziehung nicht gefährdet zu sein. Diese Überlebenstechniken schützen uns zwar in der Kindheit, bringen uns jedoch als Erwachsene in Schwierigkeiten.

Andy hat gelernt, sich aus Konflikten herauszuhalten, wenn er sich rechtzeitig zurückzieht und sich von seinen Partnerinnen trennt. Solange er sich aber abkapselt, ist er zu keiner echten Intimität fähig. Seine Mutter verübte mit ihren ständigen Zornausbrüchen emotionalen Mißbrauch an ihm. Damit gab sie ihm zu verstehen, daß wütende Frauen zu fürchten sind. Als erwachsener Mann fürchtet er den Zorn der Frauen und zieht sich vor ihnen zurück, wenn sie sich über ihn ärgern. Er weiß nicht, wie er sich schützen soll, wenn er mit Wut konfrontiert wird. Da seine Eltern nicht in der Lage waren, ihre eigenen Schwierigkeiten zu lösen, hat auch Andy keine Techniken zur Konfliktlösung erworben. Er weiß also nicht, wie er auf gesunde Weise kämpfen soll.

Andy ist außerdem ein Sexsüchtiger, da er Sex als Fluchtmöglichkeit benutzt, um die Gefühle zu verdrängen, die ihm Schwierigkeiten bereiten. Mit Hilfe von Masturbation und Flucht in Phantasiewelten entgeht er den Unannehmlichkeiten des Alltags und benutzt in seinen Beziehungen Sex, um Konflikte zu bereinigen. Seine Probleme werden jedoch nie gelöst, nur vorübergehend überdeckt.

Um alle seine Gefühle zu erfahren, muß Andy sich zur Teilnahme an einem Genesungsprogramm gegen sexuelle Sucht entschließen. Zudem hat er eine Menge unerledigter Probleme mit seiner Mutter aufzuarbeiten, damit er das Recht auf seine Wut wieder in Anspruch nehmen kann. Andys Mutter gab ihm durch ihr einschüchterndes Wutverhalten zu verstehen, er dürfe seine Wut nicht zum Ausdruck bringen. Wenn Andy lernt, mit seinen Gefühlen umzugehen, wird er erkennen, daß er vor Wutgefühlen nicht fortlaufen muß. Er lernt außerdem den Unterschied zwischen ungesundem aggressivem Wutverhalten, das seine Mutter praktizierte, und der heilsamen Wirkung gesunder Wut kennen, die er für seine Genesung und sein Wachstum erfahren muß.

Anonyme Sexaholiker

Andy nimmt an Gruppenmeetings der Anonymen Sexaholiker teil, arbeitet weiterhin an seinen anderen 12-Schritte-Programmen und begibt sich in Therapie wegen der ungelösten Probleme mit seinen Eltern.

Er weiß mittlerweile, daß er seine Gefühle auch mit der Nikotinsucht verdrängt hat. Nikotin ist eine Suchtsubstanz, mit deren Hilfe wir Wut und Angst unterdrücken. Unter dem Einfluß von Nikotin wird die wirksame Arbeit an der Herkunftsfamilie erschwert. Ich verlange von meinen Klienten, nicht nur abstinent von Alkohol und Drogen zu sein, sondern sie sollten auch eine Stunde vor Beginn der Therapiesitzung nicht mehr rauchen, Tabak kauen oder schnupfen.

In den Gruppensitzungen der Anonymen Sexaholiker erfährt

Andy, daß er mit Hilfe von Sex und Phantasien seine Gefühle verdrängt; deshalb beginnt er, an einem Abstinenzprogramm zu arbeiten mit dem Ziel, Sex nicht länger als Fluchtweg seiner Gefühle zu benutzen. Carol und er beschließen, ihre Beziehung fortzuführen und nicht voreinander wegzulaufen. Sie kommen beide zur Einsicht, daß sie ihre Probleme nur in die nächste und alle weiteren Beziehungen hineinnehmen würden, wenn sie die Differenzen in ihrer aktuellen Beziehung nicht bereinigen.

In der Arbeit an seiner Beziehung mit Carol lernt Andy, mit ihr zu streiten und für sich selbst einzutreten. Gesundes Streiten ist notwendig, da wir mit dem Austragen von Konflikten die Atmosphäre reinigen und unsere Grenzen wiederherstellen.

Ohne Arbeit an der seelischen Genesung greifen die meisten von uns zu den Kampfmethoden ihrer Eltern, die in der Mehrzahl der Fälle ungesund waren. Es ist unumgänglich, daß wir unsere gegenseitige Wut auf gesunde Weise zum Ausdruck bringen. Wir dürfen nicht zulassen, daß unsere Grenzen durch Mißbrauchsverhalten verletzt werden, ebensowenig wie wir die Grenzen des Menschen verletzen dürfen, mit dem wir Konflikte austragen.

Regeln für gesundes Streiten

1. *Keine Drohungen, den anderen zu verlassen, um Kontrolle zu erreichen.* »Dann ist das also das Ende unserer Freundschaft... Brechen wir eben unsere Beziehung ab... Gut, dann lassen wir uns scheiden.« Das sind Aussagen, die gesundes Streiten sabotieren. Sobald wir mit Verlassenheit bedroht werden oder andere damit bedrohen, ist eine Fortführung der Kommunikation erheblich erschwert. Die bedrohte Partei fürchtet völlige Zurückweisung und hört auf, sich ehrlich und aufrichtig mitzuteilen. Eine solche Drohung als Waffe im Streit einzusetzen, zerstört Intimität, die Chancen einer Konfliktlösung und die Vertrauensbasis. Es ist allerdings angebracht, Distanz und Freiraum zu fordern, wenn einer oder beide Parteien an einem toten Punkt angelangt

sind. Drohungen, um Kontrolle zu erreichen, sind nur eine vorübergehende und noch dazu eine schlechte Lösung.

2. *Der Streit darf sich nur auf ein bestimmtes Thema beziehen:* »Dein Benehmen letzte Woche war wirklich unmöglich... Erinnere dich, Weihnachten vor ein paar Jahren... Damals als ich dich kennenlernte, hast du mich wirklich sehr verletzt.«

   Manche Menschen können nicht beim Thema bleiben, vor allem dann nicht, wenn sie unerledigte Probleme aus der Vergangenheit mit sich herumschleppen. Mit dem ›Aufzählen‹ von Fehlverhalten wird ein Problem nicht gelöst, weil Vergangenes hervorgekehrt und als Waffe eingesetzt wird, um die Verletzungen in einer Beziehung aufzulisten. Wenn mehrere ungelöste Themen zur gleichen Zeit diskutiert werden, ist es schwer, auch nur eines davon zu bereinigen. Konstruktives Streiten beginnt damit, bei dem Thema zu bleiben, das den Konflikt ausgelöst hat. Ungelöste Probleme aus der Vergangenheit müssen jeweils getrennt behandelt werden und brauchen angemessene Zeit, um bereinigt zu werden.

3. *Kein selbsterniedrigendes Verhalten während des Streits.* »Ich tauge nichts als Freund... Ich bin entsetzlich und ein miserabler Partner... Ich bin ein Dreckskerl und ein schlechter Mensch.« »Wie kann ich mit ihm streiten, wenn er ohnehin schon so niedergeschlagen ist?« Dieser Satz beherrscht unser Denken, wenn wir eine der obengenannten Aussagen hören. Sie dienen als Ablenkungsmanöver vom eigentlichen Streitthema. Man bemüht sich darum, die Selbstachtung des Partners wiederherzustellen, der sich selbst herabsetzt: »Nein, du bist kein schlechter Mensch.« Der Konflikt wird nicht gelöst, sondern lediglich beiseite geschoben.

   Selbsterniedrigung während eines Streitgesprächs sabotiert die Lösung des Problems. Unstimmigkeiten, die nicht ausgetragen werden, tauchen zu einem anderen Zeitpunkt, in einer anderen Situation wieder auf und müssen erneut durchgearbeitet werden. Selbsterniedrigendes Verhalten im Streitgespräch zeugt von echtem Mangel gesunder Grenzen.

4. *Keine körperliche oder seelische Gewalt.* »Du bist ein Sch...kerl!!!... Du bist eine miese Schl...!!! Wie alle Weiber... Du bist verrückt, du gehörst ins Irrenhaus... Sag das noch mal, und ich knall' dir eine!« Solche und ähnliche Beschimpfungen sind das Ende jeder echten, aufrichtigen Kommunikation, weil sie einschüchtern. Wenn in Konfliktsituationen Beschämung und Einschüchterung benutzt werden, geht es nicht mehr um das ursprüngliche Thema. Es geht um Drohungen, kränkende Aussagen und gelegentlich auch ums Überleben. Wenn es in einer Beziehung zu irgendeiner Form körperlicher Bedrohungen oder tätlicher Auseinandersetzungen kommt, brauchen beide Partner dringend Hilfe. Wenn es zu emotionalem Mißbrauch durch Wutausbrüche, Herabsetzung, Beschimpfungen oder emotionalem Rückzug kommt, ist professionelle Hilfe dringend angeraten. Im Sinne einer gesunden Kommunikation sind solche Verhaltensweisen unbedingt zu vermeiden.

5. *Den anderen nicht beschämen wegen seiner Gefühle oder Wahrnehmungen.* »Du weißt nicht, wovon du sprichst... Wie kannst du es wagen, das auf den Tisch zu bringen... Du empfindest das doch gar nicht so... Das bildest du dir bloß ein.« Es ist unangebracht, einem anderen vorzuwerfen, seine Gefühle seien falsch. Wir müssen mit den Wahrnehmungen und Empfindungen anderer nicht übereinstimmen, aber wir müssen sie respektieren. Viele von uns glauben, ein Streit sei beigelegt, wenn wir andere dazu gebracht haben, einen Sachverhalt von unserer Warte aus zu betrachten. Konfliktlösung bedeutet auch, jedem die eigenen Wahrnehmungen und Gefühle zuzugestehen. Es ist nicht unsere Aufgabe, anderen unsere Meinung aufzuzwingen, ebensowenig darf von uns verlangt werden, wir sollen unsere Ansicht verleugnen, um den anderen zu beschwichtigen. Für Wertvorstellungen, Überzeugungen oder Gefühle beschämt oder herabgesetzt zu werden, kann eine Kommunikationssperre nach sich ziehen, wodurch eine Konfliktlösung unmöglich gemacht wird. In diesem Fall existiert keine gesunde Intimität, und die Vertrauensbasis ist verloren.

6. *Anspruch auf Freiraum gewähren.* »Wir reden so lange darüber, bis wir zu einer Lösung kommen... Ich lege den Hörer nicht auf, bis dieser Punkt geklärt ist... Du verläßt dieses Zimmer nicht, ehe wir uns ausgesprochen haben... Keiner geht zu Bett, und wenn wir die ganze Nacht aufbleiben müssen.« In manchen Fällen ist es nicht möglich, einen Konflikt in einem gegebenen Zeitraum zu lösen. Unterbrechungen sind notwendig und förderlich. Eine ›Auszeit‹ gibt beiden Parteien Gelegenheit, die Konfliktsituation erneut zu überdenken. Eine kurzfristige Unterbrechung der Kommunikation kann beiden Parteien ausreichend Abstand geben, um einen komplizierten Sachverhalt plötzlich viel klarer zu sehen. Darauf zu bestehen, ein Thema zu klären, wenn man an einem toten Punkt angelangt ist oder wenn die Parteien ratlos und müde sind, ist taktisch unklug und führt zu nichts. Ein Gespräch nach einigem Abstand wieder aufnehmen, kann eine friedliche Lösung erleichtern.

7. *Einander zuhören.* Kennen Sie das Gefühl, daß ein Mensch, mit dem Sie sprechen, Ihnen gar nicht zuhört? Vermutlich täuscht Sie Ihr Gefühl nicht. Wir alle reden miteinander, aber nicht jeder hört zu. Zuhören ist sehr wichtig, besonders in einem Streitgespräch.

   Jeder Gesprächspartner muß eine angemessene Redezeit erhalten, ohne unterbrochen zu werden. Wer anderen ins Wort fällt oder sich durch Lautstärke Gehör verschafft, zeigt deutlich, daß er in der Diskussion um jeden Preis als Sieger hervorgehen will.

   In der *Konfliktlösung* geht es nicht um Sieg, es geht darum, die Wahrnehmungen und Gefühle des anderen anzuhören und die eigenen mitzuteilen. Das sind die wichtigsten Kriterien der Konfliktlösung. Wenn wir einander zuhören, müssen wir nicht akzeptieren, was der andere sagt, aber wir müssen uns anhören, welchen Standpunkt er einnimmt. Ebenso wichtig ist es, daß andere uns zuhören. Viele Konflikte entstehen durch Nicht-Zuhören. Wie oft wurde Ihnen vorgeworfen, etwas gesagt zu haben, und Sie denken bei sich: Ich erinnere mich nicht, das gesagt zu haben. Oder: So habe ich das gar nicht gemeint. Die Kunst des Zuhörens ist der Kern gesunder Intimität.

Die Fähigkeit, konstruktiv zu streiten, hilft uns, Mißverständnisse zu klären und Grenzverletzungen rückgängig zu machen. Gesundes Streiten wirkt vertrauensbildend und befreit eine verhärtete Beziehung von alten, ungelösten Ressentiments. Sich gesunde Streittechniken aneignen, ist ein Schlüsselelement in der Genesung, um gesunde Grenzen zu setzen. Menschen, die wirkliche Zuneigung füreinander empfinden, können sich in Auseinandersetzungen durch gesunde Konfrontation bewähren, da sie dem Partner zu verstehen geben: Mir liegt unsere Beziehung sehr am Herzen, daher möchte ich dir sagen, was ich wirklich empfinde.

Grenzen setzen in der Genesung kann frustrierend und schmerzlich sein, da wir erst als Erwachsene lernen müssen, was bereits kleine Kinder lernen. Wenn wir den schmerzlichen Prozeß antreten und sagen: »Nein, ich kann das nicht für dich tun... Ich muß mich um mich selber kümmern... Ich ärgere mich über dein Verhalten... Ich empfinde deine Bemerkung als Beleidigung«, werden wir allmählich erkennen, welche Fähigkeiten wir wirklich haben, um Selbstfürsorge zu üben.

Wir verlieren unsere Lebensängste und stellen uns dem Leben mit seinen Gefahren, Freuden und Leiden. Das Leben will gelebt werden. Mit gesunden Grenzen müssen wir uns nicht länger verstecken aus Angst, zum Opfer gemacht zu werden. Wir können am Leben teilhaben und es voll ausschöpfen.

Kapitel 7

Der einzelne in Vormachtstellung

Ich halte es für wichtig, daß jeder Mensch ein Gefühl seiner inneren Macht hat, die ihn befähigt, auf gesunde Weise Selbstfürsorge zu üben. Wichtig ist, daß sich Kinder ein gesundes Zutrauen in ihre Fähigkeiten erwerben, das sie sich aneignen, wenn sie erfolgreich mit Frustrationen umgehen.

Ein weiteres Beispiel von meinem Sohn Aaron: Wir kauften dem damals Zweijährigen ein Dreirad. Anfangs kam er mit den Pedalen nicht zurecht und zeigte sich bald enttäuscht. Er weinte, schrie, stampfte mit den Füßen auf und bat Mama, ihn anzuschieben. Dieser Kampf zog sich etwa ein halbes Jahr hin. Manchmal hätte ich Aaron liebend gern geholfen, wenn er vor Wut und Enttäuschung aus vollem Hals brüllte. Ich fragte mich bang, was die Nachbarn wohl dachten, wußte aber andererseits, daß Aaron diese Frustration für sein Wachstum ausleben mußte.

Schließlich schaffte es Aaron, die Pedale seines Dreirads zu treten. Der Erfolg stand ihm strahlend ins Gesicht geschrieben. Aaron hatte etwas bewältigt, das ihm zunächst unmöglich erschienen war, und durch diese Erfahrung fühlte er sich bestärkt und stolz. Er war nicht mehr darauf angewiesen, daß Mama ihn anschob. Seine Frustration hatte ihn angespornt, so lange zu üben, bis er aus eigener Kraft eine Leistung erbrachte.

Aus Frustration lernen

Frustration ist für die Entwicklung von Selbstachtung und Schaffenskraft eines Kinds wichtig. Frustration zwingt Kinder zu wachsen und lehrt sie Selbstfürsorge als Erwachsene. Über die Frustration lernen Kinder, sich durchzusetzen und Herausforderungen zu meistern.

Wenn ihnen Lebenserfahrungen in der Kindheit zu leicht gemacht werden, wissen Kinder nicht, mit den Schwierigkeiten des Erwachsenenlebens umzugehen.

Viele Eltern versuchen ihren Kindern alles zu erleichtern, wenn sie ihre Frustrationen verspüren. Damit entmachten sie ihr Kind und lassen nicht zu, daß es wächst, Erfolg hat und seine Stärken kennenlernt.

Gleichzeitig statten diese Eltern ihre Kinder mit einem Übermaß an Macht aus, da sie die kindlichen Bedürfnisse über die eigenen stellen. Damit geben sie ihren Kindern zu verstehen, das Leben drehe sich nur um sie; sie seien der Mittelpunkt des Universums.

Solche Kinder werden zu Erwachsenen, denen die nötigen Fähigkeiten zur Eigenständigkeit fehlen. Sie glauben, ihre Bedürfnisse seien wichtiger als die anderer, und erwarten, daß ihre Bedürfnisse von anderen erfüllt werden. Solche Kinder werden als ›verwöhnte Gören‹ bezeichnet. Verwöhnte Kinder kommen aus Familien, die den Eindruck machen, funktional zu sein, in Wahrheit aber extrem dysfunktional sind.

Eltern in solchen Familiensystemen weisen mehrere gemeinsame Wesenszüge auf. Eines der häufigsten Merkmale besteht im Wunsch, den Kindern das zu ersparen, was die Eltern durchmachen mußten. Die Eltern kommen gewöhnlich aus extrem dysfunktionalen Familiensystemen. Sie sind vielfach Opfer von emotionalem, spirituellem, körperlichem oder sexuellem Mißbrauch. Der in der Kindheit erlittene Mißbrauch hat sie hilflos gemacht, und als Erwachsene schwenken sie in der Erziehung ihrer eigenen Kinder um 180 Grad und ziehen eine Generation von Kindern groß, die mit zu großen Machtbefugnissen ausgestattet ist.

Eines der häufigsten Familiensysteme, das Kinder in Vormachtstellungen hervorbringt, besteht aus Eltern, die sich in der Genesung von ihrem Suchtverhalten und/oder von Schäden aus ihrer Herkunftsfamilie befinden.

SANDYS GESCHICHTE: Sandy befindet sich seit drei Jahren in der Genesung von ihrem Alkoholismus. Sie ließ sich von ihrem kokainsüchtigen Ehemann scheiden, als er sich weigerte, Hilfe gegen seine Suchtkrankheit in Anspruch zu nehmen. Sandy war mit einem alkoholsüchtigen Vater und einer stark co-abhängigen Mutter aufgewachsen. Der Vater bekam regelmäßig Wutanfälle und versetzte Sandy damit in Angst und Schrecken. Die Mutter kritisierte ständig an ihr herum, und Sandy glaubte, ihr nichts rechtmachen zu können. Sandys Mutter kritisiert sie noch heute, vorwiegend wegen ihrer Erziehungsmethoden bei ihrer Tochter Lilly. Sandys Mutter meint, sie verwöhne ihr Kind zu sehr, und Lilly brauche gelegentlich eine ordentliche Tracht Prügel. Sandy ist hin und her gerissen, da ihr schmerzlich bewußt ist, wie schwierig und trotzig ihre fünfjährige Tochter ist. Andererseits möchte Sandy ihre Tochter keineswegs so bestrafen, wie ihre Mutter sie bestraft hat.

Als Sandy klein war, wurde sie mit Lederriemen und Kleiderbügel gezüchtigt. Sie hat in früher Kindheit gelernt, ihre Gefühle von den körperlichen und seelischen Schmerzen abzuspalten. Sie hielt still und fühlte sich von den Wutanfällen ihres Vaters eingeschüchtert und verschreckt.

Als trockene Alkoholikerin erkennt Sandy, daß auch sie Probleme mit ihrem Wutverhalten hat. Früher konnte sie ihre Wut in Alkohol ertränken, doch jetzt, in der Genesung, fühlt sie sich manchmal von Wut übermannt. Sie fürchtet ihre Wut und sorgt sich um die Auswirkungen auf ihre Tochter. Da Sandy keine Fühlungnahme zu ihrer Wut hat, wenn sie im Entstehen begriffen ist, verdrängt sie das Gefühl automatisch und unbewußt. Nach mehreren solcher Verdrängungsmanövern genügt der geringste Anlaß, um die ganze aufgestaute Wut zur Explosion zu bringen. Was dann zum Vorschein kommt, ist keine Wut mehr, sondern blinde Raserei (siehe Tabelle 7.1).

Die meisten chronisch wütenden Menschen sind sich nicht bewußt, daß ihre Raserei eine Mischung aus aufgestauter Wut aus der Vergangenheit und gegenwärtiger Wut ist, selbst wenn die Menschen ihrer Umgebung erkennen, daß ihre Reaktion im Verhältnis zum Anlaß völlig übersteigert ist. Wenn ein Tobsüchtiger keinen Ausweg mehr sieht oder die Kontrolle über eine Situation verloren zu haben glaubt, genügt ein winziger Anlaß für einen Wutanfall. In solchen Situationen oder bei überwältigender Enttäuschung, Scham oder bei dem Gefühl des Versagens hat der Betreffende durch den Wutausbruch das

Wut ist suchterzeugend.
Wut ist überwältigend.
Wut ist erschreckend.
Wut ist unkontrollierbar.
Wut wirkt auf das Umfeld angsterzeugend.
Wut ist falschverstandene Grenzsetzung.

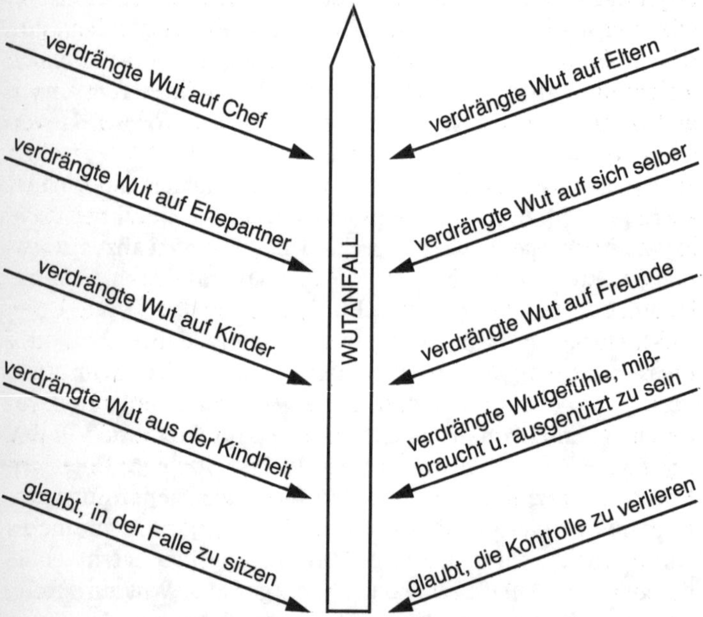

Reaktion auf eine aktuelle Begebenheit, die den Auslöser für sämtliche aufgestaute Wut bildet. Zum Beispiel…
Spülmaschine nicht geleert
Bett nicht gemacht
Negative Bemerkung eines Freundes, Verwandten oder des Ehepartners.

Tabelle 7.1 Der Verlauf eines Wutanfalls

flüchtige Gefühl, wieder Kontrolle zu bekommen. Der Wutausbruch ersetzt Gefühle der Ohnmacht mit Gefühlen der Übermacht und Kontrolle. Menschen, die zu Wutausbrüchen neigen, wurden in der Kindheit entmachtet. Sie stellen fest, daß ihr Wutausbruch ihnen ein Gefühl von Stärke und Macht gibt. Dieses Machtstreben ruft Tobsuchtsverhalten hervor, den unangemessenen Ausdruck von Wut, das kränkend wirkt und in aller Regel fehlgeleitet ist. Kinder, die mit aufbrausenden und/oder mißbrauchenden Eltern aufwachsen, sind in Gefahr, sich gleichfalls aufbrausend zu verhalten. Ob sie ihren Zorn nach außen tragen oder in sich hineinfressen – beide Verhaltensweisen sind dysfunktional. Nach außen getragenes Wutverhalten erzeugt bei Menschen, die unsicher, befangen, frustriert oder außer Kontrolle geraten sind, durch die Barriere ihrer verbal – in manchen Fällen auch körperlich – zum Ausdruck gebrachten Wut ein falsches Gefühl der Sicherheit. Diese Wutbarriere besagt: ›Ich brauche Kontrolle.‹ Wer seine Wut nach innen lenkt, also Wut aufstaut, veranlaßt die Mitmenschen dazu, ›auf Eiern zu gehen‹, um das Boot nicht ins Schwanken zu bringen oder den Wütenden nicht zu einem Tobsuchtsanfall zu provozieren. Auch hier errichtet der Wütende eine Blockade – ›Verärgere mich bloß nicht, sonst...‹ –, mit deren Hilfe er sich Kontrolle verschafft. Jeder kennt das aufbrausende Temperament des Wüterichs, deshalb sind alle bestrebt, ihn nicht zu einem Ausbruch zu reizen.

Chronisch Wütende fügen Kindern Schaden zu. Sandys Wutverhalten ist eine Folge ihrer von Wutverhalten geprägten Kindheit. Dazu kommt ihr Gefühl der Unzulänglichkeit als Mutter. Wenn sie glaubt, keine Kontrolle zu haben, als Mutter zu versagen oder wenn sie sich als alleinerziehende Mutter überfordert fühlt, droht ein Wutanfall. Nach dem Wutanfall ist sie tief beschämt und fühlt sich um so unzulänglicher.

Ein Kind braucht Grenzen

Sandy glaubt ihr Wutverhalten bei der Tochter wiedergutzumachen, indem sie ihr keine angemessenen Grenzen setzt, ihr keine Richtlinien gibt und keine entsprechenden Maßnahmen wegen ihres Trotzverhalten ergreift. Es fällt ihr schwer, dem unangebrachten Verhalten der Tochter Grenzen zu setzen. Falls sie Konsequenzen ankündigt, setzt sie diese nur selten in die Tat um. Wenn Eltern ihren Kindern keine angemessenen Grenzen setzen, überschreiten Kinder alle Grenzen und zwingen die Eltern durch ihr Fehlverhalten zu Gegenmaßnahmen. Lilly treibt ihr Spiel immer weiter, bis Sandy – unfähig, von vornherein Grenzen zu setzen – die Nerven und die Kontrolle verliert. Erst durch ihren Wutanfall gewinnt Sandy die Kontrolle zurück. Sandys Erziehungsmethoden sind extrem, sie sind entweder zu lasch oder werden durch ihre Wutanfälle zum Mißbrauchsverhalten.

Sandy mißbraucht Lilly auch, weil sie ihr zu viele Machtbefugnisse einräumt, da sie viel zu häufig Nachsicht übt und angekündigte Konsequenzen nicht verwirklicht. Lilly wird lernen, die Mutter zu manipulieren, um das zu erreichen, was sie erreichen möchte. Sie wird außerdem herausfinden, daß die Mutter nach einem Wutanfall leichter zu manipulieren ist. Deshalb provoziert sie die Mutter sogar zu Wutanfällen, um ihre Ziele durchzusetzen.

Sandy gibt ihrem Kind zu viele Machtbefugnisse, weil ihre Erziehungsmethoden nicht konsequent sind und weil sie den Forderungen der Tochter immer wieder nachgibt, um Frieden zu bewahren. Andererseits entmachtet sie Lilly durch die Wutanfälle, die sie immer dann bekommt, wenn sie sich in ihrer Mutterrolle überfordert und als Versagerin fühlt. Die Tochter fühlt sich für das Verhalten der Mutter verantwortlich, ohne zu wissen, daß dieses Verhalten aus unerledigten Kindheitskonflikten der Mutter herrührt.

Manipulation kontra Intimität

Aus Lilly wird eine erwachsene Frau, die glaubt, sie müsse andere manipulieren, um ihre Bedürfnisse zu erfüllen. Sie fühlt sich anfänglich auch verantwortlich für die Gefühle anderer und wird schließlich bewußt Schranken aus Angst, Suchtverhalten oder anderen dysfunktionalen Entfremdungsmechanismen aufbauen, um sich selbst zu schützen. Intimität wird Lilly nicht möglich sein, da sie die Fähigkeit zu konstruktiver Kommunikation nicht entwickelt hat.

Ohne Vater aufgewachsen, wird sie sich zu Männern hingezogen fühlen, die sie unbewußt als Vaterfiguren wahrnimmt. Da sie in früher Jugend gelernt hat zu manipulieren, wird sie alles tun, um in Beziehungen ihre Ziele zu erreichen. Lilly wird sich von sexuellen Handlungen oder auch von Mißbrauchsverhalten entmachten lassen, um ihre Bedürfnisse zu befriedigen, ohne diese Handlungen als Entmachtung zu sehen. Möglicherweise glaubt sie sogar, Kontrolle zu haben, da sie weiß, daß sie am Ende das bekommt, was sie sich in den Kopf gesetzt hat.

Es ist anzunehmen, daß Lilly auch eine starre Abwehrhaltung ihrer Umwelt gegenüber einnimmt – in der Annahme, ihre Bedürfnisse und Wünsche kämen an erster Stelle, und die einzige Möglichkeit, sich im Leben durchzusetzen, bestehe darin, List anzuwenden, Forderungen zu stellen, Ansprüche geltend zu machen und gelegentlich auch eine bösartige und kränkende Haltung anderen gegenüber einzunehmen. Lillys Achtung für die Gefühle anderer ist vermutlich begrenzt, da sie der Ansicht ist, sie habe ihren Weg allein gehen müssen, und es sei nicht ihr Problem, wenn andere sich durch ihr Verhalten gekränkt fühlen. Lilly geht Beziehungen ein, die sie so lange aufrechterhält, bis ihre Bedürfnisse und Wünsche erfüllt sind. Sie wird nicht begreifen, daß sie selbst die Verantwortung trägt, um ihre Bedürfnisse auf gesunde Weise zu erfüllen. Sie wird vielmehr andere Menschen für ihre Belange und Interessen benutzen.

Menschen wie Lilly haben eine krankhafte Angst, anfechtbar zu sein, da Verletzlichkeit für sie Schwäche bedeutet. In ihrer Kindheit bedeutete Verletzlichkeit, Leiden ertragen zu müssen. Der einzige Weg, Schmerzen zu vermeiden, bestand darin, sich von emotionaler, körperlicher oder sexueller Verletzung durch Blockaden zu distanzieren, die signalisieren: ›Ich stehe es durch, das beweise ich dir... Du kannst mich nicht verletzen, weil ich es nicht zulasse... Ich spiele dein Spiel, um das zu erreichen, was ich will.‹

Eltern, die einst selbst Mißbrauchsopfer waren, fällt es schwer, ihre Kinder in gesunder Weise zu erziehen. Sie laufen

Gefahr, ihren Kindern das anzutun, was ihnen angetan wurde, wie uns das Fallbeispiel von Sandy und ihrer Tochter Lilly zeigt.

DONS GESCHICHTE: Mißbrauchte Eltern bringen Kinder wie Don hervor, der als Erwachsener große Schwierigkeiten hat, Verantwortung für sich selbst zu tragen. Dons Mutter Sarah ist ein ehemaliges Opfer sexuellen Mißbrauchs. Sie hat mit niemandem außer mit ihrem Ehemann Paul darüber gesprochen. Paul ist ebenfalls Mißbrauchsopfer: Er wuchs in einer Familie auf, in der er von seiner Mutter – ihrerseits ein Opfer sexuellen Mißbrauchs – körperlich und sexuell mißbraucht wurde. Paul erinnert sich nicht daran, sexuell mißbraucht worden zu sein, er erinnert sich nur an die Prügel, die er von seiner Mutter bezog. Pauls Vater war Alkoholiker, der ständig in Bars herumhing. Paul haßt Alkohol und trinkt keinen Tropfen. In ihm hat sich eine gewaltige Wut auf seine Vergangenheit aufgestaut, er spricht aber nicht darüber, da er keinen Sinn darin sieht, ›in alten Wunden herumzustochern‹. Sarah bemüht sich, ihrem Sohn Don eine ideale Mutter zu sein und hat sich geschworen, daß ihm niemand das Leid zufügen darf, das ihr einst zugefügt wurde.

Paul findet es bedenklich, wie Sarah Don verwöhnt und übermäßig beschützt; aber er redet ihr nicht drein. Dennoch befürchtet er, daß sie dem Sohn keine Chance läßt, erwachsen zu werden und eigene Lebenserfahrungen zu sammeln.

Das besondere Kind

Don ist elf Jahre alt und als Einzelkind häufig allein. Seine Eltern sagen ihm oft, er sei etwas Besonderes, doch manchmal wünscht er, sie würden ihn so behandeln, wie die Eltern seiner Freunde ihre Kinder behandeln. Don findet, daß seine Eltern zu große Erwartungen in ihn setzen, und jedesmal, wenn ihm erzählt wird, er sei etwas Besonderes, fühlt er sich noch stärker unter Druck gesetzt. Dons Mutter tut alles für ihn, und er glaubt, die Mutter liebe ihn mehr als der Vater.

Als er kleiner war, zeigte sich die ganze Verwandtschaft vernarrt in ihn. Er war das erste Enkelkind in der Familie, und jeder versicherte ihm, wie niedlich er sei. Bei einem Familienfest mit seinen Eltern, Großeltern, Onkeln und Tanten verkündete Dons Großmutter den Versammelten, der kleine Don wolle eine Rede halten. Dem damals dreijährigen Don gefiel es, daß alle Erwachsenen aufhörten zu reden und ihm zuhörten. Wenn Oma bei späteren Anlässen dieser Art verkündete, er wolle wieder eine kleine Ansprache halten, wurde von allen Erwachsenen erwartet, in ihrem augenblicklichen Tun innezuhalten und dem Knirps zuzuhören. Diese Gewohnheit setzte sich über Jahre fort, und Don war es gewöhnt, nicht nur der Mittelpunkt im Leben seiner Eltern zu sein, sondern auch der Liebling der entfernteren Verwandtschaft. Er war der Star der Familie.

Dem äußeren Anschein nach wirkt dieses Familiensystem gesund, da es die Bedürfnisse des Kindes stets erfüllt – doch die übersteigerte Aufmerksamkeit über Jahre hinweg wirft einige Probleme auf, wie wir sehen werden. Als Don älter wurde, war es für ihn noch immer selbstverständlich, der Mittelpunkt der Familie zu sein. Als Folge davon hatte er Schwierigkeiten, mit anderen Kindern seines Alters zu spielen. Er fühlte sich irgendwie nicht zu ihnen gehörig und spielte lieber mit Kindern, die entweder jünger oder älter waren. Gleichaltrige sahen in Don nichts Besonderes – und behandelten ihn wie ihresgleichen. Wenn er mit diesen Kindern spielte, drehte sich nicht alles um Dons Wünsche oder Bedürfnisse. Von älteren Kindern wurde er beim Spielen anders behandelt. Sie ließen ihm häufiger seinen Willen und behandelten ihn rücksichtsvoller als Gleichaltrige. Jüngere Kinder konnte Don beim Spielen bevormunden, da er größer war. Bei ihnen konnte er sich leichter durchsetzen als bei Gleichaltrigen.

Im Zusammensein mit älteren oder jüngeren Kindern glauben bevorzugt behandelte Kinder, die Kontrolle zu haben, weil sie einzigartig sind. Sie befinden sich durch diese Einzigartigkeit in einer Machtposition. Es fällt ihnen schwer, sich einer Gruppe Gleichaltriger anzuschließen, da sie ein unersättliches Verlangen nach ichbezogener Aufmerksamkeit haben, die sie von ihrer Herkunftsfamilie gewöhnt sind.

Wie wir wissen, lernen wir die reale Welt durch das Leben in unserer Herkunftsfamilie kennen. Wenn wir in unserer Herkunftsfamilie mit übersteigerter Aufmerksamkeit und Schutzhaltung eine Vorzugsstellung genossen, werden wir entsprechende Erwartungen auch an die reale Welt stellen. Wenn wir mit dem Denken aufwachsen: ›Darum kümmert sich ein anderer... Ich komme immer an erster Stelle... Meine Wünsche sind wichtiger als die Wünsche anderer‹, werden wir diese Einstellungen in unser Erwachsenenleben hineintragen.

Rückschläge durch Vorzugsstellung

Don war elf, als eine seiner Tanten ein kleines Mädchen zur Welt brachte. Der Junge stellte nach elf Jahren als Nummer eins in der Familie fest, daß sich mit der Geburt seiner Kusine nicht mehr alle Aufmerksamkeit auf ihn konzentrierte. Über Nacht hatte er seine Vorzugsrolle in der Familie verloren. Don haßt seine Kusine, weil die ganze Verwandtschaft, seine Eltern eingeschlossen, davon sprachen, wie niedlich und süß sie sei.

Eifersucht ist ein natürliches Empfinden kleiner Kinder. Für das bevorzugte Kind kann Eifersucht überwältigend sein. Solche Kinder haben ein zerbrechliches Ego, und da sie übermäßig beschützt, verwöhnt und mit Aufmerksamkeit überschüttet wurden, kennen sie das Gefühl der Enttäuschung nicht, das für die Entwicklung eines gesunden emotionalen Wachstums nötig ist. Enttäuschung ist ein wichtiges Element, das Kinder anspornt, ihr eigenes Potential zu erforschen, und sich fördernd auf die Entwicklung gesunder Lebenstechniken auswirkt. Ein Kind wie Don entfaltet selten die nötigen Lebensstrategien, um Veränderung, Herausforderung, Enttäuschung oder Anpassung an andere Lebensumstände zu verkraften, da ihm in jungen Jahren jede Enttäuschung erspart blieb. Gerät er in frustrierende Situationen, verlangt er von anderen, eine Lösung herbeizuführen. Er wird vermutlich andere manipulieren, um seine Konflikte zu lösen. Don wird es schwerfallen, seine Bedürfnisse auf gesunde Weise zu befriedigen. Er wird auf die Manipulationstechniken aus der Kindheit zurückgreifen, um seine Ziele zu erreichen.

Mit der Geburt seiner Kusine steht er nicht mehr im Zentrum der familiären Aufmerksamkeit. Don bekommt Wutanfälle, quengelt oder manipuliert seine Umwelt, um seine Starrolle zurückzugewinnen. Bis zu einem gewissen Grad weist er damit das normale Verhalten eines Kindes auf, das sich durch die Geburt eines zweiten Kindes aus seiner Vorzugsstellung verdrängt fühlt. Das Kind macht neue Erfahrungen, die mit Frustration, Herausforderung, Anpassung und Wachstum verbunden sind, wird schließlich den Familienzuwachs akzeptieren und es hinnehmen, daß die Aufmerksamkeit der Umwelt nicht länger ausschließlich auf ihm ruht.

Ein übermäßig bevorzugtes Kind kann diese Hürde nicht nehmen und versucht durch Kontrollverhalten und Grenzüberschreitungen den ursprünglichen Zustand zu erzwingen. Oder das Kind verschließt sich und sucht die Aufmerksamkeit anderswo zu erlangen, um sein unersättliches Bedürfnis nach ichbezogener Bewunderung zu stillen.

Prioritäten der Bedürfnisse

Kinder in Vorzugsstellungen neigen dazu, die Stimmung in der Familie zu kontrollieren. Bei einer gesunden Familienstruktur stehen die Eigenbedürfnisse der Mutter vor ihren Beziehungsbedürfnissen, ebenso wie der Vater seine Eigenbedürfnisse vor die seiner Frau stellt. Die Bedürfnisse der Beziehung stehen zweitrangig hinter den Bedürfnissen des einzelnen, da Eltern, die nicht primär ihre individuellen Bedürfnisse für sich selbst erfüllen, in der Beziehung nicht füreinander da sein können. An dritter Stelle stehen die Bedürfnisse und Wünsche des Kindes. In einer instabilen Elternbeziehung werden die Bedürfnisse des Kindes nicht erfüllt. Wenn es ungelöste Schwierigkeiten in einer Beziehung gibt, wird viel Energie auf diese Probleme verwendet. In diesem Fall ist es schwierig, für die Kinder wirklich verfügbar zu sein.

In meiner Trinkerzeit drehte sich mein Leben um den Alkohol. Ich war fixiert darauf, wann ich trank, was ich trank, wieviel ich trank und ob ich es schaffte, mein Bett zu erreichen, bevor ich umkippte. Michaels Leben als Arbeitssüchtiger drehte sich um die Arbeit. Arbeit war wichtiger als körperliches oder seelisches Wohlbefinden. Wir begaben uns beide in eine Eheberatung, um die Probleme zu lösen, die unsere Beziehung belasteten.

Leider hatte unser Therapeut wenig Erfahrung mit Suchtverhalten. In einer von aktiver Sucht geprägten Beziehung ist es nicht möglich, Beziehungsprobleme zu lösen, bevor das jeweilige Suchtverhalten behandelt wird und im Abklingen begriffen ist. Da wir das nicht wußten, arbeiteten wir erfolglos an unserer Beziehung. Irgendwann brachen wir die Therapie ab, die eine Menge Geld kostete und zu nichts führte. Ich mußte mich zunächst meiner Sucht, den Konflikten mit meiner Herkunftsfamilie und meinen dysfunktionalen Lebensstrategien stellen und diese Probleme bearbeiten. Desgleichen mußte Michael seine Lebensproblematik in Angriff nehmen, bevor wir uns beide mit unserer Beziehung befassen konnten.

Es ist unmöglich, die Bedürfnisse einer Beziehung zu erfüllen, bevor die Bedürfnisse des einzelnen nicht befriedigt sind. Wenn eine Partnerbeziehung nicht bereinigt ist, müssen beide Parteien sich vorrangig mit dieser Problematik befassen, bevor sie emotional für ihr Kind verfügbar sind.

Viele Menschen beklagen sich in meiner Sprechstunde über das Verhalten ihrer Kinder. Es geht um Johnnys Verhalten in der Schule. Es geht darum, daß Cindy Schlafstörungen hat oder daß Eric Kinder aus der Nachbarschaft verprügelt. Die ganze Aufmerksamkeit ist auf die Kinder fixiert; in Wahrheit liegen entweder Schwierigkeiten bei einem oder beiden Elternteilen und/oder Beziehungsschwierigkeiten der Eltern vor. Den meisten Eltern ist nicht klar, daß sie ihr Kind einerseits entmachten und ihm andererseits eine Vorzugsstellung einräumen, wenn sie die Wünsche des Kindes vor ihre jeweiligen Wünsche oder die elterlichen Beziehungsbedürfnisse stellen. Wenn Eltern ihre Einzelbedürfnisse nicht erfüllen, geben sie dem Kind auch kein Vorbild für gesunde Selbstfürsorge als Erwachsene.

Ein Beispiel dafür wäre eine Mutter, die ihre Garderobe bei Woolworth kauft, um ihrer Tochter Designer-Jeans kaufen zu können. Oder der Vater, der seine wöchentliche Therapiegruppe aufgibt, um seinem Sohn eine größere Reise zu finanzieren.

Die Mutter in diesem Beispiel gibt in ihrer Vorbildfunktion zu verstehen, sie sei weniger wichtig als ihr Kind. Abgesehen davon, daß sie ihrer Tochter ein falsches Vorbild gibt, räumt sie ihr eine Vorzugsstellung ein, weil sie ihren Ansprüchen nach teuren Klamotten nachgibt. Die Tochter wächst auf in der Anschauung, sie brauche bloß Forderungen zu stellen, um ihre Ziele zu erreichen. Sie erwartet, daß andere ihre Forderungen erfüllen, auch wenn es zu deren Nachteil ist. Als erwachsene Frau wird sie verwirrt und sogar entsetzt sein, wenn Menschen ihre Forderungen ablehnen, und sie wird mit Fehlverhalten darauf reagieren. Dieses Verhalten funktionierte in ihrer Kindheit und Jugend; also erwartet sie, daß es in ihrem Erwachsenenleben weiterhin funktioniert.

Der Vater, der seine Therapiegruppe aufgibt, um die Reise des Sohns zu bezahlen, entmachtet den Sohn, weil er ihm in seiner Vorbildhaltung zu verstehen gibt, das seelische Wohlbefinden des Vaters sei weniger wichtig als der Wunsch des Sohnes, die Welt kennenzulernen. Er räumt dem Sohn eine Vormachtstellung ein, weil er den Ferienplänen des Sohns mehr Bedeutung beimißt als dem eigenen Wohlbefinden.

Gesunde Vorbildhaltung der Eltern

Eltern, die Selbstfürsorge üben, geben ihren Kindern ein Vorbild für Selbstfürsorge und Selbstachtung als Erwachsene. Wenn wir uns um uns selbst kümmern und uns selbst achten, steigern wir damit unseren Selbstwert und unser Selbstbewußtsein. Eltern, die keine gesunde Selbstfürsorge üben, lehren ihre Kinder keine Selbstliebe und bringen ihnen nicht bei, sich zu gesunden, lebenstüchtigen Erwachsenen zu entwikkeln.

Viele Eltern stutzen, wenn ich ihnen sage, daß ihre Beziehung Vorrang vor den Wünschen und Bedürfnissen ihrer Kinder hat. Sie halten mich für anmaßend und begreifen mich erst, wenn ich ihnen erkläre, wie wenig sie bereits jetzt für ihre Kinder verfügbar sind.

Beziehungen erfordern Arbeit, und Probleme gibt es in jeder funktionierenden Beziehung. Erwachsene müssen Zeit und

Raum haben, um ihr Erwachsenenleben in Ordnung zu halten. Doch leider scheuen viele Erwachsene davor zurück, einander in ihren Beziehungen wirklich zu begegnen, und benutzen die Kinder als Vorwand.

Ein Beispiel dafür ist ein Ehepaar, das nie ohne das Kind ausgeht aus Angst, es der Obhut eines Babysitters zu überlassen. (»Ich wurde von einem Babysitter sexuell mißbraucht und habe Angst, das gleiche könne meinem Kind passieren, wenn ich es einem Babysitter überlasse.«) Das ist ein häufig gehörter Grund von Mißbrauchsopfern.

Ich fand einige zuverlässige Babysitter mit ausgezeichneten Referenzen und überließ Aaron ihrer Obhut. Aaron, der selbstredend nicht alleingelassen werden wollte, machte beim ersten Mal eine Szene. Ich kam mir wie die schlimmste Rabenmutter vor und weinte den ganzen Abend. Aaron, der mein Unbehagen spürte, steigerte sich beim nächsten Mal, als ich ihn alleinließ, noch mehr in seinen Verlassenheitsschmerz hinein. Einmal kehrte ich 10 Minuten später zurück, um nachzusehen, und fand ihn friedlich spielend mit dem Kindermädchen vor. Er setzte seine Heulszenen fort, bis er begriff, daß er nichts damit erreichte. Ich will damit beileibe nicht unterstellen, ein Kind manipuliere jedesmal, wenn es weint. Es ist wichtig zu erkennen, ob ein echtes Problem vorliegt, wenn ein Kind eine Szene macht, oder ob es damit Kontrolle ausüben will.

Eltern brauchen Zeit für sich, um zu arbeiten und um das Leben zu genießen. Wenn Kinder ihre Eltern zu jeder Gelegenheit begleiten, etwa wenn die Eltern auswärts essen gehen, so geschieht dies häufig, weil die Eltern nicht gern zu zweit sind. Die Kinder gewinnen den Eindruck, das Leben der Eltern drehe sich um sie; in Wahrheit werden sie emotional benutzt und mißbraucht. In solchen Situationen werden Kinder in die Welt der Erwachsenen einbezogen, und es besteht die Gefahr von emotionalem Inzest. Erwachsene, die ihrer Beziehung keine Aufmerksamkeit und Zeit widmen, geben ihren Kindern ein Vorbild für ungesunde Beziehungen. Sie versäumen es, ihre Bedürfnisse als Erwachsene zu erfüllen, und sind infolgedessen für ihre Kinder nicht auf gesunde Weise verfügbar.

Die co-abhängige Mutter

Eine Frau kam zu mir in die Sprechstunde mit Klagen über ihr unbeherrschtes, feindseliges vierjähriges Kind. Die Frau gab an, sie befände sich in Entwöhnung von ihrer Co-Abhängigkeit und sei von ihrem sexuell süchtigen Ehemann geschieden. Ich fragte sie, ob sie ein 12-Schritte-Meeting besuche, und sie verneinte, da sie ihr Kind nicht alleinlassen könne. Ich fragte sie, ob sie je verreise, privat oder geschäftlich, und sie verneinte, da sie ihr Kind nicht alleinlassen könne. Ich fragte, ob sie je ausgehe, und sie antwortete: Selten, da sie ihr Kind nicht alleinlassen könne. Ich erklärte ihr, sie sei von ihrem Kind abhängig, da sie alle Bedürfnisse des Kindes vor ihre eigenen stelle. Ich teilte ihr weiterhin mit, sie räume ihrem Kind eine ungesunde Vorzugsstellung ein, da sie kein Eigenleben führe und ihr Leben sich ausschließlich um das Leben des Kindes drehe. Die Frau lächelte traurig und stimmte mir zu. Ich erklärte ihr weiterhin, daß sie das Kind mit ihrem Verhalten außerdem entmachte, da sie in dem Kind die Erwartungshaltung nähre, seine emotionalen Bedürfnisse zu erfüllen, und daß sie ihm keine Chancen gebe, das Leben zu erforschen. An diesem Punkt wurde sie wütend, und ich wußte, daß wir uns auf dem richtigen Weg befanden.

Michael und ich gehen einmal in der Woche aus, und wir machen auch regelmäßig einige Tage Urlaub ohne Aaron. Das gibt uns Gelegenheit, als erwachsenes Paar erneut Kontakt zueinander aufzunehmen. Manchmal streiten wir und arbeiten an Lösungen unserer Beziehungsprobleme, oder wir genießen unser Zusammensein. Wenn die Bedürfnisse unserer Beziehung erfüllt sind, können wir Aaron unsere elterliche Zuwendung geben, die er braucht, ohne in unsere Beziehungsprobleme hineingezogen zu werden.

Auch alleinerziehende Eltern sollten gelegentlich Zeit ohne ihre Kinder verbringen. Meine Mutter fand kein Gleichgewicht in ihrem Leben. Als meine Eltern sich scheiden ließen, ertränkte sie ihren Schmerz in Alkohol. Sie hatte zwei Jobs und erklärte meinen Schwestern und mir, sie müsse so schwer arbeiten, um unseren Lebensunterhalt zu verdienen, und ich als die Älteste müsse mich um den Haushalt und um meine Schwestern kümmern.

Gelegentlich fühlte sie sich von den Pflichten und Verantwortungen einer alleinerziehenden Mutter überfordert, traf sich mit Männern und blieb nächtelang fort. Hinterher schämte sie sich ihres Verhaltens und nahm ihre Rolle als pflichtgetreue alleinerziehende Mutter wieder auf.

Meine Mutter war nicht fähig, ihre Erwachsenenbedürfnisse auf gesunde Weise zu erfüllen, und lebte infolgedessen in einer Welt der Extreme. Beide Welten stellten für mich, meine Schwestern und auch für sie einen Mißbrauch dar. Wenn sie schwer arbeitete, nahm ich als ihre tüchtige Hilfe im Haushalt und in der Kindererziehung eine Vorzugsstellung ein, und wenn sie uns vernachlässigte, fühlte ich mich hilflos, alleingelassen, verängstigt und verwirrt, wie ich meinen Schwestern die Mutter ersetzen sollte. Meine Mutter wußte nicht, wie sie ihre Erwachsenenbedürfnisse auf gesunde Weise erfüllen sollte, und verfügte nicht über die nötigen Lebensstrategien zur Problemlösung. Aus diesem Grund war sie für uns als Mutter häufig emotional und körperlich nicht verfügbar.

ERICS GESCHICHTE: Viele Kinder nehmen eine Vormachtstellung ein, weil sie Verantwortung für ihre Eltern tragen. Eric ist sehr besorgt um den Gesundheitszustand seiner Frau, die seit mehreren Jahren unter Herzrhythmusstörungen leidet. Er sucht emotionalen Rückhalt bei seinen beiden Söhnen Peter und Mark.

Beide Söhne rufen mehrmals pro Woche zu Hause an, um mit den Eltern zu sprechen. Der ältere Sohn Peter fühlt sich besonders verantwortlich dafür, seiner Mutter den ›Tag zu verschönen‹. Wenn er anruft, dankt der Vater ihm überschwenglich, weil die Mutter sich nach jedem Anruf ein wenig besser fühlt. Als Dank für die Telefonate schickt Eric seinen Söhnen Geld. Beide jungen Männer wissen, wenn sie mit der Mutter sprechen und ›ihr den Tag verschönen‹, liegt bald ein Scheck im Briefkasten. Sie hassen diese Anrufe, halten sie aber für ihre Pflicht.

Eric hat zuviel falschen Stolz, um bei der Pflege seiner Frau Hilfe von außen in Anspruch zu nehmen; er besteht darauf, dies sei eine Familienangelegenheit. Peter wäre es eine Erleichterung, der Vater würde fachmännische Hilfe für sich und die Mutter hinzuziehen. Er hat es satt, den Vater zu bevormunden und den Alleinunterhalter für seine Mutter zu spielen. Sein jüngerer Bruder Mark beklagt sich darüber, kein eigenes Leben zu haben, weil die Eltern ständig Aufmerksamkeit und Zuwendung fordern.

Mark hütete eine Woche lang mit Grippe das Bett und meldete sich nicht bei den Eltern. Sein Vater versuchte mehrmals, ihn zu erreichen, aber Mark wollte nur schlafen und seine Erkältung auskurieren und ging nicht ans Telefon. Als er wieder gesund war, rief er wieder an. Der Vater war wütend und fragte, wieso er nicht angerufen habe. Als Mark ihm erklärte, er habe eine Erkältung gehabt, erwiderte der Vater. »Wieso hast du nicht angerufen und uns Bescheid gesagt, was los ist! Denk doch auch mal an meine Gefühle!«

Der wütende Mark beklagte sich bei Peter: »Das ist das Problem. Wir müssen *immer* an sie denken. Ich darf nicht mal in Ruhe krank sein.«

Eric fehlen die nötigen Strategien, um mit seiner kranken Frau umzugehen. Er hat die beiden Söhne mit der Verantwortung für ihr Wohlergehen in eine Vorzugsstellung erhoben. Peter und Mark fühlen sich verantwortlich, nicht nur für die Gesundheit der Mutter, sondern auch für das seelische Wohlbefinden des Vaters. Sie erhalten Geld für ihre Treue als Söhne, doch der emotionale Preis, den sie als Gegenleistung erbringen müssen, überfordert sie.

Diese Familie ist sehr verstrickt und kennt so gut wie keine Grenzen. Die beiden jungen Männer werden nicht zu erfolgreichen intimen Beziehungen fähig sein, solange sie sich finanziell von den Eltern abhängig machen und für die seelische Befindlichkeit der Eltern verantwortlich fühlen. Sie können zwar andere umsorgen, aber sie werden Schwierigkeiten haben, sich in gesunder Weise emotional um sich selbst zu kümmern.

Betreuer

Menschen wie Mark und Peter ergreifen häufig helfende Berufe, wobei sie eine enorme Macht über das Schicksal anderer haben, sind aber unfähig, ihr eigenes beschädigtes Leben in Ordnung zu bringen.

Als Krankenschwestern, Ärzte, Therapeuten, Lehrer, Geistliche und andere professionelle Helfer fällt es ihnen meist schwer, für sich selbst Hilfe in Anspruch zu nehmen. Statt dessen sind sie bedenkenlos bereit, anderen Hilfe zu leisten, können aber unwissentlich jenen, denen sie helfen wollen, aufgrund eigener unerledigter Probleme Schaden zufügen und sie in Verwirrung stürzen. Das berauschende Machtgefühl, eine Folgeerscheinung der Hilfe für Bedürftige, kann dem berufsmäßigen Helfer ein Gefühl von Unbesiegbarkeit und Gottähnlichkeit vermitteln und ihn blind machen gegen Charakterfehler und ungelöste Probleme.

Menschen in helfenden Berufen müssen zunächst ihr eigenes Haus in Ordnung bringen, ihr Suchtverhalten in den Griff bekommen, Probleme der Herkunftsfamilie bearbeiten und gesunde Grenzen errichten, bevor sie anderen Hilfe anbieten. In helfenden Berufen wimmelt es von Menschen in Vorzugspositionen, die sich zur Höheren Macht derer erkoren haben, denen sie zu Diensten sein sollten. Tätige in helfenden Berufen befinden sich aufgrund ihres Fachwissens naturgemäß in einer Machtposition. Diese Macht kann leicht mißbraucht werden, wobei der Hilfsbedürftige die Konsequenzen zu tragen hat.

Die Geschichte von Joyce: Joyce studierte Psychologie in ihrer Heimatstadt. Während ihres Studiums wurde ihr bewußt, daß sie aufgrund des Alkoholismus ihrer Eltern eine Menge ungelöste Kindheitsprobleme hatte. Sie ließ sich von einer Therapeutin beraten, die mit ihr übereinstimmte, daß dieses Problem bearbeitet werden müsse, und Joyce begann eine Therapie mit einer Sitzung pro Woche.

Sie hatte von den Selbsthilfegruppen erwachsener Kinder von Alkoholikern gehört und erkundigte sich bei ihrer Therapeutin, was sie davon halte. Die Therapeutin riet ihr von der Teilnahme an einer 12-Schritte-Gruppe ab, meinte, das sei unprofessionell, und Joyce könne die nötige Information und Unterstützung, die sie zur Bewältigung ihrer Probleme brauche, in der Therapie bekommen. Im Verlauf der Therapiesitzungen fühlte Joyce sich besser und rief ihre Therapeutin gelegentlich auch privat an, wenn sie Probleme hatte, da die Therapeutin ihr die Privatnummer mit der Zusicherung gegeben hatte, sie könne jederzeit anrufen, wenn sie es für nötig befinde.

Während einer Therapiesitzung fragte die Therapeutin Joyce, ob sie bereit sei, drei Therapiegruppen vertretungsweise zu übernehmen, da sie zu einem Kongreß verreisen müsse. Joyce empfand die Bitte seltsam, willigte jedoch in der Überzeugung ein, die Therapeutin müsse wissen, was sie tue. Joyce war der Gedanke unangenehm, einerseits Patientin zu sein und andererseits ihre Therapeutin zu vertreten, dachte dann aber, diese Erfahrung könne für ihr weiteres Psychologiestudium von Nutzen sein. Mit den Gruppen ging alles gut, doch Joyce zog ihre Beziehung zur Therapeutin allmählich in Zweifel. In einer anderen Sitzung riet sie Joyce, sich von ihrem Ehemann scheiden zu lassen, da sie ansonsten nie zu echter Eigenständigkeit finden könne. Dieser Vorschlag erschreckte Joyce zutiefst, und sie zog die Möglichkeit einer Trennung in Erwägung.

Joyce sah ihre Therapeutin auch privat, da sie öfter zu Parties in deren Haus eingeladen wurde. Während einer Party bemerkte Joyce, daß die Therapeutin ziemlich viel trank. Nach einigen Drinks begann die Frau über ihre Beziehung zu ihren Eltern zu sprechen. Erst jetzt erkannte Joyce, daß die Therapeutin die eigenen Kindheitsprobleme nicht verarbeitet hatte. In der nächsten Therapiesitzung sprach Joyce sie darauf an. Die Therapeutin entgegnete, das gehe sie nichts an, und schlug ihr vor, sich um eine andere Therapeutin umzusehen, wenn sie mit der Art ihrer Behandlung nicht zufrieden sei.

Grenzübergriffe berufsmäßiger Helfer

Ich habe viele Menschen kennengelernt, die den aufrichtigen Wunsch nach Hilfe hatten, die jedoch von professionellen Helfern aufgrund ihrer Machtposition und ihrer eigenen unbearbeiteten Probleme aus der Herkunftsfamilie mißbraucht wurden. Unter anderem habe ich folgende Grenzüberschreitungen als Folge dysfunktionaler Grenzen der Berufshelfer beobachtet:

1. Der Arzt, Therapeut, Lehrer, die Krankenschwester etc. bin ich; und ich weiß, was Sie brauchen und was für Sie gut ist.
2. Ihr Gefühl trügt Sie.
3. Sie haben eine zu ausschweifende Phantasie.
4. Selbsthilfegruppen nutzen gar nichts.
5. Darüber müssen wir nicht reden.
6. Sie wissen nicht, wovon Sie reden.
7. Wenn Sie mit mir arbeiten wollen, gehen wir nach meiner Methode vor.
8. Ich habe studiert und diesen Beruf erlernt, Sie müssen also Vertrauen zu mir haben.

Diese Kommentare enthalten die Aussage: »Ich bin eine Autorität. Sie haben kein Recht, meine Macht, meine Ideen, Methoden, Motive oder Werte in Frage zu stellen.« Berufsmäßige Helfer machen Fehler wie jeder andere Mensch; wenn sie sich jedoch für unfehlbar halten, befinden sie sich in einer zu großen Machtposition und sind davon besessen, andere zu kontrollieren.

Wenn ich Zweifel an den Vorgehensweisen einer Autoritätsfigur oder eines berufsmäßigen Helfers habe und deshalb bei ihm auf Ablehnung stoße, habe ich es vermutlich mit einem Menschen zu tun, der sich mit Sondervollmachten ausgestattet wähnt und eigene unerledigte Probleme mit seiner Herkunftsfamilie aufweist.

Im Fall von Joyce erhob die Therapeutin Einwände gegen eine Teilnahme an einer 12-Schritte-Gruppe. Lehnt ein berufsmäßiger Helfer solche Selbsthilfegruppen ab, fürchtet er meist, die Kontrolle über den Klienten zu verlieren; er will die einzige Quelle der Hilfe und Information sein. Selbsthilfegruppen stellen eine Bedrohung dar und werden daher abgelehnt.

Manche professionellen Helfer versuchen auch, den Klienten ihre dysfunktionalen Denkweisen aufzudrängen. So ist es beispielsweise eine Grenzüberschreitung, einem Klienten zu raten, sich von seinem Lebenspartner zu trennen oder scheiden zu lassen, da der Helfer zuviel Macht im Leben des Klienten beansprucht. Helfende Berufe sollten Lösungsmöglichkeiten anbieten und keine Direktiven vorschreiben. Viele berufsmäßige

Helfer mißbrauchen ihre Klienten, weil sie selbst keine klaren Grenzen haben.

In Joyces Fall handelte die Therapeutin zudem nicht im Interesse ihrer Klientin, als sie Joyce bat, in ihrer Abwesenheit Therapiegruppen zu leiten. Sie handelte vielmehr eigennützig und verwirrte Joyce in ihrer Rolle als Patientin.

Wenn ein beruflicher Helfer die Meinung eines Klienten ablehnt mit Sätzen wie: »Solche Gefühle dürfen Sie nicht haben«, oder: »Ich will nichts davon hören; wir machen es entweder auf meine Weise, oder Sie können sich einen anderen Therapeuten suchen«, beschämt er den Hilfesuchenden und wertet ihn ab. Wenn ein beruflicher Helfer nicht bereit ist, in Frage gestellt zu werden oder sich mit einem anderslautenden Standpunkt zu befassen, ist das gewöhnlich ein Hinweis darauf, daß er fürchtet, die Kontrolle über die Situation zu verlieren. Ein gesunder Berater wird sich eine anderslautende Meinung anhören und die Gedanken mit dem Klienten diskutieren.

Vor einigen Jahren hatte ich chronische Magenbeschwerden. Der Arzt, den ich aufsuchte, wollte nichts über meine Vermutungen hinsichtlich der Ursprünge meiner Krankheit wissen. Er weigerte sich, mir zuzuhören. Da ich mich in der Entwöhnung von verschreibungspflichtigen Medikamenten befand, wollte ich keine Schmerzmittel einnehmen, mußte also die Schmerzen ertragen und abwarten. Nach einiger Zeit sagte der Arzt mir: »Entweder Sie tun, was ich Ihnen sage, oder Sie gehen zu einem anderen Arzt.« Ich fühlte mich verletzt, beschämt und meines Rechts beraubt, die eigene Situation zu beurteilen. Ich entschied mich dafür, den Arzt zu wechseln, und fand schließlich einen verständnisvollen Arzt, der bereit war, meine Bedenken anzuhören. Endlich erhielt ich die Hilfe, die ich brauchte, und bald war ich von meinen chronischen Magenschmerzen erlöst. Ohne Medizin studiert zu haben, hatte ich dennoch nützliche Informationen, um meinen Zustand richtig zu diagnostizieren.

Abstand gewinnen

Wenn wir die Genesung von unseren dysfunktionalen Grenzen ernsthaft betreiben, müssen wir die Techniken erwerben, die für gesunde Kommunikation mit anderen nötig sind. Wenn wir in unserer Jugend eine zu große Vorzugsstellung genossen, müssen wir lernen, einige der Kontrollen aufzugeben, die wir so verzweifelt zu brauchen scheinen. Wir müssen herausfinden, warum es uns gefährlich erschien, in unseren Herkunftsfamilien offen zu sein. Sonst werden wir die gleichen Verhaltensweisen der Entfremdung wiederholen, sobald wir mit Intimität oder Verletzlichkeit konfrontiert sind. Menschen, die sich in zu großen Machtpositionen befanden, bekommen Angst, wenn sie keine Kontrolle mehr haben. Anfangs wissen sie nicht, wie sie sich verhalten sollen. Sie fürchten, verletzt zu werden, und empfinden es als schmerzlich, sich zu öffnen und sich anderen mitzuteilen.

Manche Menschen halten sich für nutzlos, wenn sie keine Kontrolle haben, und beobachten schweigend, wenn andere etwas anders machen, als sie es getan hätten. Geduld, Toleranz und Bescheidenheit sind die wichtigsten Eigenschaften, die sie sich langsam und schmerzlich aneignen müssen. Wir müssen auch Zuhören lernen, um wirklich zu hören, was andere sagen. Zunächst wird uns das erschrecken, weil uns das Gesagte ängstigt. Wir müssen auch lernen, um Unterstützung und Hilfe zu bitten. Die meisten Menschen in Vorzugsstellungen haben damit Schwierigkeiten. Angst vor Zurückweisung und Angst davor, als untüchtig zu erscheinen, steigen in uns hoch.

Unsere Vorzugsstellung spaltet uns von unserem wahren Selbst, unserem Menschsein und unserer Spiritualität ab. Wenn wir uns mit Barrieren umgeben, blockieren wir die Chancen zu Intimität und Verletzbarkeit; wir fühlen uns gefangen und mit unseren Ängsten, alten Verletzungen und neuen Schmerzen alleingelassen. Im Verlauf unserer Kindheit erschufen wir mit unseren Blockaden eine emotionale Sicherheit für uns selbst und ertrugen unsere dysfunktionalen Familiensysteme in dem berauschenden Gefühl, Macht zu besitzen. Doch in unserem Erwachsenenleben wurden unsere Schranken zu Gefängnismauern. Das Bedürfnis nach Macht ist suchterzeugend; es trennt uns von einem Teil unserer Lebenserfahrung. Wenn Sie zu den Menschen zählen, die sich vor der Welt immer noch hinter dem falschen Selbstvertrauen des bevorzugten Kinds verstecken, so habe ich die große Hoffnung, daß Sie sich befreien und den Schritt in die Welt mit ihren Gefahren, ihrer Verletzlichkeit, Intimität und Fehlbarkeit wagen werden – denn das ist das wahre Leben.

Kapitel 8

Alles tun, um Schmerz zu vermeiden

Entfremdungsverhalten

Eine Reaktion auf eine Kindheit in einer verrückten, von Sucht und Mißbrauch geprägten Familie besteht darin, sich anderen zu entfremden. »Wenn ich nicht zu nahe komme, werde ich nicht verletzt.« Menschen, die sich Entfremdungsverhalten aneignen, flüchten sich in Wut, emotionalen Rückzug, körperliche Isolation, Kritik und Arroganz, Ablenkung durch Aktivitäten, Rückzug in übersteigerte Phantasien oder Tagträume, wenn sie spüren, daß in einer Beziehung Selbstenthüllung und Ehrlichkeit verlangt werden.

In der Zeit meiner aktiven Sucht lebte ich in zwei Welten. Wie Sie wissen, konnte ich mich als eingetragenes Mitglied der Anonymen Märtyrer dieser Welt bezeichnen. Nach großem erlittenem Mißbrauch, nach Leid und Schmerz, die mir diese Rolle eingebracht hatten, zog ich mich vor der Menschheit zurück und schwor, nie wieder Vertrauen zu haben. Ich stieß die Menschen, die mir am nächsten standen, durch meine Wut, meine Kritik und Feindseligkeit ab. Nach außen machte ich zwar den Eindruck einer starken, tüchtigen Frau, tief in meiner Seele sehnte ich mich verzweifelt nach Intimität. Ich stieß das von mir, wonach ich mich so verzweifelt sehnte, da ich Verlassenheit, Ablehnung und Mißbrauch fürchtete oder glaubte, meine Realität werde mit Füßen getreten. Ich traute keinem Menschen mehr. Zu meinen Schranken, die mich gegen jeden Schmerz abschirmten, gehörten auch meine Suchtkrankheiten. Da sie meine Einsamkeit überlagerten, gaben sie mir das trügerische Gefühl, mich in einem sicheren Hafen zu befinden.

Wenn wir nicht wissen, wie wir uns auf gesunde Weise schützen sollen, greifen wir zu den Überlebensstrategien aus der Kindheit, die uns am vertrautesten sind, vor allem in Zeiten von Streß oder Gefahr. Viele von uns haben gelernt, sich auf Kosten anderer zu schützen. Nach der Devise. ›Ich tue dir weh, bevor du mir weh tust... Du hast mich mißbraucht, das werde ich dir heimzahlen.‹ Und noch deutlicher: ›Auge um Auge, Zahn um Zahn.‹

Diese Denkweise wird in Fachkreisen als Täterverhalten bezeichnet.

Die meisten von uns denken bei Täterverhalten an Mord, Vergewaltigung, Raub und andere Schwerverbrechen. Wir vergessen, daß unsere eigenen Überlebenstechniken aus der Kindheit mit Täterverhalten durchzogen sind.

So habe ich mich ausschließlich als Opfer gesehen, ohne auf die Merkmale zu achten, die – basierend auf meinem Überlebensdrang in der Kindheit – für andere offensiv und beleidigend waren. Ich mußte meine eigenen Verdrängungsmechanismen durchbrechen, um mein Täterverhalten zu untersuchen, das in meiner eigenen unerledigten Problematik aus der Herkunftsfamilie lag. Viele Menschen fühlen sich von anderen zum Opfer gemacht und sind sich nicht bewußt, daß sie möglicherweise ihrerseits die Menschen ihrer Umgebung mit ihrem Verhalten kränken. Mir fiel es sehr schwer, diesen schwierigen Aspekt meiner Person anzunehmen. Ich mußte eingestehen, daß ich mich in der Rolle des ewigen Opfers wohl fühlte, weil ich immer einem anderen die Schuld zuschieben konnte. Aber diejenige sein, die andere beleidigte und vor den Kopf stieß? Niemals!

Als ich diesen Aspekt meiner Person zum ersten Mal annahm, fühlte ich mich sehr beschämt. Bei dem Wort *Täter* krümmte ich mich vor Scham und kam mir vor wie der schlechteste Mensch auf Erden. Nachdem ich mich jahrelang darüber beschwert hatte, von anderen angegriffen zu werden, entdeckte ich, daß auch ich zu diesem Verhalten fähig war. Da ich das Wort Täter so beschämend fand, beschloß ich, daß die Bezeichnung *Grenzverletzer* für diesen Teil meiner Persönlichkeit zutreffender war. Meine Grenzverletzerin gab sich mir schließlich zu erkennen, und ich entdeckte, daß sie in Zeiten der Angst besonders zudringlich sein konnte. Manche ihrer Grenzüberschreitungen geschahen absichtsvoll und mit Vorsatz, während andere Verhaltensweisen auf ihr mangelndes Bewußtsein zurückzuführen waren.

Absichtsvolle Grenzüberschreitungen

Ein Beispiel meiner absichtlichen Grenzüberschreitungen war ein Vorfall, als ich Michael ein volles Glas Milch auf den Kopf goß. Zu Beginn meiner Entwöhnung und Genesung erlebte ich die überwältigende co-abhängige Angst, Michael werde es nie lernen, seine Gefühle zum Ausdruck zu bringen. Beim Versuch, Michaels Genesungsprogramm für ihn zu bearbeiten, erklärte ich ihm eines Abends, wie wichtig es ist, Gefühle zum Ausdruck zu bringen. Er saß da und zeigte nicht die geringste Gefühlsregung. Daraufhin goß ich ihm wütend ein volles Glas Milch über den Kopf! Meine Grenzverletzerin hatte sich zu erkennen gegeben. Ich muß wohl kaum betonen, wie erschrokken, wütend und verletzt Michael angesichts der Tatsache war, daß ich nicht einmal vor Gewalt zurückschreckte, um eine Reaktion von ihm zu provozieren. Ich schämte mich zutiefst wegen meines Mißbrauchsverhaltens.

Gesunde Scham

Scham ist eine gesunde und normale Empfindung, wenn wir uns grenzüberschreitend verhalten und damit andere verletzen, demütigen, in Wut oder Angst versetzen. Unsere Scham in solchen Situationen zeigt uns, daß unser Verhalten unangemessen und falsch ist. Leider begehen Menschen, die die Verbindung zu ihrem gesunden Schamgefühl verloren haben, immer wieder Verbrechen oder Gewalttaten. Menschen, die sich kontinuierlich schamverletzend verhalten, müssen mit ihrer gesunden Scham wieder in Berührung kommen.

Gesundes Schamgefühl gibt uns einen Begriff unseres Menschseins, stellt die Verbindung zu unserer Umwelt her und ist Ausdruck unserer Bescheidenheit. Wir erkennen an, daß das Leben anderer sich nicht ausschließlich um unsere Bedürfnisse und Wünsche dreht. Unser gesundes Schamgefühl lehrt uns, mit anderen in Harmonie zu leben. Wenn wir uns eines Fehlverhaltens schämen, denken wir über unser Verhalten und unsere ›dunkle Seite‹ nach. Wir alle haben eine dunkle Seite, und jeder von uns bringt sie in irgendeiner grenzverletzenden Form zum Ausdruck.

In dem Beispiel, das ich von meiner dunklen Seite angeführt habe, hat meine Grenzverletzerin sich wahrhaftig danebenbenommen. Milch über Michaels Kopf zu gießen, war eine höchst unangebrachte Form einer Selbstdarstellung. Wenn wir die Grenzen anderer in voller Absicht verletzen, müssen wir unsere Motive untersuchen.

Unabsichtliche Grenzverletzung

Ein Beispiel für unbeabsichtigte Grenzverletzung wäre folgendes:

In manchen Familiensystemen ist nur schwer feststellbar, wem etwas gehört, da die Grenzen der einzelnen dysfunktional oder gar nicht vorhanden sind. In meiner Kindheit beachteten meine Schwestern und ich nie die Privatsphäre der anderen, und wir *borgten* uns ständig Sachen aus, ohne vorher zu fragen. Für mich war es völlig selbstverständlich, etwas von anderen zu nehmen, ohne zu fragen, bis ich Michael kennenlernte.

Kurz nach Beginn unserer Beziehung aßen wir in einem Fischlokal. Wir bestellten Scampi vom Grill, und ich verschlang meine Portion mit großem Appetit. Michael aß langsamer, und ich bediente mich mit größter Selbstverständlichkeit von seinem Teller. Er machte ein erschrockenes Gesicht.

»Was ist los mit dir?« fragte ich.

»Ich kann nicht glauben, daß du von meinem Teller ißt, ohne vorher zu fragen.«

Da saßen wir nun in einem Spezialitätenlokal und stritten über einen Happen Scampi. Aber Michael hatte recht: Ich verletzte seine Grenzen, weil ich ihm, ohne zu fragen, etwas weggenommen hatte. Gemäß den in meiner Herkunftsfamilie herrschenden Maßstäben verhielt ich mich völlig ›normal‹, und mir war keineswegs bewußt, daß ich mich unangemessen verhielt.

Viele Menschen tun anderen wissentlich Gewalt an, häufig begehen wir aber auch Grenzverletzungen, ohne uns dessen bewußt zu sein.

Ich war bei Freunden zum Abendessen eingeladen. Als trokkene Alkoholikerin wollte ich den angebotenen Champagner nicht trinken und fragte die Gastgeberin, ob sie ein alkoholfreies Getränk im Haus habe. Da ich mir bereits einige Grenzen zu eigen gemacht hatte, fragte ich, bevor ich mich bediente. Sie erklärte mir, im Kühlschrank stehe frisch gepreßter Orangensaft, und ich nahm mir davon. Bevor ich den Saftkrug in den Kühlschrank zurückstellen konnte, kam eine Frau, nahm mein Glas und goß die Hälfte davon in ihr Glas – ohne zu fragen. Das Sprichwort ›Wie man in den Wald hineinruft, schallt es heraus‹, ist sehr treffend. Ich war so verblüfft, daß mir der Mund offenstand. Ich hatte mittlerweile einige gesunde Grenzen gesetzt und empfand es daher nicht mehr in Ordnung, wenn jemand mir etwas wegnahm, ohne zu fragen. Doch diese Frau, die sich lächelnd die Hälfte meines Saftes einverleibte, empfand ihr Verhalten als völlig ›normal‹.

Grenzverletzungen

Wir müssen unser eigenes grenzverletzendes Verhalten untersuchen, um unsere Interaktionen mit anderen neu zu bewerten. Hier einige Beispiele für Grenzverletzungen:

1. *Fremdes Eigentum, ohne zu fragen, nehmen oder ›ausborgen‹.*

Jahrelang nahm ich Michaels Hemden aus dem Schrank und zog sie an, ohne ihn vorher zu fragen. Wenn er ein bestimmtes Hemd anziehen wollte, mußte er oft feststellen, daß ich es ohne sein Einverständnis getragen hatte, und das ärgerte ihn. Ich hatte seine Grenzen verletzt, weil ich ihn nicht gefragt hatte. Jemandem ohne dessen Einverständnis etwas wegzunehmen, ob es sich um etwas Materielles, Finanzielles oder Emotionales handelt, stellt eine Grenzverletzung dar.

Ich bekomme immer wieder Anrufe von Freunden, Familienangehörigen und Arbeitskolleginnen, die emotionalen Trost brauchen. Wenn ich mit ihnen spreche, liegt es in meiner Verantwortung, Grenzen zu setzen, wieviel Zeit ich ihnen widmen möchte. Ob ich eine Stunde oder nur fünf Minuten Zeit zum Reden habe – es ist meine Pflicht, meinem Gesprächspartner diese Grenze mitzuteilen. Wird meine deutlich gesetzte Grenze nicht respektiert, weiß ich, daß ich es mit einem Grenzverletzer zu tun habe. Wenn jemand uns eine emotionale Grenze setzt, müssen wir sie respektieren. Erfüllen wir diese Bitte nicht, weisen wir uns als jemand aus, der nimmt, im Gegensatz zu jemand, der mit anderen teilt. Folgende Fragen sind angebracht:

- »Kann ich das ausborgen?«
- »Hast du etwas dagegen, wenn ich das nehme?«
- »Macht es dir etwas aus, wenn ich das benutze?«
- »Hast du einen Augenblick Zeit, mir zuzuhören?«
- »Wieviel Zeit kannst du erübrigen?«
- »Hast du zu tun? Wenn nicht, kann ich mit dir über diese Sache sprechen?«
- »Kann ich kommen und mit dir reden?«

Einwilligung einholen ist wichtig. Mit solchen Fragen geben wir anderen zu verstehen: ›Ich habe ein Problem, bei dem ich deine Hilfe brauche. Da ich dich respektiere, frage ich dich, ob du mir einen Gefallen tun kannst, und unterstelle nicht von vornherein, daß du bereit bist, mir zu helfen.‹

2. Einen anderen ohne dessen Einwilligung berühren, umarmen oder küssen.

Wie viele Menschen berühren, umarmen oder küssen andere, ohne daran zu denken, mit welchen Gefühlen der Empfänger die zärtliche Annäherung aufnimmt? Sie unterstellen dem Umarmten, er habe selbstverständlich den Wunsch, die Umarmung zu erwidern. In manchen Fällen mag das ja zutreffen, in vielen aber nicht. Ich wurde häufig mit Umarmungen oder Küssen bedrängt, ohne in der entsprechenden Stimmung für körperliche Zärtlichkeit zu sein. Wenn ich diesen Menschen sagte: »Bitte laß solche Zärtlichkeiten. Ich brauche Raum und Abstand«, reagierten sie erschrocken, in manchen Fällen fühlten sie sich durch meinen Anspruch auf Distanz gekränkt. Nur weil wir intimen körperlichen Kontakt wünschen, heißt das nicht unbedingt, daß die Menschen, mit denen wir Körperkontakt aufnehmen wollen, dafür empfänglich sind. Es ist immer wichtig, vor einer Berührung zu fragen, ob sie willkommen ist, da sonst die Gefahr besteht, daß wir die Grenzen eines anderen verletzen.

Auch bei sexueller Intimität gehen viele davon aus, daß der Partner gleichfalls Lust haben müsse, wenn sie Lust auf Sex haben. Das ist nicht unbedingt der Fall! Wichtig ist, daß wir das durch Fragen herausfinden. Viele Menschen sind irrtümlich der Meinung, andere könnten Gedanken lesen, und sie selbst könnten die Bedürfnisse anderer vorhersagen und fragen erübrige sich. In Wahrheit ist das *gar nicht der Fall!* Selbst wenn unsere Intuitionen bezüglich der Bedürfnisse oder Wünsche eines anderen richtig sind, bringen wir unsere Achtung für seine Rechte als Individuum zum Ausdruck und räumen ihm Entscheidungsfreiheit ein, wenn wir zuerst fragen.

- »Darf ich dich umarmen?«
- »Macht es dir etwas aus, wenn ich dich anfasse?«
- »Hast du etwas dagegen, wenn ich dich küsse?«

Das sind Aussagen mit dem Inhalt: ›Ich respektiere deine Grenzen, und deshalb frage ich dich.‹

3. In Handtasche, Notizbuch, Brieftasche, Tagebuch etc. eines anderen ohne Zustimmung des Eigentümers zu kramen.

Jahrelang war Michael der Meinung, er müsse mein Konto ausgleichen. Er holte sich einfach die Unterlagen aus meiner Handtasche, um nachzusehen, ob ich noch genügend Geld auf dem Konto hatte. Es gab ständig Reibereien, weil ich das als Eingriff in meine persönlichen Angelegenheiten empfand. Ich ärgerte mich und murrte, erwartete aber, daß er damit aufhöre, ohne daß ich ihn direkt darauf ansprechen müsse. Eines Tages eskalierte die Angelegenheit, und es kam zu einem Riesenkrach im Hause Brandon.

Ich machte meinen monatlichen Großeinkauf im Supermarkt, um die nötigen Haushaltsvorräte aufzustocken. Ich schob meinen Einkaufswagen durch die endlos langen Gänge und stand schließlich vollbeladen in der Schlange an der Kasse, gemeinsam mit anderen gestreßten Hausfrauen, die gleichfalls ihre Monatsvorräte nach Hause schleppten. Als ich endlich nach halbstündiger Wartezeit bezahlen wollte, stellte ich fest, daß meine Scheckkarte fehlte. In heller Panik glaubte ich zunächst, sie verloren zu haben, bis mir der Gedanke kam, Michael könne sie, wie üblich, mal wieder aus meiner Handtasche genommen haben. Zornig wie eine Hornisse raste ich nach Hause, schoß Michael wütende Blicke zu, packte meine Scheckkarte und raste zurück zum Supermarkt, um eine weitere halbe Stunde an der Kasse anzustehen, bis ich meine Vorräte bezahlen konnte.

Nach diesem Vorfall hatte ich mit Michael ein Gespräch, in dem wir Grenzen bezüglich meiner Handtasche und Scheckkarte und seiner Brieftasche und Aktenmappe vereinbarten. Heute wissen wir, wie wichtig es ist zu fragen, bevor wir uns der persönlichen Dinge des anderen bemächtigen. Michael war zwar der Meinung, er tue mir einen Gefallen, wenn er mein Bankkonto ausglich, verletzte aber damit meine Grenzen. Fragen wie...

- »Kann ich die Kreditkarte aus deiner Brieftasche nehmen?«
- »Kann ich die Bürste aus deiner Handtasche benutzen?«
- »Kann ich mir einen Briefbogen aus deinem Aktenkoffer nehmen?«
- »Kann ich mal in dein Notizbuch schauen?«

...geben dem anderen zu verstehen, daß wir etwas brauchen, seine Grenzen aber nicht durch aufdringliches Verhalten verletzen möchten.

4. *Das Bedürfnis anderer nach emotionalem oder körperlichem Abstand nicht berücksichtigen, sich anderen emotional oder physisch aufdrängen.*

»Ich brauche etwas Freiraum. Bitte laß mich allein... Ich

möchte ein wenig für mich sein... Ich möchte darüber jetzt nicht sprechen... Ich habe im Moment keine Lust auf Sex... Bitte schlaf in deinem Zimmer; ich brauche etwas Abstand von dir.« Dies alles sind grenzsetzende Aussagen und Bitten um Freiraum, die emotionalen und in manchen Fällen körperlichen Abstand fordern. Jeder Mensch muß zu bestimmten Zeiten seines Lebens für sich allein sein. Wenn ein Mensch, der uns nahesteht, Raum und Abgeschiedenheit fordert, melden sich unsere Verlassenheitsängste, und wir werden von Unsicherheiten befallen. Wir antworten demjenigen, der allein sein will, mit erstickenden Liebesbeweisen und entfremden ihn uns um so mehr.

Wenn Michael mich um Freiraum ersucht, schalten sich gelegentlich meine Verlassenheitsängste wieder ein, und meine Co-Abhängigkeit meldet sich zu Wort: ›Er weist dich zurück und verläßt dich für immer.‹ Meine unmittelbare Antwort darauf ist der Versuch, herauszufinden, warum er Abstand von *mir* braucht! Manchmal bezieht sich sein Bedürfnis nach Alleinsein auf mich, aber wesentlich öfter braucht er lediglich etwas Ruhe für sich selbst, um Ordnung in seine Gedanken zu bringen.

In Beziehungen, gleich welcher Art, brauchen Menschen von Zeit zu Zeit Abstand, entweder von der Beziehung an sich oder um Klarheit in ihr Leben zu bringen. Wir müssen diese Wünsche respektieren und zulassen, daß andere Selbstfürsorge üben. Wenn der Wunsch nach Abstand des anderen uns allzusehr zu schaffen macht, ist es außerdem zweckmäßig, unsere Verlassenheitsängste zu untersuchen. Übersteigerte Verlassenheitsängste haben ihre Wurzeln aller Wahrscheinlichkeit nach in frühkindlichen Verlassenheitsproblemen.

5. *Persönlichen Besitz dem Eigentümer nicht zurückgeben, der einverstanden war, daß wir etwas benutzen, und dem wir versprochen haben, es zurückzugeben.*

Als Jenny ihre erste Wohnung bezog, borgte Marsha ihr einige Haushaltsgegenstände, Geschirr, einen Staubsauger und einen Eßtisch mit vier Stühlen. Jenny versprach Marsha, die Sachen innerhalb von zwei Monaten zurückzugeben, da sie sich bis dahin alles Nötige selber angeschafft habe. Nach sechs Monaten hatte Jenny ihren eigenen Hausrat immer noch nicht gekauft und benutzte nach wie vor Marshas Sachen. Marsha ärgerte sich darüber, da sie Geschirr, Tisch und Stühle für eine Geburtstagsparty ihrer Tochter brauchte. Jedesmal, wenn sie Jenny fragte, wann sie die Sachen wiederhaben könne, versprach Jenny, sie innerhalb einer Woche zurückzugeben. Irgendwann sah Marsha sich gezwungen, ihren Ärger über Jennys Unzuverlässigkeit deutlich und direkt zu äußern. Unnötig zu betonen, daß damit die Freundschaft beendet war.

Es ist unsere Pflicht, geborgte Sachen zum vereinbarten Zeitpunkt zurückzugeben. Es ist weiterhin unsere Pflicht, fremden Besitz pfleglich zu behandeln und eine Sache zu ersetzen, die wir beschädigt oder verloren haben. Ein gegebenes Versprechen nicht einzuhalten, ist eine Grenzverletzung. Solches Verhalten weist uns als ›Nehmende‹ aus, die das Eigentum von Freunden nicht respektieren oder die Bedürfnisse anderer als unwichtig erachten. Mit der Rückerstattung von geliehenem Eigentum zu den vereinbarten Bedingungen bringen wir dem Verleiher unsere Wertschätzung und unsere Dankbarkeit zum Ausdruck, uns in einer Notsituation geholfen zu haben.

6. *Jemandem während eines Gesprächs ins Wort fallen, ohne sich zu entschuldigen und ohne um Erlaubnis zu fragen, ob man sich in das Gespräch einmischen darf.*

In meiner Herkunftsfamilie wurde ständig gebrüllt. Man brüllte, um sich Gehör zu verschaffen. Meine Schwester, die sehr gewissenhaft an sich arbeitet, und ich stellen gelegentlich noch heute fest, daß wir einander anbrüllen und ins Wort fallen, um uns Gehör zu verschaffen. Wir wiederholen damit das Muster unserer Herkunftsfamilie: Jede fürchtet, die Schwester höre ihr nicht zu. Irgendwann erkennen wir beide unser Fehlverhalten und bemühen uns, die andere ausreden zu lassen.

Viele von uns kennen das Phänomen, daß ein Mensch, der uns nahesteht, unsere Sätze zu Ende führt oder uns unterbricht, wenn wir sprechen. Solche Unterbrechungen lösen Wut aus, wir fühlen uns zurückgewiesen, mißachtet, beschämt, verletzt. Manche reagieren darauf mit Schweigen, andere rächen sich durch Grenzverletzungen ihrerseits. Solches Verhalten führt zu keinem positiven Ergebnis. Wir müssen vielmehr unsere Gefühle über solche Grenzverletzungen zum Ausdruck bringen. Infolge ihrer Co-Abhängigkeit oder ihres Bedürfnisses, andere zu bevormunden oder zu bemuttern, führen manche die Sätze anderer zu Ende, erheben die Stimme im Gespräch über Normallautstärke, um sich Gehör zu verschaffen, unterbrechen andere oder ergreifen das Wort für andere. Sie glauben, einem anderen damit zu helfen, verletzen in Wahrheit aber seine Grenzen. Wir setzen Freunde oder Familienmitglieder herab, wenn wir sie unterbrechen oder das Wort für sie ergreifen. Wir sprechen ihnen Intelligenz ab, messen ihren Werten und Meinungen keine Bedeutung bei, wenn wir ihre Sätze vervollständigen, sie unterbrechen und ihnen ins Wort fallen. Hier einige Beispiele, wie wir uns Gehör verschaffen, ohne die Grenzen anderer zu verletzen:

- »Dazu möchte ich gern etwas sagen.«
- »Ich möchte zu dieser Sache Stellung nehmen.«
- »Wenn du fertig bist, möchte ich reden.«
- »Entschuldige, bist du mit deinen Ausführungen fertig? Ich brauche etwas Zeit, um meinen Standpunkt zu erläutern.«

Eine weitere Methode, sich in Beziehungen Gehör zu verschaffen, besteht darin, vor Beginn des Gesprächs übereinzukommen, wieviel Zeit jedem Gesprächspartner für seine Ausführungen zur Verfügung steht.

Wenn meine Schwester und ich ein Gespräch führen und wir beide unter Zeitdruck stehen, legen wir vorher fest, daß jeder von uns zehn Minuten Sprechzeit zur Verfügung steht, ohne daß die andere unterbricht. Auf diese Weise vereinbaren beide Parteien vor Beginn eines Gesprächs eine Grenze. In gesunden Beziehungen hört einer dem anderen zu. Manche Menschen verbringen zuviel Zeit mit Zuhören, andere wiederum hören nur selten zu. Wir alle brauchen Zuhörer in unseren Beziehungen, und wir alle müssen zuhören können. Wir müssen den Ausgleich finden zwischen Zuhören und Reden. Wir dürfen nicht ständig geben, aber auch nicht ständig nehmen, sondern müssen ein gesundes Austauschen erlernen.

7. Andere beschämen.
Wir alle kennen Situationen, in denen wir im Gespräch von anderen mit Worten gekränkt, verletzt, verurteilt und beschämt wurden.

- »Das glaubst du doch nicht wirklich.«
- »Das kann unmöglich deine Meinung sein.«
- »Was du da gesehen, gefühlt oder gehört hast, bildest du dir bloß ein.«
- »Du hast kein Recht, so etwas zu sagen.«
- »Du könntest/solltest/müßtest das besser wissen.«

Diese Äußerungen sind beschämend und herabsetzend. Die meisten Menschen aus dysfunktionalen Familien wissen nicht, wie sie ihren Ärger oder ihre Verstimmung auf gesunde Weise zum Ausdruck bringen sollen. Äußerungen, die andere beschämen, sind ein ungesunder Ausdruck von Wut oder Verstimmung. Manche Menschen machen beschämende Äußerungen, um Kontrolle über eine Situation zu gewinnen oder um in einer Beziehung der Überlegene zu sein, während der andere unsicher, eingeschüchtert oder verängstigt ist. Viele Menschen, denen beschämende Äußerungen als normal und harmlos erscheinen, kommen aus Familien, in denen beschämende Äußerungen an der Tagesordnung waren.

Pauline und Calvin sind seit einigen Monaten befreundet, und beide sind glücklich in der Beziehung. Gelegentlich hänselt Calvin die Freundin wegen ihrer Schuhgröße. Pauline ärgert sich darüber und erklärt ihm, daß er ihre Gefühle damit verletze. Er entgegnet, sie solle nicht so empfindlich sein, sie reagiere wie ein kleines Mädchen. Pauline fühlt sich gekränkt, wenn Calvin sie so bezeichnet. Ihre Schuhgröße gab seit jeher Anlaß zu Witzeleien in ihrer Familie, und es kränkt sie, von ihrem Freund erneut gehänselt zu werden. In ihrer Herkunftsfamilie hieß es: »Große Mädchen weinen nicht.« Sie wurde in ihr Zimmer geschickt, wenn sie Tränen zeigte. Pauline stellt fest, daß Calvin sie in bezug auf ihre Schuhgröße genauso behandelt wie ihre Familie.

Dieses Fallbeispiel scheint harmlos, ist aber in Wahrheit für

Pauline schmerzlich und beschämend und für Calvin verwirrend.

In Calvins Familie waren Sticheleien an der Tagesordnung, galten als normaler Umgangston, und alle fanden das witzig. Als Calvin das Thema in seiner Selbsthilfegruppe co-abhängiger Männer zur Sprache brachte, begriff er, daß er Pauline mit seinem ständigen Hänseln kränkte und beschämte. Er erkannte weiterhin, daß er in seiner Herkunftsfamilie beschämt wurde, weil man Sticheleien witzig fand. Als Pauline und Calvin darüber sprachen, erkannten beide, daß sie ihre unerledigten Probleme aus ihren Herkunftsfamilien innerhalb ihrer Beziehung ausagierten. Pauline nimmt sich vor, sich Schutzmaßnahmen gegen Calvins kränkende Bemerkungen anzueignen; und Calvin nimmt sich vor, mehr auf seine Worte zu achten und beschämende Bemerkungen zu unterlassen.

8. *Andere beschämen, indem man sie als dumm, verrückt oder lächerlich bezeichnet, weil sie eigene Meinungen, Vorstellungen und Gedanken zum Ausdruck bringen. Andere bedrohen, wenn sie anderer Meinung sind.*

»Alice, ich schieß' dich auf den Mond, wenn du noch ein einziges Wort sagst«, war eine in den Vereinigten Staaten Ende der 50er Jahre gern gehörte Redewendung, die durch Jackie Gleason Berühmtheit erlangte. Wenn Eltern ihren Kindern mit Aussagen drohen wie: »Wenn du anfängst zu heulen, geb' ich dir gleich echten Grund zu weinen«, schaffen sie Voraussetzungen, daß ein verängstigtes Kind zu einem unehrlichen Erwachsenen heranwächst. Es ist emotionaler Mißbrauch, einen anderen mit Schlägen oder nachteiligen Konsequenzen zu bedrohen und ihn auf diese Weise davon abzuhalten, seine Gefühle zu äußern.

Einmal trat ein Mann nach einer Sitzung mit offenen Armen auf mich zu. Es wäre mir unangenehm gewesen, ihn zu umarmen, also sagte ich: »Nein danke, ich möchte nicht umarmt werden.« Er antwortete: »Am liebsten würde ich Ihnen jetzt eine runterhauen«, und entfernte sich wütend. Ich war erschrocken, fühlte mich verletzt und eingeschüchtert. Wer einem anderen sagt, er sei dumm oder verrückt, eine anderslautende Meinung oder eigene Denkweisen zu haben, verhält sich emotional mißbrauchend und stellt den Intellekt und die Kreativität des anderen in Abrede. Damit beschneidet er auch das Recht des einzelnen auf seine Einzigartigkeit. Einen Menschen wegen seiner Rasse, religiösen und politischen Überzeugung oder seines sozialen Status zu beschämen, stellt gleichfalls eine Grenzüberschreitung dar und ist ein Zeichen fehlender Achtung vor individueller Andersartigkeit. Folgende Bemerkungen sind nur einige Beispiele für emotional mißbrauchende Aussagen, die in unserer Gesellschaft üblich sind:

- »Gott straft Homosexuelle mit AIDS.«
- »Alle Juden sind Halsabschneider.«
- »Alle Mexikaner sind illegale Einwanderer.«
- »Diese Leute sind Gesindel.«
- »Die Vietnamesen klauen alles, was nicht niet- und nagelfest ist.«
- »Alle Frauen sind Hohlköpfe.«
- »Männer haben nur das eine im Kopf.«

Wir müssen unsere eigenen Werte, Vorurteile und die Erziehung in unserer Herkunftsfamilie überprüfen, um festzustellen, ob unsere Denkweisen und Bemerkungen die Grenzen anderer verletzen.

9. Vertrauensbruch.
Beziehungen gründen sich auf Vertrauen, und nichts kann eine Beziehung rascher zerstören als ein Vertrauensbruch. Ich kenne viele Klienten, die zu mir sagen: »Ich habe Angst, Ihnen etwas anzuvertrauen. Jedesmal, wenn ich jemandem aus meiner Familie etwas Vertrauliches erzähle, weiß es gleich die ganze Verwandtschaft.« Ich versichere diesen Klienten, daß sie mich juristisch belangen können, wenn eines der Themen, die wir in meiner Sprechstunde besprechen, nach außen dringt, mit Ausnahme selbstmörderischer Handlungen, Gewalt gegen Kinder oder die erklärte Absicht, Gewaltakte gegen andere Menschen zu verüben. Erst wenn sie die Gewißheit haben, daß ihnen von mir keine Gefahr droht, sind sie bereit, sich mir anzuvertrauen.

Wenn wir gebeten werden, etwas für uns zu behalten, und

dies versprechen, schließen wir mit der Person, die uns ins Vertrauen zieht, einen mündlichen Vertrag. Wie oft sagen wir: »Ich möchte dir etwas über ihn erzählen, sag aber bloß nicht, daß ich es dir gesagt habe, weil ich versprochen habe, meinen Mund zu halten...« »Ich muß dir sagen, was sie mir erzählt hat, aber sag bloß nicht, daß ich mit dir darüber gesprochen habe.« Wenn jemand uns eine vertrauliche Mitteilung macht, geht er davon aus, daß wir diese Information tatsächlich vertraulich behandeln. Wenn wir dieses Versprechen nicht halten, begehen wir Vertrauensbruch und Grenzverletzung. Gelegentlich macht uns jemand eine Mitteilung, die gefährlich ist oder die uns bedenklich erscheint, und wir erachten es als unsere Pflicht, mit einem anderen darüber zu sprechen. In diesem Fall müssen wir demjenigen, der uns ins Vertrauen zieht, freimütig gestehen: »Darüber kann ich kein Stillschweigen bewahren.«

Wir müssen nach unserem gesunden Empfinden handeln, wenn wir uns einverstanden erklären, etwas für uns zu behalten. Es bestehen Unterschiede zwischen dem Stillschweigen über Verstimmungen in der Herkunftsfamilie, über einen Streit mit dem Ehepartner, Ärger über einen Freund oder aber einen Vater, der ein Kind sexuell mißbraucht, eine Mutter, die valiumsüchtig ist, oder gar einen Mann, der den Vorsatz hat, seinen Nachbarn zu erschießen. Gesunde Freundschaften aufbauen bedeutet, gesunde Grenzen setzen. Ohne das eine ist das andere nicht möglich. Durch die Arbeit an unserer Herkunftsfamilie erhalten wir die nötigen Informationen, um zu entscheiden, was wir bei uns verändern müssen, um gesunde Freundschaften zu gewährleisten.

10. Abspaltung oder Dreiecksbeziehungen.
Eine ernsthafte Grenzverletzung liegt dann vor, wenn wir jemandem eine Information über einen anderen zutragen, in der Erwartung, daß dieser die Information an einen Dritten weiterträgt. Das geschieht häufig unter Menschen, denen es schwerfällt, ihre Gefühle einander direkt mitzuteilen.

Stanley ist oft wütend auf Mark, scheut sich aber, ihn damit direkt zu konfrontieren. Mark und Stanley haben den gemeinsamen Freund Jason. Stanley ruft Jason gelegentlich an, um sich über Mark zu beklagen, weil er weiß, daß Jason diese Information an Mark weitergeben wird. Auch Mark ruft seinen Freund Jason an und spricht mit ihm über Stanley, da er weiß, daß das, was er sagt, bei Stanley landet. Jason will seine Freundschaft mit keinem der beiden Männer verlieren, fühlt sich aber gefangen und benutzt wie früher, als ihn seine Eltern als Vermittler ihrer Botschaften füreinander mißbrauchten. Beide Freunde verletzen die Grenzen ihrer Freundschaft mit Jason. Jason muß sich aus der Dreieckskonstellation befreien, und Stanley und Mark müssen direkt miteinander umgehen. Die Menschen unserer Zeit haben häufig große Schwierigkeiten, Gefühle füreinander direkt auszudrücken. Als Folge davon verletzen wir die Grenzen anderer.

Unser persönlicher Grenzverletzer

Über Generationen hinweg wurden wir dazu angehalten, nur ›freundliche Dinge‹ zu sagen, um das Boot nicht ins Schwanken zu bringen und uns nach Normen zu richten wie: »Wenn du etwas nicht richtig machen kannst, laß die Finger davon... Tu etwas so lange, bis es perfekt ist... Eine gute Arbeit ist es wert, richtig gemacht zu werden«, und so fort. Diese Überzeugungen und Wertvorstellungen haben die Voraussetzungen geschaffen, daß wir unsere eigene Unzulänglichkeit fürchten und als Konsequenz unsere Unsicherheiten mit Grenzverletzungen überdecken. Die meisten verletzen die Grenzen anderer unwissentlich und glauben, ihr Verhalten sei normal, da sie es in der Kindheit erlernt haben. Wir erkennen uns selten als Grenzverletzer, weil wir guten Gewissens im Vergleich zu Vergewaltigern, Räubern und Mördern sagen können: »So bin ich nicht.« Wir fühlen uns wohl in der Rolle des Opfers, ohne uns darüber klar zu sein, daß es Zeiten gab, in denen auch wir andere zum Opfer gemacht haben.

Ich werde nie perfekt sein, und ich werde vermutlich auch in Zukunft die Grenzen anderer verletzen. Durch meine Auseinandersetzung mit Verhaltensweisen meiner Herkunftsfamilie bin ich allerdings in der Lage, meine persönliche Grenzverletzerin zu definieren, und kann sie nunmehr besser überwachen.

Wenn sie über die Stränge schlägt, kann ich zulassen, daß sie sich nötigenfalls schämt, um aus ihren Fehlern zu lernen; kann veranlassen, daß sie Wiedergutmachung leistet und emotional an ihrer Erfahrung wächst. Ich habe mich endlich mit ihr angefreundet und herausgefunden, daß sie mir eine große Lehrerin ist, die mich Bescheidenheit lehrt, da wir beide nie aufhören, Erfahrungen zu machen.

Kapitel 9

Fragebogen zur Selbstanalyse

Für Menschen aus dysfunktionalen Familien ist der Gedanke an Grenzen, noch dazu an gesunde Grenzen, häufig absurd und völlig unverständlich. Wie bereits zu Beginn dieses Buches erörtert, war ich bereits mehrere Jahre von meinen Suchtkrankheiten geheilt, bevor ich das Wort Abgrenzung überhaupt wahrnahm. Ich stellte fest, daß ich auf meinem Genesungsweg nicht nur von anderen zum Opfer gemacht wurde, sondern auch unwissentlich die Grenzen von Freunden, Familie und meinesgleichen verletzte. Um genau zu bestimmen, was meine Vorstellung einer Grenzverletzung war, mußte ich meine Kinder- und Jugendjahre sowie die Entwicklung meiner Grenzen in meiner Herkunftsfamilie erforschen. Was ich entdeckte, war erschreckend. Ich wußte gar nicht, was eine gesunde Grenze ist. Das Familiensystem meiner Jugend fluktuierte von chaotischer Verstrickung zu kontrollierender Strenge. Bevor ich gesunde Grenzen setzen konnte, mußte ich mir zunächst gründliche Einblicke verschaffen in die Aspekte, die ich zu bearbeiten hatte.

Um darüber zu bestimmen, welche Aspekte wir zu bearbeiten haben, müssen wir uns einige einfache Fragen stellen. Der erste Fragenkomplex betrifft die Wahrnehmungen von Privatsphäre in unserer Herkunftsfamilie. Wurde in unserer Familie versäumt, den einzelnen Familienmitgliedern Privatsphäre einzuräumen, oder waren wir in unserer Familie so abgekapselt und verschwiegen, daß wir heute Schwierigkeiten haben, uns zu öffnen und uns – in welcher Form auch immer – mitzuteilen? Die meisten werden feststellen, daß unsere Familien in bestimmten Situationen chaotisch, in anderen wiederum extrem abgekapselt und verschwiegen waren. Durch die Erforschung unserer Jugend stellen wir Parallelen zu unserem Erwachsenenverhalten fest.

Erforschung unserer Herkunftsfamilie

Privatsphäre

1. Haben Sie den Eindruck, daß Ihnen in Ihrer Herkunftsfamilie Privatsphäre zugestanden wurde? ____________ Beschreiben Sie, in welcher Weise das geschah: __________
____

2. Hatten Sie Privatsphäre in Ihrem Zimmer, oder gingen Familienmitglieder nach Belieben bei Ihnen ein und aus? __________ Falls Sie Privatsphäre in Ihrem Zimmer hatten, wie empfanden Sie das? ______________________
____

3. Sofern Ihre Eltern selten Ihr Zimmer betraten, waren Sie dann der Meinung, es liege an ihrem fehlendem Interesse? ______________________________________

4. Wurde angeklopft, bevor man Ihr Zimmer betrat? ______ Wenn nicht, wie empfanden Sie das? ______________
____

5. Fühlten Sie sich in Ihrem Zimmer wohl? ____________ Warum? ____

6. Fühlten Sie sich ungestört, wenn Sie sich in Ihrem Zimmer auszogen, oder fürchteten Sie, jemand könne plötzlich hereinplatzen? __________ Was empfanden Sie, wenn jemand unangekündigt Ihr Zimmer betrat? _______
____

7. Hatten Sie die Möglichkeit, Ihr Zimmer abzuschließen? __

8. Falls sich kein Schlüssel an Ihrer Tür befand, hätten Sie gern einen gehabt? ____________ Warum? __________
____

9. Hatten Sie als Kind Angstzustände? Etwa folgende:
   ________ Alpträume
   ________ Angst vor Schlangen im Zimmer
   ________ Angst vor Spinnen im Zimmer
   ________ Angst, allein im Bett zu schlafen
   ________ Nach dem Kleinkindalter einzunässen
   ________ Angst vor Vampiren, Räubern oder Hexen, die Sie nachts überfallen
   ________ Angst vor der Dunkelheit
   ________ Angst, nachts aufzustehen, um zum Klo zu gehen
   ________ Hatten Sie das Bedürfnis, den Kopf mit einer Decke oder einem Kissen zu schützen?
   ________ Sich zum Schutz etwas über Schlafanzug oder Nachthemd zu ziehen?

Diese Punkte sind Hinweise auf sexuellen Kindesmißbrauch. Falls Sie mehrere Punkte mit Ja beantwortet haben, könnte es in Ihrem Leben unbearbeitete, verdrängte Mißbrauchsprobleme geben, die aufgedeckt werden müssen. Mißbrauch jeder Art verletzt unsere Grenzen.

10. Haben Sie gehört, daß Ihre Eltern nachts, wenn Sie im Bett lagen, Streit hatten? ____________ Wenn ja, was empfanden Sie dabei? ____________
Was empfinden Sie heute? ____________

11. Kamen Mutter oder Vater in Ihr Zimmer, um sich über den anderen Elternteil zu beklagen oder um mit Ihnen Eheprobleme zu besprechen? ____________
Wenn ja, was empfanden Sie dabei? ____________
Wenn Ihnen das unangenehm war, erklären Sie den Grund: ____________
Wenn Ihnen dieses Verhalten das Gefühl gab, etwas Besonderes zu sein, geben Sie den Grund an: ____________
____

12. Schließen Sie die Augen, und stellen Sie sich das Zimmer vor, in dem Sie aufwuchsen. Teilten Sie das Zimmer mit anderen? ____________ Wenn ja, machte Ihnen das Spaß? ____________ Falls es Ihnen Spaß machte, beschreiben Sie den Grund: ____________
Falls es Ihnen keinen Spaß machte, beschreiben Sie den Grund: ____________

Ihre Freiräume

Sofern Sie ein Zimmer mit Geschwistern teilten, hatten Sie dann Ihren eigenen Platz? ____________
Wenn nicht, wie war das? ____________
____

13. Hatten Sie Ihren eigenen Kleiderschrank und Platz in der Wäschekommode? ____________ Mußten Sie Kleider gemeinsam mit Geschwistern tragen? ____________ Wenn ja, was empfanden Sie dabei? ____________
Borgten sich Familienmitglieder Sachen von Ihnen aus, ohne zu fragen? ____________
Wenn ja, was empfanden Sie dabei? ____________
____

14. Wenn in Ihrer Familie sehr strenge Regeln herrschten, das Eigentum anderer zu achten: Was empfanden Sie dabei?
____
Wünschten Sie, man hätte häufiger Dinge untereinander ausgetauscht? ____________

15. Teilen Sie gegenwärtig ein Zimmer mit einer anderen Person? ____________ Wenn ja, haben Sie Ihren eigenen Schrankraum und Ihren eigenen Platz in der Wäschekommode? ____________ Falls nicht, schildern Sie Ihre Situation: ____________
____
Respektiert Ihr Ehepartner, Liebhaber oder Zimmerge-

fährte Ihre Privatsphäre und fragt, bevor er/sie an Ihren Schrank oder Ihre Wäschekommode geht? ________ Falls nicht, was empfinden Sie dabei? ________________

____

Gehen Sie ohne Erlaubnis an den Kleiderschrank oder die Kommode Ihres Ehepartners, Geliebten oder Zimmergefährten? ________________________________
Wie reagiert er/sie darauf? ________________________

____

16. Sind Sie der Ansicht, Ihre persönlichen Dinge im Zimmer liegenlassen zu können, ohne daß Ihre Privatsphäre verletzt wird? ____________ Falls nicht, was empfinden Sie dabei? ________________________________

17. Stöbern Sie schon mal in Schränken, Schubladen, Brieftaschen, Aktenkoffern, Handtaschen etc. anderer Familienmitglieder herum? ________________________
Wenn ja, warum? ________________________________

____

Werden Sie von anderen Familienmitgliedern gelegentlich als Schnüffler oder Wichtigtuer bezeichnet, oder reagieren andere böse, wenn sie herausfinden, daß Sie in ihren persönlichen Sachen herumsuchten? ____________
Wenn ja, was halten Sie von solchen Reaktionen? ________

____

Ihr Bett

18. Hatten Sie als Kind ein eigenes Bett? ________ Falls nicht, mit wem teilten Sie das Bett? ____________________

Kinder brauchen ihren eigenen Schlafplatz und ihr eigenes Bett. Viele Eltern nehmen ein Kind mit ins Ehebett, in der Annahme, dem Kind damit einen Gefallen zu tun. In Wahrheit wird das Kind zum Prellbock zwischen Mutter und Vater gemacht. Oder ein Elternteil fühlt sich einsam und sehnt sich nach einem Bettgefährten. Wenn Kinder ständig nachts ihr Bett verlassen und es sich zur Gewohnheit machen, bei den Eltern zu schlafen, kann das ein Zeichen eines möglichen Kindheitstraumas sein und bedarf der Untersuchung. Wenn Sie das Bett mit anderen teilen mußten, was empfanden Sie dabei? ______________

____

Hatten Sie je den Wunsch nach einem eigenen Bett? ______

19. Sofern Sie regelmäßig im Bett mit einem Elternteil schliefen: Hielten Sie sich deshalb für etwas Besonderes? __________ Schliefen Sie gelegentlich mit einem Elternteil, und der andere Elternteil schlief in einem anderen Zimmer? __________ Wenn ja, hielten Sie sich für wichtiger als der Elternteil, der nicht im Ehebett schlief? __________

20. Erinnern Sie sich an eine Zeit in Ihrer Kindheit, als jemand Ihre Genitalien berührte oder Sie nötigte, seine/ihre Genitalien im Bett zu berühren? ______________
Wenn ja, schildern Sie bitte die Begebenheit: ____________

____

Was empfanden Sie damals dabei? ________________

____

Was empfinden Sie heute? ______________________

____

21. Wenn Sie sich an keinen ähnlichen wie den oben beschriebenen Vorfall erinnern, aber den Verdacht haben, so etwas könnte geschehen sein, schreiben Sie Ihre Gründe für diesen Verdacht auf (d. h. Symptome): ____________

____

22. Wurden Sie nachts geweckt, weil ein Elternteil Ihnen eine Strafpredigt hielt oder Sie betastete oder belästigte, oder wurden Sie vom lauten Verhalten eines alkoholisierten oder wütenden Elternteils, von Großeltern oder Geschwistern geweckt, die sich so verhielten? ______________
Das sind Grenzverletzungen. Falls ja, beschreiben Sie die Vorfälle: ______________________________________

____

23. Kamen Ihre Eltern selten in Ihr Zimmer? ______________
Haben Sie den Eindruck, daß Ihre Eltern sich nicht genügend darum kümmerten, was Sie in Ihrem Zimmer taten?
____
Wünschten Sie, Ihre Eltern hätten sich mehr um Sie und Ihre Aktivitäten gekümmert? ________________________

24. Hatten Sie zu viele Freiheiten in Ihrem Zimmer? _________
Wenn ja, wie denken Sie heute darüber? ______________
____

25. Durften Sie Ihr Zimmer nach Ihren Wünschen einrichten und gestalten, oder gab es in dieser Beziehung Vorschriften? __________ Falls es Vorschriften gab, hielten Sie diese für richtig oder für zu streng? ____________________
War Ihr Zimmer Ausdruck Ihres persönlichen Geschmakkes oder der Ihrer Eltern oder Betreuer? ______________
Falls Sie Ihren persönlichen Geschmack zum Ausdruck brachten, schildern Sie, auf welche Weise: ____________
____
Wenn Ihr Zimmer mehr dem Geschmack Ihrer Eltern oder Betreuer entsprach: Schildern Sie, auf welche Weise:
____
Wie stehen Sie heute dazu? _________________________
____
Mochten Sie Ihr Zimmer? ______________ Nennen Sie die Gründe, warum: _____________________________________
____
Interessierten sich Ihre Eltern dafür, wie Sie Ihr Zimmer gestalteten, indem sie Sie in der Verwirklichung Ihrer Ideen unterstützten? _________________ Wenn nicht, was empfanden Sie dabei? _____________________________
____

26. Gab es bei Ihnen feste Schlafenszeiten? _________ Wenn ja, hielten Sie das für vernünftig? ___________ Wenn es keine

festen Schlafenszeiten gab, was halten Sie heute davon?
____

Kinder brauchen feste Strukturen in ihrem Leben. Sind diese Strukturen aber zu streng, können dadurch Kreativität und Entwicklung zu gesunder Unabhängigkeit gehemmt werden. Wenn Eltern keine gesunde Struktur, Disziplin, Rückhalt und Richtlinien geben, entwickeln Kinder nicht die notwendigen Techniken für ein erfolgreiches Erwachsenenleben. Gesunde Strukturen und Richtlinien lehren uns, bei uns selbst und bei anderen Grenzen zu setzen. Richtlinien in der Kindheit geben uns außerdem ein Gefühl der Geborgenheit.
Wurden Ihrer Meinung nach die oben erwähnten Punkte in Ihrer Kindheit erfüllt? ______________

27. Nehmen Sie Ihre Antworten auf die Fragen 1 bis 26 vor, und schildern Sie, welchen Bezug sie zu den Grenzen in Ihrem heutigen Erwachsenenleben haben: ______________
____
____

Gibt es Parallelen? ______________ Beschreiben Sie, wie die Gepflogenheiten in Ihrer Herkunftsfamilie bezüglich persönlicher Freiräume Sie bis heute in Ihrem Erwachsenenleben beeinflussen: ______________
____
____

28. Wo liegen Ihre Problembereiche, die Sie in Ihrem Genesungsprozeß und in der Entwicklung gesunder Grenzen bearbeiten müssen?
    a. ______________________________
    b. ______________________________
    c. ______________________________

Haben Sie sich vorgenommen, diese Problembereiche zu erforschen? ______________ Wenn Sie mit Ja geantwortet haben, *herzlichen Glückwunsch!* Sie sind auf dem besten Weg, Ihre schadhaften Grenzen zu reparieren.

29. Das Badezimmer ist ein Bereich, der uns großen Aufschluß gibt, welche Grenzen in einem Familiensystem herrschten. Wie bereits erwähnt, sind manche Familien zu chaotisch und andere zu strikt im Umgang mit persönlicher Privatsphäre. In chaotischen Familiensystemen benutzen die Mitglieder Zahnbürsten, Kämme, Rasierapparate und Schminksachen anderer, ohne zu fragen – während es in strikten Familien als ungeschriebenes Gesetz gilt, daß persönliche Dinge ausschließlich vom Eigentümer benutzt werden. Familien, in denen Grenzen fehlen, kennen keine Privatsphäre. Man betritt ungeniert das Badezimmer, während jemand die Toilette benutzt oder badet, und hält das für normales Familienverhalten. In Familien mit strikten Regulierungen sind die Familienmitglieder übertrieben schamhaft im Umgang mit Baden, Toilettenbenutzung, Nacktheit etc. Mit Hilfe der folgenden Fragen können Sie ergründen, welche Regeln und Grenzen in Ihrer Familie zum Thema Badezimmer herrschten. Wir wollen untersuchen, wie diese Kindheitserfahrungen Ihre Grenzen bis in die Gegenwart beeinflussen.

Ihr Badezimmer

Gab es in Ihrer Familie Regeln über die Benutzung des Badezimmers? __________ Wenn ja, zählen Sie die Regeln auf. (Beispiel: Männer mußten den Toilettendeckel nach Benutzung wieder nach unten klappen; man mußte die Tür während der Badezimmerbenutzung verschließen, Badewanne nach Benutzung säubern.)

a. ______________________________
b. ______________________________
c. ______________________________
d. ______________________________
e. ______________________________

30. Welche frühkindlichen Erinnerungen haben Sie an das Badezimmer? (Baden, Sauberkeitstraining auf der Toi-

lette, Eltern beim Baden oder Rasieren zusehen.) ________
____

31. Wie viele Badezimmer oder Toiletten gab es in dem Haus, in dem Sie aufwuchsen? __________ Hatten Ihre Eltern ein eigenes Badezimmer? __________ Wenn ja, durften Sie als Kind das Badezimmer der Eltern benutzen? __________ Wenn die ganze Familie ein Badezimmer benutzte, hatten Sie eine eigene Schublade oder einen Platz für Ihre Waschsachen? __________________

32. Welche Familienregeln herrschten im Hinblick auf die Benutzung der Toilette (z. B. Tür verriegeln, anklopfen, um festzustellen, ob die Toilette besetzt ist.) Nennen Sie drei spezielle Regeln:
    1. ____
    2. ____
    3. ____

33. Kamen Familienmitglieder in die Toilette, wenn Sie sie benutzten? __________ Wenn ja, wie reagierten Sie darauf, und was empfanden Sie dabei? ________________
____
Kam das selten vor, regelmäßig oder häufig? __________
____

34. (Mein Sohn Aaron bat ab dem Alter von zweieinhalb Jahren Michael und mich, ihn alleinzulassen, wenn er die Toilette benutzte. Er schloß die Tür ab und setzte uns damit eine Grenze, mit der er uns zu verstehen gab, daß er auf dem Klo allein sein wollte.) Wenn Ihre Eltern das Badezimmer betreten wollten, wenn Sie es benutzten, waren Sie fähig nein zu sagen? ________________
Wenn ja, wie reagierten die Eltern darauf? __________
____
Wenn nicht, wie reagierten Sie darauf? __________
____

35. Haben Ihre Eltern oder Geschwister die Toilette in Ihrer Gegenwart benutzt? ______________________
Was empfanden Sie dabei? ______________________

____

(Als ich einmal in einer Boutique etwas kaufen wollte, entschuldigte sich die Besitzerin und sagte, sie müsse zur Toilette, und unterhielt sich mit mir auf dem Weg dorthin. Sie benutzte die Toilette bei offener Tür, während ich im Laden stand. Ich war verdattert, doch sie benutzte die Toilette, als sei es das Normalste von der Welt. Dieses Verhalten gab mir einigen Aufschluß über ihre Herkunftsfamilie und ihre Grenzen).

36. Was empfinden Sie heute, wenn ein Freund, Verwandter oder Ihr Ehepartner die Toilette in Ihrem Beisein benutzt? ______________________
Empfinden Sie das als normal, unangenehm oder als Belästigung? ______________________

37. Benutzen Sie die Toilette im Beisein anderer? __________

38. Sind Sie übertrieben schamhaft bei der Benutzung der Toilette? _____ Wenn ja, was empfinden Sie, wenn jemand versehentlich hereinkommt, wenn Sie die Toilette benutzen? ______________________

39. Manche Eltern zeigen übertriebenes Interesse an den Ausscheidungen ihrer Kinder und setzen strenge Sauberkeitsnormen. Manche Kinder werden beschämt oder beschimpft, wenn sie sich nicht ordentlich säubern oder den Toilettensitz nicht hinunterklappen. Haben auch Sie solche Erfahrungen gemacht? ______________________
Wenn ja, beschreiben Sie diese Erfahrungen: __________

____

40. Wenn in Ihrer Familie strikte Sauberkeitsnormen herrschten, schildern Sie, wie sie in Ihrem Familiensystem angewendet wurden: ______________________

____

Hatten Sie das Gefühl, Urinieren oder Darmentleerung seien häßliche, ekelerregende und beschämende Aktivitäten, die geheimgehalten werden mußten und über die man nicht reden durfte? ______

41. Das alles kann unser Erwachsenenleben beeinflussen und Voraussetzungen schaffen, daß wir uns übermäßig vor Bakterien oder Schmutz ekeln und ängstigen. Manche Menschen verhalten sich phobisch bei der Benutzung öffentlicher Toiletten, oder sie entwickeln Phobien über ihre Körpergerüche und Ausscheidungen. Trifft Ähnliches auch auf Sie zu? ______

42. Welches ist Ihre früheste Kindheitserinnerung an ein Badeerlebnis? ______
Ist diese Erinnerung angenehm oder unangenehm? ______

43. In welchem Alter haben Ihre Eltern aufgehört, Sie zu baden? Ab wann durften Sie allein baden? ______
Drei- bis vierjährige Kinder sind bereits fähig, allein zu baden, und wollen meist auch nicht mehr gebadet werden.

44. Erinnern Sie sich, welcher Elternteil darauf bestand, daß Sie gebadet wurden? ______

45. Haben Sie mit Geschwistern oder Eltern gebadet? ______
Wenn ja, schildern Sie diese Erfahrung: ______
______
Eltern, die nach dem Kleinkindalter mit ihren Kindern baden, verhalten sich sexuell mißbrauchend. Kindern muß persönlicher Freiraum und Privatsphäre beim Baden gewährt werden, da sie dadurch etwas über Privatsphäre lernen. Gleichzeitig lernen sie, daß sie das Recht haben, Grenzen zu setzen und allein im Badezimmer sein zu dürfen.

46. Erinnern Sie sich, ab welchem Alter Sie allein gebadet haben? ______

47. Ab welchem Alter durften Sie das Badezimmer nicht mehr betreten, wenn ein Elternteil badete? ____________

48. Erinnern Sie sich, in welchem Alter Sie Ihre Privatsphäre im Badezimmer ohne Eltern und Geschwister beanspruchten? ____________

49. Haben Sie je Einläufe bekommen? ____________ Wenn ja, welche Empfindungen hatten Sie bei dieser Prozedur? ____________

(Einläufe sind eine indirekte Form von sexuellem Mißbrauch und können Empfindungen persönlicher Belästigung, Hilflosigkeit und Beschämung hervorrufen. Einläufe können Grenzen verletzen. Das Gefühl ohnmächtiger Hilflosigkeit schafft Voraussetzungen, daß wir als Erwachsene Probleme mit Selbstschutz, zwischenmenschlichen Beziehungen und im sexuellen Bereich haben.)

50. Haben Sie als Kind an einer Krankheit gelitten, die eine ärztliche Untersuchung oder Behandlung Ihrer Geschlechtsteile erforderlich machte? ____________
Wenn ja, beschreiben Sie den Vorfall: ____________

Schildern Sie, was Sie dabei empfanden: ____________

(Häufige genitale Entzündungen oder Ausschläge können Symptome eines sexuellen Kindheitstraumas sein. Medizinische Eingriffe im Genitalbereich in der Kindheit sind Formen indirekten sexuellen Mißbrauchs, auch wenn sie notwendig sind. Diese Erfahrungen rufen Gefühle der Beschämung, Erniedrigung und Ohnmacht hervor.)

51. Wenn Sie Erlebnisse hatten, die mit den Fragen 49 oder 50 vergleichbar sind, beschreiben Sie bitte, auf welche Weise Sie diese Erfahrungen noch heute beeinflussen (z. B. Angst vor Ärzten, Entzündungen der Blase oder Harnwege, sexuelle Störungen): ____________

52. Wie verhalten sich Ihre Eltern heute in Ihrem Erwachsenenleben beim Benutzen der Toilette oder des Badezimmers? ______________________________

53. Wie verhalten sich Ihre Eltern heute, wenn Sie als Erwachsener die Toilette benutzen, sich umziehen oder baden? ______________________________

____

54. Wie verhalten Sie sich als Erwachsener bezüglich Ihrer Grenzen, wenn Sie die Toilette benutzen, sich umziehen oder baden? ______________________________

____

55. Wenn Sie Kinder haben: Wie verhalten Sie sich bezüglich Ihrer Grenzen, wenn Ihre Kinder die Toilette benutzen, sich umziehen oder baden? ______________________________

____

(Eine der ersten Fragen, die ich einem neuen Klienten stelle, lautet: »In welcher Form wurde in Ihrer Herkunftsfamilie über Sexualität gesprochen?« Oder: »Wer hat Sie über Sexualität aufgeklärt?« Diese heiklen Fragen können wichtige Informationen über die Grenzen liefern, mit denen jemand aufgewachsen ist. Viele von uns wurden infolge fehlerhafter sexueller Grenzen unserer Eltern indirekt sexuell mißbraucht. Wie bereits erwähnt, ist indirekter sexueller Mißbrauch eine Form des Mißbrauchs, der in unseren Familien stattfand, ohne von unseren Betreuern beabsichtigt gewesen zu sein. Indirekter sexueller Mißbrauch kann die Voraussetzungen schaffen, daß wir als Erwachsene in sexuellen Bereichen verwirrt sind und außerdem keine Klarheit über unsere eigenen sexuellen Grenzen haben.)

Sexualität

56. Wer hat Sie sexuell aufgeklärt? ______________ Wie fand sexuelle Aufklärung von seiten der Eltern statt? ________

Hat diese Form der Aufklärung Sie zufriedengestellt? ____
Wenn nicht, wieso nicht? ____

57. Wie sprachen Ihre Eltern über Sexualität im allgemeinen miteinander, mit Geschwistern und in bezug auf Schwangerschaft vor der Ehe, vorehelichen Sex, Homosexualität etc.? ____

Waren Ihre Eltern der Ansicht, oben genannte Punkte seien sündhaft und unmoralisch? ____

58. Hatten Ihre Eltern eine besondere Einstellung zu Frauen, die sich vor der Ehe sexuell betätigten? ____
Wenn ja, wie lautete diese Einstellung? ____
Welche Einstellungen hatten sie zu Männern, die vorehelichen Sex praktizierten? ____

59. Machten Ihre Eltern Ihnen Vorschriften in bezug auf Ihren Modestil in der Pubertät? (Z. B. Mädchen dürfen keine kurzen Röcke tragen oder sich schminken; Jungen dürfen keine langen Haare oder enge Hosen tragen.) ____

Übten sie Kontrolle aus, mit wem Sie ausgingen? (Z. B. Verbote, mit bestimmten Jungen oder Mädchen aus bestimmten sozialen Schichten oder ethnischen Gruppen auszugehen.) ____

60. In welchem Alter hatten Sie Ihr erstes sexuelles Erlebnis? ____ Beschreiben Sie diese Erfahrung: ____

Wie viele Sexualpartner hatten Sie in Ihrem Leben? ____
Dient Sex zu Ihrer Selbstbestätigung, um Ihren Selbstwert zu steigern oder um Ihre Stimmung zu heben? ____
Wenn ja, nennen Sie Beispiele: ____

61. Haben Sie Spaß an Sex? ____ Haben Sie den Eindruck,

Ihr sexueller Appetit sei ungewöhnlich hoch oder geringer als normal? ______ Hat man Sie je beschuldigt, sexuell zu gierig oder frigide zu sein? ______
Wenn ja, was trifft auf Sie zu? ______
Haben Sie darüber schon einmal mit einem Freund, einer Freundin oder einem Berater gesprochen? ______
Wenn nicht, rate ich Ihnen, einen Therapeuten aufzusuchen.

62. Welche Einstellung hatten Ihre Eltern zur Masturbation?
______

Wenn Sie es nicht wissen, ist dies ein Hinweis darauf, daß Ihre Eltern dem Thema Schamgefühle entgegenbrachten, da nicht darüber gesprochen wurde. Wer hat mit Ihnen über Masturbation gesprochen? ______
Beschreiben Sie das Gespräch: ______
______

Viele Heranwachsende wurden bestraft, weil sie masturbierten. Wenn Ihnen das widerfuhr, beschreiben Sie die Erfahrung: ______
______

Masturbieren Sie heute? ______ Sind Sie der Meinung, zu häufig oder zu selten zu masturbieren? ______
Masturbieren Sie als Ersatz für sexuelle Betätigung mit Ihrem Ehepartner oder Geliebten, um schmerzliche Gefühle zu vertreiben oder wenn Sie sich langweilen? ______
Wenn Sie überhaupt nicht masturbieren: Welche Empfindungen haben Sie diesbezüglich? ______
Das kann ein Hinweis auf unverarbeiteten Mißbrauch sein.

63. Wenn Sie schwul (homosexuell oder lesbisch) sind: Welche Haltung bringt Ihnen Ihre Familie entgegen? ______
______

Schildern Sie die Reaktion Ihrer Familie, als Sie Ihre sexuellen Neigungen bekanntgaben: ______
______

Wie verhielt sich Ihr Vater? ______________________

____

Wie verhielt sich Ihre Mutter? ______________________

____

Wie verhielten sich Geschwister? ______________________

____

Fühlten Sie sich angenommen, abgelehnt, oder ist Ihre Sexualität ein ›Tabuthema‹? ______________________
Empfinden Sie Scham, übersteigerte Angst, was andere darüber denken, oder sind Sie wegen Ihrer Sexualität verwirrt? ______________________
Wenn das der Fall ist, rate ich Ihnen, mit einem Therapeuten zu sprechen, der mit Schwulenproblemen vertraut ist. Wenn wir uns mit unserer Sexualität nicht wohl fühlen, haben wir Schwierigkeiten, Grenzen zu verstehen und zu setzen.

64. Wenn Sie nicht schwul sind: Haben Sie sich je gefragt, ob Sie möglicherweise solche Neigungen haben? ______________
Wenn Sie diese Fragen als Erwachsener beunruhigen, kann das auf unverarbeitete Probleme mit sexuellem Mißbrauch zurückzuführen sein. Sie stehen gewöhnlich im Zusammenhang mit sexuellem Mißbrauch durch einen gleichgeschlechtlichen Erwachsenen. Sexueller Mißbrauch jeder Form verursacht eine Vielzahl von Grenzverwischungen. Sexueller Mißbrauch, ob direkt oder indirekt, ruft große Verwirrung über die eigene Sexualität hervor.

65. Können Sie zu sexuellen Annäherungen eines anderen nein sagen, wenn Sie nicht in Stimmung für Sex sind, oder lassen Sie sich auf sexuelle Begegnungen ein, obgleich Sie nicht in Stimmung sind? ______________ Wenn Sie die Frage mit Ja beantworten, welche Empfindungen haben Sie dabei? ______________________

____

____

Nennen Sie ein Beispiel aus jüngster Zeit für solches Verhalten: ___

Wenn Sie ein Single sind, wieviel Zeit verstreicht, nachdem Sie einen potentiellen Sexualpartner kennengelernt haben, bevor Sie sich sexuell mit ihm betätigen? ___

___

Wenn Sie verheiratet sind oder in einer signifikanten Partnerbeziehung leben: Haben Sie an sexuellen Handlungen teilgenommen, die Sie abstoßend finden? ___

Beschreiben Sie einen Vorfall dieser Art aus jüngster Zeit:

___

(»Was verstehst du eigentlich an dem Wort *nein* nicht, Carla?« war ein Satz, den ich von einigen engen Freunden hörte, die mich wegen meiner Unfähigkeit, dieses Wort zu benutzen, zu konfrontieren wagten. Viele von uns, die von einem anderen – ob Ehepartner, Kind, Verwandter oder Freund – um etwas gebeten werden, haben das Wort *nein* auf der Zunge und hören sich unweigerlich mit *ja* antworten. Wenn wir Anliegen anderer immer wieder mit Ja beantworten, obgleich wir eigentlich nein sagen wollen, zwingen wir uns immer wieder zu einer Verpflichtung, die wir eigentlich gar nicht eingehen wollen. Wie an anderer Stelle erörtert, eignen wir uns die Fähigkeit des *Neinsagens* im Alter zwischen 18 Monaten und 3 Jahren an.)

Nachfolgend einige Fragen, mit deren Hilfe wir herausfinden, wo die Wurzeln unserer Konzepte zu diesem Wort liegen.

Grundsätzliches Grenzverhalten

66. Zunächst prüfen Sie bitte, ob es Ihnen bei einigen der nachstehenden Punkte schwerfällt, nein zu sagen:

___ Forderungen an Ihre Dienstleistungen (Kuchen backen für Familienfeste, das Auto eines Verwandten reparieren, eine Freundin von A nach

B fahren, auf das Kind von Verwandten oder Freunden aufpassen, wozu Sie keine Lust haben)

________ Fragen anderer, sich von Ihnen eine Sache auszuleihen, die Sie nicht verleihen wollen

________ Anfragen anderer, sich von Ihnen Geld zu borgen, wenn Sie kein Geld übrig haben oder dem Betreffenden kein Geld borgen wollen

________ Einladungen zu Anlässen oder Zusammenkünften, die Sie langweilen

________ Sexuelle Annäherungen des Ehepartners oder Geliebten oder von Männern, mit denen Sie ausgehen, wenn Sie nicht in Stimmung sind

________ Aufforderungen, sich an sexuellen Aktivitäten zu beteiligen, bei denen Sie sich emotional oder körperlich nicht wohl fühlen oder die Sie abstoßen

________ Berührungen, Umarmungen oder Küsse von Menschen, von denen Sie solche Zärtlichkeiten nicht wünschen

________ Geschenke annehmen, die Ihnen unangenehm sind

________ Aufforderungen, zu essen oder zu trinken, wenn Sie nicht hungrig oder durstig sind

________ Bitten anderer, Ihnen zuzuhören, wenn Sie nicht in Stimmung dafür sind oder etwas anderes zu tun hätten

________ Telefonanrufe anderer, wenn Sie es eilig haben oder mit einer wichtigen Arbeit beschäftigt sind

________ Verwandte, die unangemeldet zu Besuch kommen

________ Freunde, die unangemeldet zu Besuch kommen

________ Verwandte, die unangemeldet bei Ihnen übernachten wollen

________ Freunde, die unangemeldet bei Ihnen übernachten wollen

67. Können Sie Ihrem Ehepartner oder Geliebten eine Bitte abschlagen, die Sie nicht erfüllen wollen? ________

68. Wenn Sie mit Nein geantwortet haben, geben Sie Beispiele der Bitten, die Sie schwer abschlagen können: ________

____

69. Schlagen Sie einem wichtigen Menschen in Ihrem Leben schon mal eine Bitte ab und erfüllen sie dann trotzdem?

____

70. Wenn Sie mit Ja geantwortet haben, beschreiben Sie solche Erfahrungen: ________

____

71. Sind Sie fähig, Ihren Kindern eine Bitte abzuschlagen, die Sie für unangemessen halten? ________

72. Haben Sie das Gefühl, eine Erklärung für Ihre Entscheidungen abgeben zu müssen? ________

73. Sagen Sie Ihren Kindern gelegentlich nein und geben später doch nach? ________

74. Wenn Sie Ja geantwortet haben, geben Sie einige Beispiele dieses Verhaltens: ________

____

75. Wurden Sie schon einmal als ›zu gutmütig‹, ›zu nachsichtig‹ bezeichnet oder beschuldigt, Ihre Kinder zu verwöhnen? ________

76. Wie beurteilen Sie Ihre Fähigkeit der Kindererziehung und die Fähigkeit, Ihren Kindern gesunde Grenzen zu setzen? ________

77. Wurden Sie schon einmal beschuldigt, ›zu streng‹ oder ›zu dominant‹ mit Ihren Kindern umzugehen? ________

78. Wenn ja, nennen Sie Beispiele: ________

____

Die meisten Menschen setzen in der Erziehung ihrer Kinder entweder wenig bis gar keine Grenzen oder stellen strenge, kompromißlose Regeln auf. Beides ist im Extrem dysfunktionales Verhalten und ein Resultat unserer eigenen Erziehung und der Form, wie uns das Wort *nein* nahegebracht wurde.

79. Erinnern Sie sich aus Ihrer Kindheit und Jugend, Ihren Eltern gegenüber nein gesagt zu haben? ________
Denken Sie an Ihre Kindheit, und rufen Sie sich ins Gedächtnis zurück, wie Ihre Mutter reagierte, wenn Sie nein gesagt haben. Beschreiben Sie, was geschah: ________

____

80. Beschreiben Sie, was geschah, als Sie Ihrem Vater gegenüber nein sagten: ________

____

81. Manche Kinder werden bestraft, wenn sie ihren Eltern gegenüber nein sagen. Wenn dies auf Sie zutrifft, wurden Sie in Ihrem Lernprozeß gehemmt, Grenzen zu setzen. Wenn Sie mit emotionalem Rückzug, Mißachtung, körperlicher Züchtigung oder verbaler Maßregelung bestraft wurden, schildern Sie bitte diese Formen des Mißbrauchs: ________

____

82. Was empfanden Sie damals bei solchen Vorfällen? ________

____

83. Wie denken Sie heute darüber? ________

____

84. Fürchten Sie Zurückweisung, Verlassenheit oder Bestrafung, wenn Sie heute als Erwachsener Freunden oder Verwandten gegenüber nein sagen? ____________________

85. Wenn ja: Lassen sich Ihre Ängste auf bestimmte Kindheitserfahrungen zurückführen? Wenn ja, nennen Sie solche Erfahrungen, und beschreiben Sie, welchen Bezug sie auf gegenwärtige Erfahrungen haben: ____________________
____

(Wir lernen den Umgang mit dem Wort nein auch durch Beobachten unserer Eltern. Wie bereits geschildert, hatten die erwachsenen Frauen meiner Herkunftsfamilie große Schwierigkeiten, das Wort nein auszusprechen. Als Folge davon kam es mir nie in den Sinn, Anliegen anderer abzuschlagen. Ich glaubte wirklich, keine freie Entscheidung zu haben, und war der Meinung, ich müsse nachgeben und jede Bitte erfüllen.)

86. Haben Sie den Eindruck, Ihrer Mutter sei es schwergefallen, Bitten oder Forderungen Ihres Vaters, von Verwandten, Nachbarn, Kollegen, Ihren Geschwistern und Ihnen selbst abzuschlagen? ____________________ Wenn ja, nennen Sie Beispiele: ____________________
____

87. Ist es Ihrem Vater schwergefallen, Ihrer Mutter, seinen Schwiegereltern, Eltern, Freunden, Nachbarn, Ihnen selbst oder Ihren Geschwistern gegenüber nein zu sagen? ____________________ Wenn ja, nennen Sie Beispiele: ____________________
____

88. Meinen Eltern fiel es manchmal leichter, Nachbarn oder Kollegen am Arbeitsplatz nein zu sagen als Familienmitgliedern. Gab es bestimmte Menschen, bei denen es Ihren Eltern schwerer fiel, nein zu sagen? ____________________
____

89. Als Erwachsene fällt es uns bei manchen Menschen leich-

ter und bei anderen schwerer, nein zu sagen. Nennen Sie die Personen, bei denen es Ihnen schwerer fällt, nein zu sagen (Verwandte, Freunde, Kollegen, etc.): ____________

____

90. Weisen die oben genannten Personen ähnliche körperliche Merkmale, ähnliche Verhaltensmuster oder andere ähnliche Eigenschaften auf? (Ich hatte beispielsweise Schwierigkeiten, Männern nein zu sagen, die ein starkes Persönlichkeitsbild aufwiesen oder die laut waren. Bei ihnen konnte ich kaum nein sagen, weil sie mich einschüchterten.) ____________________________

____

91. Fällt es Ihnen schwerer, eine Bitte abzuschlagen, wenn jemand ein bestimmtes Verhalten an den Tag legt (beispielsweise als Opfer, Tyrann oder als Jammerer auftritt)? __________ Wenn ja, beschreiben Sie das: ________

____

92. Prüfen Sie anhand der aus den Fragen 89, 90 und 91 gesammelten Informationen, was Sie tun können, um anderen nein sagen zu können, etwa an der Herkunftsfamilie arbeiten, Selbstbehauptungstraining und Wutverarbeitung unter Anleitung eines Therapeuten, um Ihre innere Stärke wiederherzustellen. (In Gegenwart der Menschen, die mich in meiner Jugend mißbraucht hatten, oder in Gegenwart von Menschen, die ähnliche Eigenschaften aufwiesen wie meine Mißbrauchstäter, verlor ich die Kraft, nein zu sagen. Ich mußte meine eigenen Mißbrauchsthemen durcharbeiten, um meine Macht wiederzugewinnen, und nein sagen lernen, ungeachtet der Persönlichkeitsstruktur eines Menschen.) Erstellen Sie einen Plan, wie Sie das Neinsagen lernen:

a. Ich werde ______________________________
b. Ich werde ______________________________
c. Ich werde ______________________________

93. Haben Sie den Vorsatz, diesen Plan in die Tat umzusetzen? ______________ Wenn ja, herzlichen Glückwunsch! Sie sind auf dem Weg der Besserung! Es ist unendlich wichtig zu begreifen, daß wir nicht eigensüchtig, selbstbezogen oder undankbar sind, wenn wir aus Gründen des Selbstschutzes anderen gegenüber nein sagen. Wir verhalten uns vielmehr als Erwachsene, denen klar ist, daß sie für ihr eigenes Wohlbefinden verantwortlich sind und daß sie die Pflicht haben, sich ihrer selbst anzunehmen.

Emotionaler Inzest

94. Viele Menschen wachsen in Familiensystemen auf, die von emotionalem Inzest geprägt sind. Wie an früherer Stelle erörtert, hatten viele Menschen in ihrer Kindheit Beziehungen zu Erwachsenen, die sie in die Rolle von ›Papas kleiner Prinzessin‹, ›Mamas kleinem Begleiter‹, ›Vaters Aufpasserin‹ oder ›Mamas kleinem Beschützer‹ drängten. Diese Rollen bereiten uns darauf vor, uns als Erwachsene um andere zu kümmern. Als Folge des emotionalen Inzests in unserer Herkunftsfamilie kümmern sich viele von uns bis heute um einen oder mehrere Verwandte.

Sehen wir uns Johannas Geschichte an.

Johanna hatte eine innige Beziehung zu ihrem Vater. Wenn er abends von der Arbeit nach Hause kam, setzte er sich mit ihr in den Garten und plauderte mit ihr. Er brachte seiner Tochter immer Schokolade oder ein kleines Spielzeug mit und erzählte ihr, wie sein Tag im Büro verlaufen war. Johanna fand es schön, von ihrem Vater soviel Aufmerksamkeit zu erhalten, auch wenn sie nur die Hälfte von dem verstand, was er ihr erzählte. Der ganze Bürokram interessierte sie eigentlich nicht, dennoch hörte sie aufmerksam zu. Als Johanna das Elternhaus verließ, um das College zu besuchen, rief der Vater sie regelmäßig an und berichtete ihr weiterhin über sein Leben. Allmählich nahm Johanna daran Anstoß, daß ihr Vater sich eigentlich gar nicht für ihr Leben zu interessieren schien. Sie tat so, als höre sie ihm zu, räumte dabei ihr Zimmer auf oder verfolgte das Fernsehprogramm und war jedesmal froh, wenn sie den Hörer auflegen konnte.

Als Johanna heiratete, erhielt sie nach wie vor mehrmals pro Woche Anrufe von ihrem Vater. Als vielbeschäftigte Hausfrau und Mutter zweier Kinder ärgerte sie sich darüber, daß ihr Vater ihre Zeit so sehr in Anspruch nahm, wußte aber, daß sie nichts dagegen tun konnte, da sie seine einzige Gesprächspartnerin war. Sie haßte es, sich emotional so sehr um ihren Vater kümmern zu müssen, und übertrug nicht selten ihre Frustrationen nach Telefonaten mit dem Vater auf Ehemann und Kinder. Sie beschuldigte ihren Mann, ihre Zeit genau wie ihr Vater in Anspruch zu nehmen. Als ihre Mutter starb, fühlte Johanna sich völlig überfordert und voller Ängste im Wissen, daß ihr Vater sie nun noch mehr in Anspruch nehmen würde.

Hatten auch Sie in Ihrer Kindheit eine besondere Beziehung zu einem Elternteil, Großeltern oder einem anderen Erwachsenen? ___ Wenn ja, wer war dieser Erwachsene? ___
Beschreiben Sie die Beziehung: ____________________

____

95. Fühlten Sie sich durch diese Beziehung erwachsener? _____
Bewirkte diese Beziehung, daß Sie sich auch erwachsener verhielten? ____________________ Wenn ja, in welcher Weise?

____

Wurden Sie zu sehr bevorzugt?

96. Menschen, die durch emotional inzestuöse Beziehungen eine Vorzugsposition einnahmen, fällt es oft schwer zu erkennen, daß sie mißbraucht wurden. Nachstehend einige Wesenzüge von Menschen in Vorzugsstellungen. Prüfen Sie, ob diese Merkmale auf Sie zutreffen:

________ Schwierigkeiten, Wut, Trauer oder Einsamkeitsgefühle zum Ausdruck zu bringen

________ Ein tiefes Gefühl der Einsamkeit

________ Meist völlig autark (›Ich mache das selbst‹)

________ Schwierigkeiten, um Hilfe zu bitten

________ Starkes Bedürfnis, auf andere kontrolliert zu wirken

________ Starker Perfektionsdrang

________ Arbeitet als Erwachsener in einem helfenden Beruf

________ Angst vor Intimität oder sich anderen ehrlich zu öffnen

________ Schwierigkeiten, mit Gleichgeschlechtlichen oder Andersgeschlechtlichen auf gesunde Weise zu kommunizieren

________ Ist in Beziehungen meist Zuhörer und hat Schwierigkeiten, seine emotionalen Bedürfnisse zu erfüllen

________ Andere laden Probleme bei ihr/ihm ab

________ Fühlt sich verpflichtet, für Eltern, Geschwister, etc. da zu sein, wenn er/sie gebraucht wird; oder übernimmt die Rolle des Beraters auf Kosten der eigenen Person, des Ehepartners oder der Kinder

________ Hat Schwierigkeiten, bei Bitten von Eltern oder Geschwistern Grenzen zu setzen; sagt Verwandten gegenüber ungern nein

________ Ehe- oder Beziehungspartner beklagt sich über ständige Forderungen von Schwiegereltern oder anderen Verwandten

________ Verteidigt das Verhalten der Familie dem Ehepartner gegenüber

________ Fühlen Sie sich gelegentlich so grandios oder mächtig, daß Sie den Lauf der Geschichte verändern könnten? Oder fühlen Sie sich verantwortlich für Vorfälle und Situationen, die außerhalb Ihrer Kontrolle liegen?

________ Überfallen Sie Angst, Panik oder Wut, wenn Sie die Kontrolle zu verlieren glauben?

________ Haben Sie Schwierigkeiten, Verantwortung für Verhaltensweisen zu übernehmen, die andere beleidigen – auch wenn Sie damit konfrontiert werden?

________ Fühlen Sie sich für die Befindlichkeit Ihrer Eltern oder Ihres Lebenspartners verantwortlich?

________ Glauben Sie, das Leben eines anderen Menschen verändern zu können, beispielsweise einem Alkoholiker das Trinken abzugewöhnen oder einen Süchtigen von seiner Suchtkrankheit zu heilen, den emotionalen Schmerz eines anderen zu lindern oder die Lebenssituation eines anderen zum Guten zu wenden?

Menschen in Vorzugsstellung, die zu große Machtbefugnisse haben, neigen zu übermäßigem Kontrollverhalten, übersteigertem Verantwortungsbewußtsein und fühlen sich zu Menschen hingezogen, die sie heilen und retten zu können glauben, da sie in der Kindheit dafür benutzt wurden, sich um andere emotional und möglicherweise auch körperlich anzunehmen.

(Michael war ein bevorzugtes Kind, der es als Erwachsener für seine Aufgabe hielt, mich von meiner Suchtkrankheit zu heilen. Als seine Bemühungen scheiterten, hielt er sich für einen Versager.)

Die meisten bevorzugten Kinder wurden emotional inzestuös behandelt und in Rollen gedrängt, in denen sie die Bedürfnisse eines oder beider Elternteile erfüllten. Diese Form des Mißbrauchs geschieht meist indirekt. Aus diesem Grund fällt es bevorzugten Erwachsenen schwer zu erkennen, daß sie mißbraucht wurden. Diese Menschen können erst dann gesunde Grenzen setzen und erfolgreiche Beziehungen eingehen, wenn sie lernen, bei ihren Herkunftsfamilien Grenzen zu setzen. Für einige bedeutet das sogar, sich emotional von dem Elternteil zu trennen, der die emotional inzestuöse Beziehung geschaffen hat, und mit diesem Elternteil eine neue Beziehung einzugehen, in der es gesunde Grenzen gibt und in der das Wort nein – falls nötig und angebracht – ausgesprochen wird. Wenn wir diese Probleme der Bevorzugung an ihrem Kern, nämlich in der Kindheit, bearbeiten, ziehen wir daraus Nutzen, der nicht nur unsere Beziehungen zu unserer Herkunftsfamilie entscheidend verbessert, sondern sich auch positiv auf unsere gegenwärtigen Beziehungen auswirkt.

97. Wenn Sie in der Kindheit durch eine spezielle Beziehung mit einem Erwachsenen oder als Folge einer Vorzugsstellung mißbraucht wurden, beschreiben Sie das: __________

____

98. Schildern Sie, auf welche Weise obengenannte Faktoren Sie heute in Ihren aktuellen Beziehungen beeinflussen: ____

____

99. Nennen Sie Möglichkeiten, wie Sie Ihr Kontrollverhalten verändern können (z. B. Psychotherapie, therapeutische Beratung, Workshops über Herkunftsfamilien, 12-Schritte-Gruppen, etwa Anonyme Co-Abhängige, Al-Anon, Erwachsene Kinder von Alkoholikern): ____________

____

100. Wenn Sie den Entschluß gefaßt haben, Ihre Biographie als bevorzugtes Kind zu erkunden, gratuliere ich Ihnen von ganzem Herzen. Dieses Kernproblem aus der Herkunftsfamilie ist besonders schwierig zu bearbeiten, da Sie für Ihr Verhalten belohnt wurden. Diese Belohnung bestand in vermehrter Zuwendung. Viele haben jedoch für diese bevorzugte Behandlung, mit der sie sich zeitweise wohl

fühlten, einen hohen Preis bezahlt und zahlen noch heute als Erwachsene dafür. Wo sehen Sie Ihren Lohn heute (z. B. Machtposition, vermehrte Zuwendung, das Gefühl, etwas Besonderes zu sein)? ____________________

____

Ich beglückwünsche Sie zu Ihrer Ehrlichkeit!

Angst vor Verlassenheit

Ein weiteres Gefühl, das die Voraussetzungen schafft, als Erwachsener Schwierigkeiten mit Grenzsetzung zu haben, ist eine überwältigende Angst, verlassen zu werden. Dieses Gefühl hat seinen Ursprung in aller Regel in unserer Jugend und ist eine Reaktion auf ein ungelöstes Trauma. Emotional, körperlich oder sexuell mißbrauchte Kinder werden zugleich verlassen, da ihr Wohlbefinden völlig unberücksichtigt bleibt. Manche von uns lassen sich als Erwachsene von anderen mißbrauchen, ohne dieses Verhalten zu konfrontieren aus Angst, verlassen zu werden. Es fällt uns leichter, den Mißbrauch zu akzeptieren, als die Erfahrung möglicher Verlassenheit zu riskieren, wenn wir andere wegen ihres Verhaltens konfrontieren. Nachfolgend ein Fragenkatalog, der uns bei der Entscheidung helfen soll, ob unsere Verlassenheitsängste unsere Fähigkeit beeinträchtigen, bei anderen Grenzen zu setzen.

101. Denken Sie an Vorfälle, bei denen Sie den Forderungen anderer nachgegeben haben, obwohl Sie das nicht wünschten. Scheuten Sie sich bei solchen Gelegenheiten, nein zu sagen, weil Sie Angst hatten, andere würden Sie aus diesem Grund weniger gern haben? ____________
Wenn ja, schildern Sie einige dieser Situationen: ____________

____

102. Haben Sie feindselige, herabsetzende oder beschämende Bemerkungen anderer hingenommen, ohne sich zu verteidigen aus Angst, der/die andere könne die Beziehung beenden oder Sie verlassen? ____________
Wenn ja, nennen Sie ein Beispiel: ____________

____

103. Wollten Sie je einen anderen wegen seines/ihres beleidigenden Verhaltens zur Rede stellen, haben es aber unterlassen aus Angst vor möglichen negativen Reaktionen? ____ Wenn ja, vor welchen Reaktionen ängstigen Sie sich? __________ Schildern Sie eine Situation: __________

____

104. Scheuen Sie davor zurück, Ihre Eltern, Geschwister oder Verwandten wegen ihres Verhaltens zur Rede zu stellen aus Angst mißachtet, verlassen, zurückgewiesen, beschämt zu werden oder einen Wutausbruch auszulösen? __________ Wenn ja, schildern Sie, wie jeder der nachfolgend Genannten reagieren würde, wenn Sie ihn/sie durch Ihr Neinsagen konfrontieren oder dem jeweiligen Verhalten oder der Forderung Grenzen setzen:

a. Mutter __________
b. Vater __________
c. Bruder __________
d. Schwester __________
e. Großmutter __________
f. Großvater __________
g. Tante __________
h. Onkel __________
i. Andere __________

105. Scheuen Sie davor zurück, Ihren Lebenspartner, Ihre Kinder, Freunde oder Kollegen zu konfrontieren aus Angst mißachtet, verlassen, zurückgewiesen, beschämt zu werden oder einen Wutanfall des Betroffenen zu riskieren? __________ Wenn ja, schildern Sie, wie die nachfolgend Genannten darauf reagieren würden, wenn Sie ihnen Grenzen setzen oder sie konfrontieren würden:

a. Ehe-, Lebenspartner __________
b. Kind __________
c. Kind __________
d. Freund __________
e. Freundin __________
f. Kollege __________
g. Chef __________

106. Sehen Sie Parallelen zwischen 104 und 105? ___________
Wenn ja, welche? ___________

____

107. Fürchten Sie sich, allein zu sein? ___________ Wenn ja, was ängstigt Sie besonders am Alleinsein? ___________

____

108. Haben Sie manchmal das Gefühl, Gott habe Sie verlassen, oder es gebe gar keinen Gott? ___________ Dies ist eine typische Reaktion auf Verlassenheit in der Kindheit. Ich habe noch keinen Atheisten getroffen, der nicht ernsthafte Verlassenheitsprobleme in der Kindheit aufwies.

109. Verlassen Sie sich selbst, verleugnen Sie Ihre Wünsche und Ziele, um für andere verfügbar zu sein, um nicht verlassen zu werden? ___________ Ist Ihnen klar, daß wir zuerst lernen müssen, uns selbst nicht zu verleugnen, bevor wir lernen können, Grenzen bei anderen zu setzen? ___________

110. Viele von uns verleugnen unsere emotionalen, körperlichen, sexuellen und spirituellen Bedürfnisse, um für andere verfügbar zu sein aus Angst, verlassen zu werden. Als Folge davon setzen wir keine Grenzen bei anderen. Wie erkennen Sie, daß Sie sich verleugnen, um Sorge für andere zu tragen? Nennen Sie drei Beispiele:
    a. ___________
    b. ___________
    c. ___________

111. Wo liegen Ihrer Meinung nach die Wurzeln Ihrer Verlassenheitsängste? ___________

____

112. In welcher Weise werden Sie nach Ihrer Auffassung von den oben genannten Faktoren bis heute beeinflußt? ___________

____

113. Was müssen Sie tun, um aufzuhören, sich selbst zu verleugnen? ______________________________
____

114. Manche von uns haben so große Angst, verlassen zu werden, daß sie Hilfe von außen brauchen, etwa Psychotherapie, um diese Konfliktbereiche zu bearbeiten. Wenn Sie Hilfe von außen brauchen, zu welcher Form wären Sie bereit? ______________________________

115. Wann werden Sie diesen Schritt tun? ______________
Sie haben soeben einen Vertrag mit sich selbst geschlossen, um Ihre Verlassenheitsängste zu bearbeiten. Ich wünsche Ihnen alles Gute für Ihre Reise!

Triangulation

116. Eine weitere Dynamik, die uns daran hindert, Grenzen bei Familienmitgliedern und anderen zu setzen, ist die Dreieckskonstellation, die sogenannte Triangulation, das heißt, die Rolle des ›Vermittlers‹ für zwei andere Menschen zu spielen. Grenzen sind in einer solchen Konstellation nicht nur undeutlich, sie sind meist gar nicht vorhanden. Sehen Sie sich die Diagramme auf der nächsten Seite an, und bezeichnen Sie die Dreieckskonstellationen, in denen Sie sich augenblicklich befinden.

117. Wie fühlen Sie sich in einer Triangulation (wütend, glücklich, traurig, bevorzugt, auserwählt, gebraucht)? __________
____

118. Wenn Sie in Dreieckskonstellationen festsaßen: Schildern Sie Ihre Rolle (Absender, Vermittler oder Nachrichtenempfänger): ______________________________

119. Haben Sie sich je als Folge einer Dreieckskonstellation in Schwierigkeiten oder heiklen Situationen befunden? ______
____

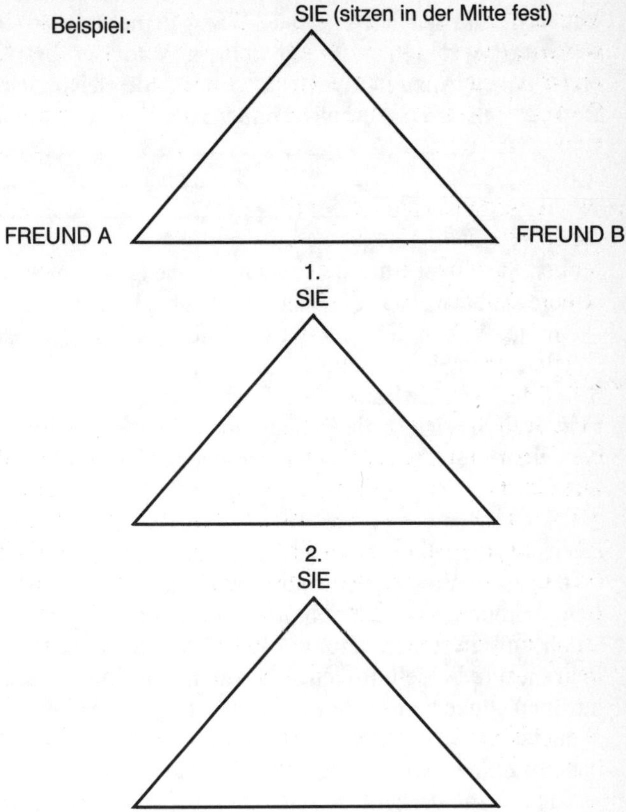

Tabelle 9.1 Ihre Dreieckskonstellation kann sich auf Freunde, Verwandte, Kinder, Ehepartner etc. beziehen

120. Erinnern Sie sich daran, daß Ihre Eltern Sie als ›Vermittler‹ benutzt haben? Beispiel: »Sag deiner Mutter, ich bin wütend auf sie... Sag deinem Vater, er soll die Wäsche abholen... Sag deinem Vater, ich gehe heute abend nicht mit ihm aus; ich bin erkältet... Sag deiner Mutter, sie soll zum Arzt gehen... Sag deinem Vater, er braucht einen neuen Anzug.« Wenn ja, nennen Sie Beispiele der Botschaften, die Sie erhalten haben:

a. ______________________________

b. ______________________________

c. ______________________________

121. Haben Sie einem Elternteil zugehört, wie er sich über den anderen, über Verwandte oder Freunde beklagte? ______ Wenn ja, haben Sie Ihren Eltern Ratschläge gegeben? ____ Befanden Sie sich schon einmal in einer unangenehmen Situation, weil Sie Ratschläge gegeben haben? ______ Oder weil Sie sich in die Beziehungsprobleme anderer hineinziehen ließen? ______ Wenn ja, nennen Sie ein Beispiel:

____

122. Dreieckskonstellationen werden in der Kindheit erlernt. Dadurch erhalten wir besondere Vollmachten, da wir am Leben anderer teilnehmen und darin einbezogen sind. Doch unsere Einmischung kann sich auch gegen uns kehren, und beide Parteien sind wütend auf uns. Triangulationen laugen uns emotional aus und frustrieren uns. Manche von uns fürchten, im Abseits zu stehen, und begeben sich deshalb in Dreieckskonstellationen aus Angst, verlassen zu werden. Nennen Sie Beispiele aus Ihrem Leben zu diesem Sachverhalt: ______________

____

123. Womit werden Sie für Ihre Funktion in der Dreieckskonstellation belohnt? ______________

____

Ist es die Sache wert? ______ Wenn nicht, wieso? ______

____

124. Es gibt verschiedene Wege, um Dreieckskonstellationen zu vermeiden:
   a. Sagen Sie dem anderen, daß Sie sie/ihn gern haben, sich aber nicht in ihre/seine Beziehungsprobleme einmischen möchten.
   b. Sagen Sie dem anderen: Wenn er einem Dritten etwas zu sagen wünscht, sollte er sich direkt an den Betreffenden und nicht an Sie wenden.
   c. Sagen Sie dem anderen, daß es Ihnen unangenehm ist, Botschaften für ihn zu übermitteln.
   d. Sagen Sie dem anderen: Wenn er wissen möchte, wie es einer dritten Person geht, möge er den Betreffenden doch direkt ansprechen.
   e. Sagen Sie dem anderen: Wenn er wütend auf eine dritte Person ist, möge er es dem Betreffenden direkt sagen.
   f. Sagen Sie dem anderen, daß Sie beide gern haben und keine Partei ergreifen wollen.
   g. Sagen Sie dem anderen, Sie seien bei anderer Gelegenheit in Schwierigkeiten geraten, weil Sie in der Mitte standen, und möchten diese Situation nicht wiederholen.

Wir müssen uns außerdem bewußt machen, wann wir andere dafür einsetzen, Botschaften für uns weiterzutragen. (Das letzte Mal, als ich eine meiner Schwestern dafür einzusetzen versuchte, meiner anderen Schwester während eines Telefongesprächs eine Botschaft zu übermitteln, drohte sie damit, den Hörer aufzulegen. Ich war so sehr daran gewöhnt, in Triangulationen gefangen zu sein, daß ich ihr unbewußt den Auftrag gab, Informationen für meine andere Schwester weiterzutragen. Ich war erstaunt, wie selbstverständlich mir das war, und ich mußte erkunden, warum ich meine Botschaft nicht direkt mitteilen konnte.) Häufig fühlen wir uns sicherer, wenn unsere Botschaft von einem Dritten übermittelt wird, weil wir die Reaktion des Empfängers fürchten. Wenn das der Fall ist, müssen wir die Ursachen erforschen.

Nennen Sie Dreieckskonstellationen in Ihrem Leben, und erläutern Sie, was Sie hätten tun können, um sich einer Dreieckssituation zu entziehen: ____________________

____

125. Wenn Sie zu den Menschen gehören, die einen anderen mit Botschaften an einen Dritten beauftragten, untersuchen Sie die Gründe, warum Sie sich nicht direkt an den Betreffenden wenden konnten. Wovor hatten Sie Angst?

____

____

126. Um gesunde Grenzen setzen zu können, müssen wir uns weigern, an Dreieckssituationen teilzunehmen. Beobachten Sie eine Woche lang, in welchen Dreieckssituationen Sie sich befinden. Untersuchen Sie die Situation, zeichnen Sie die Diagramme und schildern Sie Situationen und Teilnehmer.

SONNTAG Kurze Beschreibung: ____________________

____

____

____

____

____

____

MONTAG Kurze Beschreibung: ____________________

____

____

____

____

____

____

DIENSTAG Kurze Beschreibung: ______________________

MITTWOCH Kurze Beschreibung: ______________________

DONNERSTAG Kurze Beschreibung: ______________________

FREITAG Kurze Beschreibung: ______________________

SAMSTAG Kurze Beschreibung: ______________________

Was ist Ihnen aufgefallen? ______________________

____

Welche Rolle spielen Sie in der Regel (Absender, Vermittler, Empfänger)? ______________________

Wie stehen Sie heute zu Ihrer Teilnahme an Dreieckskonstellationen? ______________________

____

127. Zahlt sich der Lohn für Ihre Teilnahme aus? __________

128. Welche Ängste tauchen auf, wenn Sie sich aus einer gegebenen Dreieckskonstellation zurückziehen? __________

____

129. Diese Verhaltensweisen müssen dringend untersucht werden, um zu gesunden Grenzen zu finden.
Triangulationen beeinträchtigen Ehrlichkeit, echte Intimität und gesunde Konfliktlösung in Beziehungen. Welche Wege halten Sie in Ihrem Fall für notwendig, um den Grund Ihrer Teilnahme an Dreieckskonstellationen zu untersuchen? (Forschungsarbeit an Herkunftsfamilie als Ursprung des Verhaltens, Vorsatz fassen, keine Dreieckskonstellation mehr einzugehen, sich in Therapie begeben etc.) ______________________

____

130. Es ist oft schwierig, Triangulation zu vermeiden, und in vielen Fällen sind andere keineswegs begeistert, wenn wir unsere Teilnahme verweigern.
Dreieckskonstellation ist eine Form der Fürsorge. (Solange meine Schwester der dritten Schwester Botschaften von mir überbrachte, übernahm sie Fürsorge, da sie mir die Verantwortung abnahm, meine Botschaften direkt zu übermitteln. Als sie zum ersten Mal eine Grenze setzte und sich weigerte, meinen Auftrag auszuführen, wurde ich wütend, weil sie sich mir widersetzte. Wie kann sie es wagen! dachte ich, bis ich begriff, daß mein Ansinnen ihre Grenzen verletzte.)

Beschreiben Sie Ihre Gefühle, wenn sich jemand Ihrem Wunsch widersetzte, eine Dreieckskonstellation zu schaffen: ______________________________

____

Umgang mit Wut

In vielen Situationen sind unsere Ängste davor, Grenzen zu setzen oder nein zu sagen, mit unseren Ängsten vor den Reaktionen anderer verknüpft. Wir wollen nicht, daß andere sich über uns ärgern. Manche Menschen erstarren förmlich, wenn sie mit der Wut eines anderen konfrontiert werden. Auch diese Reaktion hat ihre Wurzeln meist in unserer Herkunftsfamilie und ist eine Folgeerscheinung des Verhaltens unserer Eltern im Umgang mit Wut. Die Furcht vor wütenden Reaktionen anderer kann die Voraussetzungen für dysfunktionale Grenzen schaffen. Mit der Beantwortung der Fragen 131 bis 151 wollen wir erkunden, wie unsere Herkunftsfamilie mit Wut umging:

131. Wenn mein Vater wütend war, verhielt er sich folgendermaßen: ______________________________

____

132. Ich wußte, daß mein Vater wütend war, wenn er ______________

____

133. Ich fürchtete den Zorn meines Vaters, weil ______________

____

134. Wenn mein Vater böse mit mir war, verhielt er sich folgendermaßen: ______________________________

____

135. Ich habe meinen Vater nie wütender gesehen als damals, als ______________________________

____

136. Er verhielt sich folgendermaßen: ______________

____

137. Ich fühlte mich dabei ______

138. Wenn meine Mutter wütend war, verhielt sie sich folgendermaßen: ______

139. Ich wußte, daß meine Mutter wütend war, wenn ______

140. Ich fürchtete den Zorn meiner Mutter, weil ______

141. Wenn meine Mutter böse mit mir war, verhielt sie sich folgendermaßen: ______

142. Ich habe meine Mutter nie wütender gesehen als damals, als ______

143. Ich fühlte mich dabei ______

144. In Gegenwart eines wütenden Menschen reagiere ich mit ______

145. Wenn ich wütend bin, mache ich ______

146. In Gegenwart eines wütenden Menschen fühle ich ______

147. Wenn ich wütend auf andere bin, reagieren sie ______

148. Wenn ich meinem Vater sage, daß ich wütend auf ihn bin, reagiert er ______

149. Wenn ich meiner Mutter sage, daß ich wütend auf sie bin, reagiert sie ______

150. Auf welche Weise nimmt das Verhalten Ihrer Mutter und

Ihres Vaters im Umgang mit Wut während Ihrer Kindheit noch heute Einfluß auf Ihre Beziehungen und Ihre Fähigkeit, gesunde Grenzen zu setzen? Nennen Sie drei Folgeerscheinungen:

a. ______________________________
b. ______________________________
c. ______________________________

151. Meist fürchten wir uns vor unserer eigenen Wut und verdrängen und unterdrücken sie. Andere explodieren in einem Wutausbruch, der die Menschen ihrer Umgebung beleidigt und erschreckt. Wie bringen Sie Ihre Wut zum Ausdruck? ______________________________

Gesunder Ausdruck von Wut bedeutet, sie anzunehmen, einzugestehen und durchzuarbeiten, wenn sie zum Vorschein kommt. Die meisten von uns wissen nicht, daß folgende Sätze nicht nur richtig, sondern auch heilsam sind:

- ○ »Ich wütend auf dich, weil...«
- ○ »Ich bin wütend, daß die Sache nicht so gelaufen ist, wie ich es mir erhofft habe.«
- ○ »Ich bin wütend auf meine scheußliche Kindheit.«
- ○ »Ich bin wütend auf meinen Mann, meine Kinder, Eltern, meinen Chef, weil...«
- ○ »Ich bin wütend, weil du nicht für mich da bist.«
- ○ »Ich bin wütend, weil ich mich selbst verleugnet habe.«
- ○ »Ich bin wütend, weil ich nicht in der Lage bin, dir gegenüber Grenzen zu setzen.«
- ○ »Ich bin wütend, weil du meine Grenzen verletzt hast.«
- ○ »Ich bin wütend, weil du von mir erwartest, daß ich dein Leben verbessere.«
- ○ »Ich bin wütend, weil du mich in eine Dreieckssituation manövrierst.«

Wenn wir unsere Wut so lange verdrängen, bis wir explodieren oder seelisch oder körperlich krank werden, ist das ein Zeichen ungesunder Grenzen. Positiver Umgang mit Wut geschieht auf verschiedene Weise: indem wir darüber reden, in der Therapie an unserer Wut arbeiten, sie in 12-Schritte-Programmen zur Sprache bringen, uns schriftlich dazu äußern, mit dem Menschen, gegen den sich unsere Wut richtet, darüber diskutieren oder ein Kissen mit den Fäusten bearbeiten.

Das alles sind Ausdrucksformen, mit denen wir unsere Wut zulassen und erleben.

Wenn wir unsere Wut auf gesunde Weise zulassen, lernen wir allmählich, daß die Wut eines anderen uns nicht umbringt. Ich war stets der Meinung, die Wut anderer werde mich vernichten; deshalb war ich ständig bemüht, anderen mit meinem Verhalten zu gefallen.

Heute hingegen geschieht es nicht selten, daß mein Mann, mein Kind, meine Verwandten, Freunde, Arbeitskollegen oder Bekannte wütend auf mich sind, wenn ich Grenzen setze oder wegen meines Verhaltens. Wütend aufeinander sein ist nicht nur normal, sondern gesund.

Wenn wir unsere Wut gegen einen anderen zum Ausdruck bringen, bauen wir gesunde Nähe und Grenzen auf, indem wir ihm zu verstehen geben: ›Du liegst mir so sehr am Herzen, daß ich ehrlich bin und sage...‹ Und: ›Unsere Beziehung liegt mir am Herzen, deshalb sage ich dir, wie unzufrieden ich bin mit...‹ Der Lernprozeß, sich der eigenen Wut zu stellen, beginnt mit der Erforschung dessen, was wir in unserer Herkunftsfamilie im Umgang mit Wut gelernt haben. Sodann gilt es zu entscheiden, ob diese Erfahrungen gesund waren und ob wir den Wunsch haben, diese Überzeugungen beizubehalten, oder ob wir sie ablegen und unsere eigenen Denkweisen entwikkeln müssen.

Gesunde Wut gibt uns und anderen die Möglichkeit zur Selbstfürsorge. Wenn wir uns dafür entscheiden, gesunde Grenzen zu setzen, müssen wir damit rechnen, daß wir mit unserer neuen Lebenseinstellung den Zorn unserer Mitmenschen herausfordern. Es wäre verfehlt und lächerlich zu behaupten, alle Menschen unserer Umgebung wären mit unserer neuen Lebensform glücklich.

(Ich dachte, alle müßten hocherfreut sein, wenn ich meine Mitgliedskarte des Vereins der Opfer dieser Welt zurückgebe und mich verantwortungsbewußt um mich selbst kümmere. Damit befand ich mich im Irrtum, und ich mußte erkennen, daß Veränderungen nicht ohne Konsequenzen bleiben. Manche der Konsequenzen auf meine neuen Abgrenzungen waren nicht nur erstaunlich, sondern unerwartet und verwirrend.)

Kapitel 10

Nun habe ich Grenzen gesetzt – wieso regen sich alle darüber auf?

»Ich habe aufgehört, Opfer zu sein. Warum sind alle sauer auf mich? Ich bin selbstbewußt, spiele nicht länger die Märtyrerin. Warum haben die Leute plötzlich Angst vor mir? Ich lasse mich nicht mehr auf Dreieckskonstellationen ein und habe eine Menge Freunde verloren! *Warum?* Soll das nicht zu meiner Genesung beitragen? Wenn Grenzen wichtig für meine Genesung sind, warum verhalten sich meine Freunde mir gegenüber so seltsam? Immer wieder wurde mir gesagt, ich müsse lernen, meine Gefühle zu zeigen und Grenzen zu setzen – jetzt tue ich es, und alle gehen mir aus dem Weg.«

Wie oft habe ich solche Sätze gehört, sie selbst ausgesprochen und mich gewundert, warum Grenzsetzung soviel Aufruhr in meinen Beziehungen innerhalb der Familie, mit Freunden und Kollegen hervorrief. Vor der Genesung von meinen Suchtkrankheiten und bevor ich unerledigte Probleme aus meiner Herkunftsfamilie aufarbeitete, besaß ich Eigenschaften, die allen vertraut waren, die mich kannten. Auch in den ersten Jahren meiner Genesung war mein Verhalten für die Menschen, die mich gut kannten, vorhersehbar und durchschaubar.

Ich hatte aus Angst, einem anderen zu widersprechen, selten eine eigene Meinung; ich sagte aus Angst, mit dem Wort *nein* eine Freundschaft zu verlieren, immer ja zu den Anliegen anderer. Ich war sehr umgänglich in meiner freundlichen, gewinnenden Art und stand täglich 24 Stunden lang für die Nöte, Probleme und Schwierigkeiten anderer zur Verfügung. Ich gab in co-abhängiger Weise nicht nur ständig emotional etwas von mir, ich hatte auch die Angewohnheit, jedem, der mich darum bat, von meinem materiellen Besitz abzugeben. Ich war zwar ständig von Menschen umgeben, fühlte mich aber dennoch verlassen und allein.

Wie ich lernte, mich abzugrenzen

Als ich allmählich etwas über Grenzen lernte, veränderten sich einige Dinge in meinem Leben. Die größte Veränderung fand natürlich in mir selbst und in meinem Verhalten statt. Wenn Menschen mich anriefen, setzte ich im Hinblick darauf, wie lange ich bereit war, mir die Probleme anderer anzuhören, Grenzen bei mir selbst. Um vom Telefon loszukommen, benutzte ich gelegentlich Ausreden wie: »Es klingelt an der Tür... Ich erwarte einen wichtigen Anruf... Ich bin im Begriff wegzugehen«, weil ich Angst hatte, die Wahrheit zu sagen: ›Ich habe heute keine Zeit, mir drei Stunden lang deine Probleme anzuhören.‹

Obwohl diese Ausflüchte kleine Notlügen waren, gaben sie mir Gelegenheit, mich abzugrenzen.

Schließlich gelang es mir, ehrlich zu sagen: »Ich habe nur zehn Minuten Zeit, dir zuzuhören«, wenn mich Leute anriefen, die meine Zuwendung brauchten. Der Schritt, mir nicht mehr stundenlang Probleme anzuhören und nur noch zehn bis zwanzig Minuten zu opfern, verärgerte viele Menschen meiner Umwelt. Nach und nach stellten viele ihre Anrufe ein. Ich war am Boden zerstört!

Mir wurde klar: Wenn ich mich weigerte, ständig nur zu geben, zu geben, zu geben, wandten sich bestimmte Menschen von mir ab. Meine Verlassenheitsängste stellten sich wieder ein, und ich sah mich gezwungen, mir erneut die unerledigten Probleme aus meiner Herkunftsfamilie vorzunehmen und Trauerarbeit zu leisten.

Ich mußte die Tatsache betrauern, daß ich in der Überzeugung groß geworden war, ich müsse anderen unentwegt geben, um nicht verlassen zu werden. Es machte mich traurig, erkennen zu müssen, wie ich dieses Muster in meinem Erwachsenenleben wiederholte, und mir wurde klar, daß ich Menschen anzog, denen es in gleicher Weise schwerfiel, emotional für mich verfügbar zu sein, wie ich für sie emotional jederzeit verfügbar war. Ich erkannte, daß ich andere Menschen darin bestärkte, sich von mir abhängig zu machen, damit ich die Befriedigung hatte, gebraucht zu werden.

Wie ich lernte, nein zu sagen

Eine weitere Grenze, die ich zu setzen lernte, war mit dem Wort *nein* verknüpft. In meinem Beruf werden viele Forumsgespräche geführt, in denen Vertretern der Kirchen, des Schulwesens oder der Wirtschaft bestimmte Themen nahegebracht werden. Jahrelang stellte ich mich bei solchen Veranstaltungen als Rednerin zur Verfügung, da ich nie nein sagen konnte, auch wenn ich noch so überlastet und am Ende meiner Kraft war. Ich konnte nicht nein sagen und hielt diese Vorträge kostenlos, im Glauben, es sei meine Pflicht, Aufklärungsarbeit zu leisten. In der Ausübung dieser Pflichten ärgerte ich mich häufig, fühlte mich überfordert und in aller Regel nicht ehrlich anerkannt. Und ich fragte mich: ›Begreifen diese Menschen nicht, was ich für sie opfere?‹

Gleichzeitig befriedigte ich damit aber meine Sucht, gebraucht zu werden, die aus meiner Kindheit stammte, wieder einmal auf Kosten meiner Person. Als mir allmählich klar wurde, was ich tat, und daß ich für meine Überlastung selbst verantwortlich war, beschloß ich, Grenzen zu setzen, indem ich einige dieser Einladungen ablehnte. Die Folgen meines Neinsagens waren ganz verschieden. Manche brachten mir Verständnis entgegen mit Sätzen wie: »Es freut mich, daß du mehr auf dich achtest.« Andere hingegen antworteten: »Du hältst dich wohl für zu gut, um in unserer Gruppe ohne Honorar zu sprechen? Vergiß nicht, woher du kommst, Carla!«

Den Menschen, die meinen Wunsch nach Selbstfürsorge akzeptierten und die mich darin bestärkten, dankte ich für ihr Verständnis. Was mich so verwirrte, waren die Antworten der Leute, die sich über meine Grenzsetzungen ärgerten. Verzweifelt antwortete ich ihnen: »Ich achte auf mich. Das hat nichts damit zu tun, daß ich euch und eure Organisation nicht unterstütze. Ich halte mich auch nicht für zu gut, wie du mir vorwirfst, um auf eurer Versammlung eine Rede zu halten. Ich muß lediglich Grenzen setzen.« Viele verstanden mein neues Verhalten auch dann noch nicht. Sie waren daran gewöhnt, daß ich ihnen immer zur Verfügung stand. Eine Organisation hatte die Angewohnheit, mich in letzter Minute anzurufen und um meine Teilnahme zu bitten, da man ganz selbstverständlich annahm, ich würde wie immer ja sagen.

Ich stellte fest, daß Veränderung für viele schwer faßbar ist und daß ich für das eingefahrene Muster, ständig verfügbar zu sein, selbst verantwortlich war. Die Menschen meines Umfelds hatten sich daran gewöhnt. Als ich fortfuhr, Grenzen zu setzen, machten Gerüchte und unerfreuliche Bemerkungen die Runde, und wieder einmal fühlte ich mich alleingelassen, bis ich endlich begriff, daß meine Sucht, gebraucht zu werden, sich aus der Kindheit in meinem Erwachsenenleben fortsetzte und wiederholte.

Wie ich lernte, eine eigene Meinung zu haben und zu äußern

Den größten Wirbel in meinem Genesungsprozeß löste ich aus, als ich lernte, mich aufrichtig auszudrücken. Jahrelang hatte ich nie wirklich eine Meinung von mir gegeben, da ich im Grunde genommen glaubte, keine zu haben. Und wenn ich eine Meinung zu einem Thema oder einer Situation hatte, behielt ich sie für mich aus Angst, andere damit zu verärgern. Allmählich machte ich Äußerungen wie folgende:

- »Dem stimme ich nicht zu.«
- »Ich habe mich entschieden, das nicht zu tun.«
- »Es tut mir leid, aber dazu sage ich *nein.*«
- »Bitte umarme mich heute nicht.«
- »Ich möchte mit dir darüber jetzt nicht sprechen.«
- »Auch wenn du sie nicht magst, ich mag sie.«
- »Nur weil du gern mit ihm zusammen bist, heißt das nicht, daß das auch auf mich zutrifft.«
- »Dieser Film hat mir nicht gefallen.«
- »Hier möchte ich nicht essen.«
- »Ich bin der Meinung, eine andere Meinung zu haben.«

Eines Abends gingen Michael und ich zum Essen aus. Ich esse mein Fleisch gern durchgebraten und gebe das bei meiner Bestellung stets an. Wir besuchten ein texanisches Steakhaus, und ich antwortete auf die Frage, wie ich mein Steak gern esse: »Gut durch.« Ich erhielt ein Steak, das für meine Begriffe roh war. Das behagte mir gar nicht, da ich der Ansicht war, mich mit meinem ›gut durch‹ deutlich genug ausgedrückt zu haben. Ich sah Michael unglücklich an und sagte: »Das kann ich nicht essen. Ich lasse es zurückgehen.«

Michael machte ein erschrockenes Gesicht, da seine Frau völlig neue, ihm unbekannte Töne anschlug. Unsicher sah er zu, wie ich den Ober an unseren Tisch winkte und ihm mein Anliegen vortrug. Der Mann zeigte sich ungerührt und meinte, dieses Fleisch müsse so gegessen werden. Ich bestand auf meinem Wunsch nach gut durchgebratenem Fleisch, während Michael langsam in sich zusammensank. Er war nicht daran gewöhnt, daß ich mich durchsetzte, und mein neues Verhalten machte ihn verlegen. Ich konnte seine Reaktion auf mein Bemühen, mich durchzusetzen, nicht begreifen. Er sagte sogar: »Mach bitte keine Szene« und schaute sich im Lokal um, ob wir die Aufmerksamkeit der anderen Gäste erregten. Mit einem entnervten Blick setzte er hinzu: »Da kommt dein Steak, bitte iß es jetzt!«

Mein Steak war nach wie vor roh! Ich konnte nicht fassen, wie schwer es einem Erwachsenen gemacht wird, sich durchzusetzen, winkte den Ober erneut an unseren Tisch und gab ihm zu verstehen, daß es mir nicht möglich sei, rohes Fleisch zu verzehren. Michael war außer sich, und ich ärgerte mich über ihn, weil er mir in keiner Weise den Rücken stärkte. Schließlich bekam ich ein durchgebratenes Stück Fleisch, und später hatten Michael und ich einen Riesenkrach auf dem Parkplatz.

Michael war nicht der einzige in meiner Familie, der mit meinem neuen Ich Schwierigkeiten hatte. Verwandte sagten: »Carla, du warst früher so reizend und nett! Was ist bloß in dich gefahren? Es war immer so angenehm, mit dir zusammenzusein. Jetzt wissen wir nicht mehr, woran wir bei dir sind.«

Als ich begann, im Kreis der Familie nein zu sagen, reichten die Antworten von: »Was haben wir falsch gemacht?« bis: »Aber du hast doch sonst immer ja gesagt!« Es fiel meiner Familie schwer, meine neuen Grenzen zu verstehen, da mein Verhalten im Genesungsprozeß sich von dem früherer Jahre völlig unterschied.

Eine Zeitlang war das Gleichgewicht innerhalb der Familie erheblich gestört, und einige Mitglieder begaben sich in therapeutische Beratung oder suchten Selbsthilfegruppen auf als Reaktion auf die Grenzen, die mein Genesungsprozeß mir zu setzen erlaubte. Ich hatte mich aus den Rollen der ›identifizierten Patientin‹, ›Betreuerin‹ und ›Problemlöserin‹ in meiner Familie befreit und mich in eine erwachsene Frau verwandelt, die ihre Ideen, Werte und Überzeugungen zum Ausdruck bringen konnte. Viele Familienmitglieder und Freunde, nicht zuletzt ich selbst, waren auf die Veränderungen, die meine neue Rolle begleiteten, nicht vorbereitet. Diese Rolle forderte von nahezu allen Betroffenen unangenehme Veränderungen und – in manchen Fällen – mit Schmerzen verbundenes Wachstum. Niemand hätte die Veränderungen vorhersagen können, die meine Genesung mit sich brachte.

Wie ich lernte, mich aus Triangulation herauszuhalten

Das Thema Triangulation als Form der Kommunikation mußte ich ebenfalls erkunden und bearbeiten. Ich hatte in meinem bisherigen Leben alle drei Rollen gespielt – Absender, Vermittler und Empfänger –, war häufig zum Opfer gemacht worden und hatte meinerseits andere zum Opfer gemacht. Ich entschloß mich, diese Form der Kommunikation abzulegen. Zunächst bat ich einige Menschen, die sich mit Triangulation auskannten, mich darauf aufmerksam zu machen, wenn ich diese dysfunktionale Kommunikationsweise anwendete. Sodann nahm ich mir vor, einer Person, die mich in eine Dreieckssituation manövrieren wollte, umgehend zu sagen, wie unangenehm ich mich dabei fühlte. Wenn andere mich wegen meiner unangemessenen Kommunikationsform konfrontierten, wurde ich für mein Verhalten zur Rechenschaft gezogen, das die Grenzen enger Freunde und Verwandter verletzte. Das war schwierig, da ich meine Verhaltensweisen überprüfen mußte, die anderen Schmerzen bereiteten. Ich mußte mir eine

Seite meines Wesens eingestehen, der ich jahrelang keine Beachtung geschenkt hatte. Gleichermaßen schwierig war es, andere zu konfrontieren, wenn ich mich in Dreieckskonstellationen manövriert sah. Jahrelang hatte ich Triangulationen zugestimmt und mich in die Differenzen vieler Menschen hineinziehen lassen. Ich wurde gebraucht und gleichzeitig mit einem Gefühl der Macht und Kontrolle ausgestattet. Ich war aber auch im Begriff zu erkennen, daß ich in direkter Schußlinie stand, wenn ich mich in die Konflikte anderer hineinziehen ließ. Die beiden Parteien richteten ihre Wut nicht gegeneinander, sondern luden Wut und Trauer regelmäßig bei mir ab.

Mit meinen neuen Grenzen konnte ich sagen: »Bitte sag ihr persönlich, daß du dir Sorgen um sie machst... Wenn dich etwas an ihm stört, sag es ihm selbst... Nein, ich werde ihr das nicht ausrichten.« Und ich stocherte in ein Wespennest mit diesem neuen Verhalten!!! Ich erhielt Antworten, wie folgende: »Carla, dir ist meine Situation völlig egal, sonst würdest du Anteilnahme zeigen. Du liebst mich einfach nicht mehr. Du bist richtig gemein!«

Viele Jahre lang hatten Verwandte, Freunde und Bekannte mich in Dreiecke einbezogen, und nun sagte ich nein. In meiner Sucht, gebraucht zu werden, hatte ich mich jahrelang bereit erklärt, in der Mitte zu stehen, und hatte selbst viele Dreieckskonstellationen in meinem Leben gebildet. Mich plötzlich davon fernzuhalten, zwang mich, meine Konzepte über gesunde Kommunikation zu überprüfen, und zwang manche Menschen, für die ich den Vermittler gespielt hatte, direkt miteinander zu kommunizieren.

Das war eine beängstigende Veränderung! Ohne die Dreieckskonstellation wurde ich nicht mehr gebraucht, und meine Verlassenheitsängste kamen wieder einmal hoch. Verschreckt und nicht mehr gebraucht, wurde mir klar, daß ich gar nicht wußte, wer Carla war. Ich war so sehr in das Leben anderer verstrickt, daß ich nicht wußte, was ich tun wollte, was ich gern hatte oder worum es in meinem Leben eigentlich ging. Meine gesamte Identität drehte sich darum, gebraucht zu werden, und als ich Grenzen setzte, erkannte ich, daß andere mich gar nicht so sehr brauchten, wie ich glaubte.

Wie ich entdeckte, wer ich bin

Ich stellte fest, daß ich vertraute Situationen aus meiner Herkunftsfamilie, die mir Sinn, Identität und Lebensinhalt gaben, in meinem Erwachsenenleben immer wieder neu erschuf. Meine neuen Grenzen zwangen mich zur Selbsterforschung und zur Erkenntnis, wer *ich* war. Eine solche Konsequenz hatte ich nicht erwartet, und ich erinnere mich, einmal gesagt zu haben: »Ich weiß gar nicht, ob ich mich selbst mag!« In meiner Einsamkeit rief ich meine Höhere Macht an: »Was soll ich jetzt tun? Ich fühle mich so einsam! Niemand braucht mich!« Und dann antwortete mir eine Stimme tief aus meinem Innern: »Carla, ich brauche dich! Hör auf, mich zu verleugnen! Lern mich endlich kennen.«

Schließlich wurde mir klar, daß ich gezielte Zeit darauf verwenden mußte, um zu erkennen, wer Carla war. Mehrere Jahre lang vermied ich enge Beziehungen zu anderen, um mich selbst lieben zu lernen. Auch Michael war gezwungen, Wachstumsarbeit zu leisten, als ich mich endlich distanzierte und aufhörte, sein Wachstum durch meine dysfunktionale Bemutterung zu hemmen. Ich ging allein zum Strand, schrieb Briefe an mich, besuchte Filme und Lokale, die mir gefielen, und setzte mich allein in den Garten unter einen Baum und genoß es, allein mit mir zu sein! Anfangs war mir das Zusammensein mit mir fremd, doch bald schätzte ich die Zeit, die ich mit mir verbrachte.

Wie ich lernte, Grenzen zu setzen

Als ich lernte, Grenzen bei anderen zu setzen, eröffneten sich mir Gelegenheiten zu Eigenwachstum und Selbsterforschung. Jetzt hatte ich genügend stille Zeit, um mein eigenes schöpferisches und spirituelles Selbst zu erforschen. Wenn ich früher in den Spiegel sah, hatte ich keine Verbindung zu der Person, die mir entgegenblickte. Ich hatte keine Beziehung zu ihr, und sie machte mir sogar ein wenig angst. Wenn ich mein Spiegelbild heute betrachte, weiß ich, daß ich die Person ziemlich genau kenne. Ich kenne ihre wunderbare, kreative, spirituelle Seite, ihr leidenschaftliches Mitgefühl und ihre Bereitschaft. Und ich kenne auch ihre andere Seite mit den gelegentlichen Wutausbrüchen, ihren unrealistischen, unduldsamen Forderungen an sich und die Welt.

Ich mußte lernen, Carla als Ganzheit anzunehmen und zu lieben. An manchen Tagen bin ich ganz zufrieden mit Carla, mit den Fortschritten in ihrer Genesung, ihren Leistungen und ihrer Fähigkeit, sich im Erwachsenenleben zurechtzufinden. An anderen Tagen bin ich tief enttäuscht von ihrem gewaltsamen Verhalten, ihren Manipulationen und ihrer Ungeduld.

Das Grenzensetzen zwang mich, erwachsen zu werden und Verantwortung für alle meine Verhaltensweisen zu tragen. Durch die Verantwortung für mein gesamtes *Ich* stellte ich fest, daß ich nicht nur für meine Genesung, sondern für mein gesamtes Leben verantwortlich bin.

Grenzen gaben mir auch ein neues Verständnis von Freiheit. Ich war nicht mehr gezwungen, aus Angst, zum Opfer gemacht zu werden, bestimmten Lebenserfahrungen aus dem Weg zu gehen. Nun hatte ich das Rüstzeug, mich zu schützen. Es ist meine eigene Verantwortung, wenn ich mich von anderen zum Opfer machen lasse, wenn ich nicht nein sagen oder meinen Standpunkt nicht einnehmen und deutlich machen kann.

Ich weiß außerdem, daß ich auch in Zukunft aufgrund der Grenzen, die ich anderen Menschen setze, unangenehme Konsequenzen zu tragen haben werde, und daß nicht jeder mich darin bestärkt, sich darüber freut oder mir Verständnis entgegenbringt. Wenn diese unangenehmen Konsequenzen eintreten, wende ich mich an jene Menschen, die wie ich beharrlich am Aufbau gesunder Grenzen arbeiten. Ihre Unterstützung verleiht mir ein Gefühl von Bestätigung und Zugehörigkeit zu einer Gruppe, deren wichtigstes Ziel darin besteht, ›erwachsen‹ zu werden. Auch der Teil von mir, der immer ein Kind bleiben wird, freut sich darüber, daß ich endlich die Verantwortung für meinen Selbstwert und mein Wohlbefinden trage, indem ich anderen gegenüber Grenzen setze.

Heute rufen mich weniger Menschen an. Geblieben sind gute, echte Freunde, die wissen, was gesunde Gegenseitigkeit ist. Sie halten es für keinen feindlichen Akt, wenn ich Zeitgrenzen setze, sondern erkennen darin mein Bedürfnis, mich um meine Person anzunehmen. Eine Freundin, die ich regelmäßig anrufe, sagt mir offen, ob sie Zeit hat, mit mir zu sprechen, und ich tue das gleiche. Wenn eine von uns keine Zeit hat, respektiert die andere das und fühlt sich mit dieser Ehrlichkeit wohl. Keine fühlt sich gekränkt oder abgewiesen, da unsere Grenzen klar und aufrichtig sind.

Es gibt nach wie vor Organisationen, die Schwierigkeiten haben, wenn ich Einladungen ablehne, mich ans Rednerpult zu stellen. Das ist eine natürliche Folgeerscheinung meiner Grenzsetzung. Es wäre unrealistisch zu erwarten, alle Welt müsse glücklich sein, wenn ich nein sage. Für mich aber ist es wichtig, in Frieden und Einklang mit mir zu sein. Ja sagen, wenn ich nein meine, macht mich ärgerlich jenen gegenüber, die ein Anliegen an mich richten, und schafft Voraussetzungen, daß ich mich verleugne und selbst betrüge. Da ich weiß, welch hohen Preis ich in der Vergangenheit für Selbstbetrug bezahlt habe, fällt es mir leichter, einige der unerfreulichen Folgen meines Neinsagens zu akzeptieren.

Wie ich lernte, ich selbst zu sein

Wenn ich meine Meinungen, Gedanken, Überzeugungen, Werte, Bedürfnisse und Wünsche klar zum Ausdruck bringe, weiß mein Umfeld, wo ich stehe. Vorbei die Zeiten, als ich mich überrumpelt, verärgert und unverstanden fühlte, weil ich anderen nicht deutlich machte, wie ich mich fühlte oder was ich brauchte. Mein Schweigen gab mir den Freibrief, Opfer und Märtyrerin zu sein. Heute, als Erwachsene, nehme ich solches Verhalten nicht länger hin. Mein inneres Selbst reagiert verärgert, wenn ich zulasse, da ich in solchen Situationen meine Selbstfürsorge vernachlässige. Es fällt mir gelegentlich schwer, meine Bedürfnisse zum Ausdruck zu bringen, zumal dann, wenn ich dabei verärgerte Reaktionen anderer riskiere. Bringe ich aber meine Meinungen, Bedürfnisse und Wertvorstellungen nicht zum Ausdruck, sind die Folgen wesentlich schmerzhafter und schwieriger.

Nicht an Dreieckskonstellationen teilzunehmen, zwang mich, mich mit meinen eigenen Ängsten im Hinblick auf Konflikte, Meinungsverschiedenheiten, Stellungnahmen und menschliche Nähe auseinanderzusetzen. Als stets verfügbare Wohltäterin fürchtete ich die Konfrontation. Wenn ich jemanden beauftragte, meine Botschaften an Dritte weiterzugeben, mußte ich mich nie den direkten Gefühlen anderer stellen. Die Direktheit meiner Kommunikation zwang mich, Verantwortung für mich, meine Gefühle und meine Aussagen zu tragen. Manche meiner jahrelangen Beziehungen vertrugen die Direktheit dieser Kommunikation nicht und lösten sich auf. Ich mußte sie und den Verlust meiner Rolle in diesen Beziehungen betrauern. In anderen Fällen ergaben sich Konflikte, doch trotz anfänglicher Schwierigkeiten erwiesen sich diese Beziehungen letztlich als gefestigter und ehrlicher als zuvor.

Ich lasse im Lokal nach wie vor Essen zurückgehen, wenn ich nicht damit zufrieden bin. Michael windet sich immer noch ein wenig, wenn ich das tue, läßt aber gelegentlich selbst etwas zurückgehen, wenn er mit dem Bestellten nicht zufrieden ist.

Als er zum ersten Mal einer Bedienung sagte, er sei nicht zufrieden mit dem Gericht, das ihm vorgesetzt wurde, platzte ich heraus: »Ich kann es nicht fassen! Du läßt etwas zurückgehen, nach der Kritik, mit der du mich bombardiert hast?!« Und er entgegnete: »Ich finde, was du kannst, kann ich auch.« Wir lernen eine Menge voneinander auf unserem Weg, der Genesung heißt!

Der wichtigste Mensch in unserem Leben ist nicht unser Ehepartner oder Geliebter, sind nicht unsere Kinder oder Verwandten, Freunde oder Bekannten, das sind wir selbst. Viele Menschen haben Angst, sich selbst kennenzulernen, weil sie fürchten, daß ihnen das nicht gefällt, was sie sehen, wenn sie sich die nötige Zeit und den nötigen Raum zur Selbsterforschung zugestehen. Deshalb befassen wir uns mit den Problemen und Nöten anderer, oder wir entfremden uns der eigenen Person durch Suchtverhalten und allen möglichen Ablenkungen. Aus Angst vor Intimität zu uns selbst vermeiden wir um jeden Preis, uns wirklich kennenzulernen.

Es ist unmöglich, das Leben voll auszukosten, solange wir

die Flucht ergreifen vor dem Menschen, der wir wirklich sind. Wenn wir innehalten und uns fragen: ›Wer bin ich wirklich?‹, begeben wir uns in ein Abenteuer voll neuer Erkenntnisse, Aufregungen, Freuden und blühenden Wachstums, die mit unserer Selbstfindung verbunden sind. Das Risiko, uns kennenzulernen, erfordert eine Menge Mut, Ausdauer und – in erster Linie – Ehrlichkeit. Der Beginn dieser Reise ruft Ängste hervor, ist schmerzlich und manchmal sehr einsam. Der Nutzen, den wir daraus ziehen, besteht in wahrem inneren Frieden, im Finden unserer Mitte, in der Zuversicht unserer Selbstbejahung – was alles am treffendsten mit wahrer Spiritualität zu bezeichnen ist.

Wie ich lernte, andere wachsen zu lassen

Neulich erhielt ich den Anruf einer Freundin, die in großen seelischen Schwierigkeiten steckte. Ich hörte mir ihren Bericht mit tiefer Anteilnahme an, wußte aber, daß ich ihr außer Rückhalt und seelischem Zuspruch nichts geben konnte. Am Ende ihres Berichtes bat sie mich: »Sag mir, was ich tun soll! Wenn dir wirklich etwas an mir liegt, sag mir bitte, was ich tun soll!« Traurig entgegnete ich ihr, daß ich als Freundin gar nicht das Recht hatte, ihr zu sagen, was sie tun solle. Wieder bat sie: »Wenn dir wirklich etwas an mir liegt, sag mir bitte, was ich tun soll.« Ich entgegnete: »Eben weil mir soviel an dir liegt, kann ich dir nicht sagen, was du tun sollst.«

Die meisten von uns verwechseln mitfühlenden seelischen Rückhalt mit dysfunktionaler Fürsorge und Bemutterung. Wenn wir andere bemuttern, nehmen wir eine Machtposition ein, die in der Regel nicht im Interesse des Betroffenen ist. Wir überschätzen uns in unserer Rolle einer Ersatzmutter, da wir Verantwortung für einen anderen übernehmen, die uns gar nicht zusteht. Wir hemmen nicht nur das Wachstum anderer durch unser Bemuttern, wir beschneiden damit auch unsere Chancen zu Wachstum und Selbsterforschung. Wenn wir zulassen, daß andere unsere Grenzen überschreiten und verletzen, bestärken wir sie in ihrem grenzüberschreitenden Verhalten.

Wenn wir die Grenzen anderer mit unangemessenem Verhalten und übersteigerter Fürsorge verletzen, verhalten wir uns dem anderen und uns gegenüber verantwortungslos.

Unsere vordringlichste Verantwortlichkeit gilt uns selbst und unserem eigenen Wachstum. In unserem Bemühen, uns von unserem Suchtverhalten zu befreien, unsere unerledigten Probleme aus der Herkunftsfamilie zu lösen, unsere eigenen gesunden Grenzen zu setzen und wirksam mit den Konsequenzen dieser Grenzen umzugehen, bekunden wir eine der höchsten Formen der Selbstliebe und der Liebe zu anderen. Wenn wir unser Suchtverhalten unter Kontrolle, unsere unerledigten Probleme gelöst und unsere Grenzen deutlich gemacht haben, können wir dem Lebenspartner, der Familie, den Freunden gesunden Rückhalt und Mitgefühl geben, und wir können unseren Kindern gesunde Selbstliebe und Achtung als Erwachsene vorleben.

Ich habe die Hoffnung, daß Sie, meine Leser, beherzt den Weg der Selbsterforschung antreten und sich zuversichtlich auf die Reise Ihrer Selbsterforschung und Selbstfindung begeben. Ich danke Ihnen dafür, daß Sie dieses Buch als eine von zahlreichen Selbsthilfemöglichkeiten als Reisebegleiter ausgewählt haben.

Ich bin der Überzeugung, daß wir alle den eigenen Weg gehen und jeder seine Reise im Leben antreten und zu Ende bringen muß. Leider fällt es vielen Menschen schwer, ihren Weg zu erkennen, oder sie sehen nicht, daß sie sich bereits auf ihrem Weg befinden. Es gibt Zeiten, da wir glauben, unser Leben habe wenig Sinn oder Bedeutung. Mir ist noch kein einziger Mensch begegnet, der sich nicht auf einem klar umrissenen Lebensweg befunden hätte. Manche kannten ihren Weg, viele waren sich keineswegs bewußt, daß jeder Schritt, den sie taten, eine besondere Bedeutung hatte.

Wenn ich verwirrt bin, mich verloren und ängstlich fühle, rufe ich mir in Erinnerung, daß auch dies ein Teil meines Weges und für mein weiteres Wachstum notwendig ist. Ich weiß, daß ich nicht den Boden unter den Füßen verliere, auch wenn um mich herum alles chaotisch scheint – ich befinde mich im Auge eines Wirbelsturms. Ich möchte die Stürme nicht missen, die meine Ruhe erschüttern, da ich weiß, daß sie zu meinem Weg gehören. Alle Stürme und Unwetter, die unseren Weg begleiten, sind – so schmerzvoll sie auch sein mögen – Teil unserer Lebenserfahrung. Mit Grenzen geben wir ihnen Ausdruck und Klarheit.

Ich wünsche Ihnen viel Glück auf Ihrer Reise. Sie wissen, daß Ihr Leben Bedeutung, Ziel und Zweck hat, die für Sie und Ihr weiteres Wachstum wichtig sind.

Kontaktadressen von Beratungs- und Informationsstellen in Deutschland

Allgemeine Information

NAKOS – Nationale Kontakt- und Informationsstelle zur Anregung und Unterstützung von Selbsthilfegruppen
Albrecht-Achilles-Straße 65
W-1000 Berlin 31

Deutsche Arbeitsgemeinschaft
Selbsthilfegruppen e. V. (DAG SHG)
Friedrichstraße 28
W-6300 Gießen

Familien

Verband alleinerziehender Mütter und Väter – Bundesverband e. V. (VAMV)
Von-Groote-Platz 20
W-5300 Bonn 2

Bundesarbeitsgemeinschaft
Elterninitiativen e. V. (BAGE e. V.)
c/o die MITARBEIT in Bayern e. V.
Elsässer Straße 13
W-8000 München 90

Anonyme ELTERN
Sabine Grollmann-Westphal
Deiningser Weg 9
W-4770 Soest

Gewalt in der Familie

Selbsthilfe-Initiative
›Eltern mit Gewaltproblemen‹
c/o Kinderschutz-Zentrum Stuttgart
Frieder Fahrbach
Furtbachstraße 14
W-7000 Stuttgart 1

Zentrale Informationsstelle für
autonome Frauenhäuser (ZIF)
Postfach 36 63
W-8520 Erlangen

Wildwasser e. V. –
Arbeitsgemeinschaft gegen sexuellen
Mißbrauch an Mädchen
Mehringdamm 50
W-1000 Berlin 61

Suchtkranke und Angehörige Suchtkranker

Alkoholsucht

AL-ANON-Familiengruppen
Zentrales Dienstbüro
Emilienstraße 4
W-4300 Essen 1

Anonyme Alkoholiker Deutschland (AA)
Gemeinsames Dienstbüro
Postfach 46 02 27
W-8000 München 1

Blaues Kreuz in Deutschland e. V. (überkonfessionell)
Hans-Jürge Weidtke
Freiligrathstraße 27
W-5600 Wuppertal 2

Drogen / Betäubungsmittel

Narcotics Anonymous
Postfach 12 72
W-6073 Egelsbach

Bund für drogenfreie Erziehung (BdE) e. V.
Max-Brauer-Allee 76
W-2000 Hamburg 50

Eßstörungen

Dick & Dünn – Beratungsstelle bei Eßstörungen e. V.
Innsbrucker Straße 42
W-1000 Berlin 62

ANAD Selbsthilfe – Anorexia –
Bulimia Nervosa e. V.
Barbara Schindler
Ungererstraße 32
W-8000 München 40

Deutsche Hauptstelle gegen die Suchtgefahren e. V.
Westring 2
W-4700 Hamm

Inzest

Inzest Anonymous
c/o Peter Shipton
Schulstraße 21
W-6368 Bad Vilbel

Sexualstörungen

SAA (Sex Addicts Anonymous) und CISA (für Angehörige)
c/o Himmelfahrtskirche
Kidlerstraße 15
W-8000 München 70

Anonyme Sexaholiker (AS)
Postlagerkarte 05 00 75 C
W-7500 Karlsruhe 1

Empfehlenswerte Bücher zum Thema ›Nein sagen lernen‹

Beattie, Melody: Die Sucht gebraucht zu werden, München 1990.

Beattie, Melody: Unabhängig sein. Jenseits der Sucht gebraucht zu werden, München 1990.

Black, Claudia: Mir kann das nicht passieren! Kinder von Alkoholikern als Kinder, Jugendliche und Erwachsene, Wildberg 1988.

Dickson, Anne: Frau sein. Selbstfindung, Selbstvertrauen, Selbstbewußtsein, München 1985.

Gruen, Arno: Der Verrat am Selbst. Die Angst vor Autonomie bei Mann und Frau, München 1986.

Miller, Alice: Am Anfang war Erziehung, Frankfurt a. M. 1983.

Miller, Alice: Du sollst nicht merken, Frankfurt a. M. 1983.

Minuchin, Salvador: Familie und Familientherapie. Theorie und Praxis struktureller Familientherapie, Freiburg 1992.

Rowe, Dorothy: Sei, wer du bist. Mut zum eigenen Selbst, München 1991.

Rush, Florence: Das bestgehütete Geheimnis. Sexueller Kindesmißbrauch, Berlin 1991.

Schaef, Anne Wilson: Co-Abhängigkeit. Die Sucht hinter der Sucht, München 1992.

Schaeffer, Brenda: Wenn Liebe zur Sucht wird, München 1989.

Shainess, Natalie: Keine Lust zu leiden. Der Ausweg aus dem Teufelskreis weiblicher Lebensängste, München 1989.

Winnicott, D. W.: Reifungsprozesse und fördernde Umwelt, Frankfurt a. M. 1990.

Zocker, Horst: betrifft: Anonyme Alkoholiker. Selbsthilfe gegen Sucht, München 1989.

Über die Autorin:

Die Psychotherapeutin *Carla Wills-Brandon* arbeitet seit mehr als zehn Jahren mit dysfunktionalen Familien und Suchtkranken. Zusammen mit ihrem Ehemann Michael Brandon praktiziert sie in Houston/Texas.

Grundfragen der Psychologie Praktische Lebenshilfen

Ursula Richter
Einen jüngeren Mann lieben
Neue Beziehungschancen für Frauen
17/89

Manfred Koch-Hillebrecht
Kleine Persönlichkeits-psychologie
Ein Leitfaden
17/90

Linda T. Sanford
Das mißbrauchte Kind
Die Überwindung traumatischer Verletzungen
17/91

Arthur Frank
Mit dem Willen des Körpers
Krankheit als existentielle Erfahrung
17/92

Rita Freedman
Die Opfer der Venus
Vom Zwang schön zu sein
17/93

Anne F. Grizzle
Mutter Liebe Mutter Haß
Die Balance finden zwischen Geborgenheit und Unabhängigkeit
17/94

Cia Criss
Loslassen
Wege aus der Sucht und Abhängigkeit
17/95

Carla Wills-Brandon
Nein sagen lernen
Grenzen setzen, Grenzen respektieren
17/96

Sigrid Steinbrecher
Funkstille in der Liebe
Warum Männer und Frauen aneinander vorbeileben
17/97

Ellie McGrath
Mein Ein und Alles
Ein Plädoyer für das Einzelkind
17/98

Wilhelm Heyne Verlag
München